U0072196

普 天 之 下 · 盡 是 好 書
普天出版家族
Popular Press Family
凌雲
A-Plus Creative Company
文創

講述史上最牛的梟雄人生！

厚黑聖人

曹操

禽獸與人・絕對奸雄

卑鄙是卑鄙者的通行證，高尚是高尚者的墓誌銘！

他既卑鄙又高尚，臉厚心黑，卻具雄才大略。

他是橫掃亂世的硬漢，心比天大的政客，殺人盈野的屠夫，意亂情迷的流氓，風騷千古的詩人……

他是史上第一梟雄，不是帝王的絕對帝王。視奮鬥爲己任，視失敗爲成功，視成功爲新起點，永不趴下。

他是一個眞正的男人，一個到死都不知道什麼叫失敗的鬥士。他亦正亦邪，史無定論，在腥風血雨的戰場，陰謀陰謀的官場，幾度命懸一線。看他如何在亂世之中大喜大悲、大善大惡中活著？

Live like Cao Cao

李師江——著

出版序

最過癮的曹操正史，最牛的梟雄人生

這本書有紮實的歷史資料，引人發噱的嘻笑怒罵，犀利獨特的觀察角度，作者李師江用這三種原料，趣味盎然地勾勒曹操的一生，絕對是抗壓解悶的生動讀物。

自從「百家講壇」捧紅了易中天等年收入逼近千萬人民幣的暢銷作家後，用流行、風趣的時代語言說歷史寫歷史，成了演繹歷史的最新浪潮，一時之間，更有趣、更貼近生活、更有個人觀點的大眾史學讀物蔚爲風潮。

在這股風潮中，一向特立獨行的中國新銳作家李師江鎖定三國人物中最受爭議的曹操，以既通俗風趣又獨特的筆調，推出了《像曹操一樣活著》。

《像曹操一樣活著》在網路連載之後，猶如春雷乍響，轟得廣大網友爭相點閱

（別誤會，他可不是金光黨），反應十分熱烈，被譽為不可多得的佳作；實體書出版之後，銷售量更像曹操那樣牛，從許多同類型的歷史書籍中異軍突起，獲得相當廣泛的迴響與好評，在各個暢銷排行榜也佔有一席之地。

別騙了，不過是一本寫曹操的書嘛，能牛到什麼程度？

錯！這本書牛到就連在中國紅遍大江南北的超級暢銷作家，《明朝那些事兒》的作者當年明月都不得不佩服，盛讚：「迄今為止最好看的一本關於曹操的書，我讀完不禁捧腹大笑，李兄把曹操寫活了！」

能讓有頭有臉的超級暢銷作家誇獎，還讓他捧腹大笑的書，當然非常牛！

李師江本身就是一個很牛的作家，在中國文壇有很高的評價，被喻為「是我們時代的沙林傑，具有真正的麥田捕手精神」！一九七四年生於福建寧德，一九九七年畢業於北京師範大學，目前居住北京，專職寫作。

《像曹操一樣活著》雖然是他的第一部歷史作品，但有評論家稱讚說，他一出手，就有一股將輕鬆歷史沸騰至頂點的氣勢。?

李師江本人則表示，這本書寫的固然是歷史背景下的故事，但想表達的卻是更深層次的人生經歷，書名也體現了他的創作初衷，「視奮鬥為己任，視失敗為成功，視成功為新起點，永不趴下。像曹操一樣做人，像曹操一樣戰鬥！」

可想而知，在這本書中，李師江不僅寫曹操的權謀霸術，寫三國人物的領導統御，也寫點人生哲理和成敗關鍵。

妙的是，居然沒有讀者看完書後大失所望，朝他吐口水，罵道：「他娘的，李師江，我幹嘛買你這個神經病的書回來虐待自己的智商！」

牛人寫牛書，果然不同凡響。

《像曹操一樣活著》爲什麼獲得高度評價？

因爲，這本書是一部十分有趣的曹操正史傳記，用二十一世紀的觀點講述曹操這傢伙如何從一個人所不齒的浪蕩公子、「閹宦餘孽」，憑藉自己的權謀、機智和才學，在東漢末年的亂世中沉浮，一步步地向上攀升，最終挾天子以令諸侯，權勢地位淩駕帝王之上。

因爲，這本書採用輕鬆詼諧的口氣，兼具小說筆法，品評曹操與三國人物，跳脫了蛋頭學者寫歷史的窠臼，讀起來暢快淋漓。透過本書，讀者將看到一個生性狡詐，擅長權謀霸術，雄才大略而又活生生的歷史梟雄。

因爲，儘管本書喜歡插科打諢、調侃古人，但內容均來自《三國志》、《資治通鑑》、《後漢書》等史書，史料翔實可靠，絕不是作者胡謅亂扯的產物。

衆所皆知，曹操是個橫掃亂世的硬漢，是個心比天大的政客，是個殺人盈野的屠夫，同時也是個意亂情迷的流氓，風騷千古的詩人……

在李師江筆下，他是中國歷史上的第一梟雄，不是帝王的絕對帝王；他視奮鬥爲己任，視失敗爲成功，視成功爲新起點，永不趴下。

在李師江筆下，他是一個眞正的男人，一個到死都不知道什麼叫失敗的鬥士。他亦正亦邪，史無定論，在腥風血雨的戰場，在陽謀陰謀的官場，幾度命懸一線，在亂世之中大喜大悲、大善大惡地活著。

這本書有紮實的歷史資料，引人發噱的嘻笑怒罵，犀利獨特的觀察角度，作者李師江用這三種原料，趣味盎然地勾勒曹操的一生。對於沒時間、沒耐心讀歷史書的讀者而言，這本書絕對是抗壓解悶的生動讀物。

好了，廢話不多說，就讓我們趕緊看看這個歷史上最牛的梟雄，究竟牛到什麼程度，又怎麼個牛法。

第1章 人小鬼大

相貌不好，身世不好，還一副小流氓樣子，走在路上沒有一點回頭率，更不可能得到路人的讚揚。在通往仕途上，這條鹹魚是不是沒法翻身了？

目錄

第2章 初生牛犢

如果時代穩步發展，那麼曹操很有可能往「治世之能臣」的道路上狂奔而去，成為三國時期的包青天類型的人物。可是，個人只不過是時代的一顆棋子！

第3章 陳留亮劍

曹操孤軍奮戰，更加認識到，關東盟軍是個不靠譜的組織，每個人都心懷鬼胎，在意於自己的勢力實力而並非聯盟的理想，成不了什麼大事的。

第4章 禽獸與人

襄賁城的守軍嘗過曹操的厲害，不到三天便被攻破。此刻曹操的獸性又一次發作，下令大屠殺，又一次血流成河，禽獸的心思沒有人能懂！

目錄

第5章 命懸一線

兩次攻擊呂布，都讓曹操命懸一線，鬥志應該被打垮了吧？壓根就沒有。這下把呂布和陳宮看傻了，看曹操那副架勢，好像差點被打死的不是他而是呂布。

第6章

王牌在手

曹操在外人毫無覺察的情況下，把皇帝迅速劫持出洛陽，移駕許都。這個世界上最高級別的綁架活動，讓曹操徹底抓到了一張王牌。被看成是曹操與袁紹政治命運區別的分水嶺。

第7章

氣死袁術

猴急地穿龍袍的偽皇帝袁術想了半天，思考了一下自己的人生，居然沒想通，大叫一聲，我操，我怎麼會混到這個地步呀！吐出一斗血，一頭倒在床下死去。

目錄

第8章

顛峰決戰

曹操很快就進入亢奮狀態，為大家鼓舞士氣，說明了袁紹的劣勢和自己的優勢，結果把大家都忽悠得興奮了。要是信心問題沒有解決，相當於帶著一群縮頭縮腦的烏龜那還怎麼玩呀？

第9章 血腥屠殺

曹操大規模屠殺投降的士兵。多少人？八萬！官渡水、南濟水在流血，屍體成山，山河變色！又是一幕慘劇，又是不計其數的無辜生命，死在曹操與袁紹的巔峰對決之中！

目錄

第10章 橫掃北方

與袁紹的鬥爭徹底了結，曹操有一種悲痛從心頭湧出，在生死兩茫茫的際遇裡，個人恩怨又何值一談呢！他在袁紹墓前號啕大哭，最知心的朋友和最匹敵的敵人，給予的懷念都一樣的深！

第11章 氣吞山河

遠征烏桓這一年，曹操五十三歲，距離他陳留起兵、白手起家，整整十八年。十八年間平定了整個北方中國，成為全國最強霸主，這個效率，非常之高。

第12章 大戰赤壁

驕橫心理導致一系列多米諾骨牌效應，赤壁之敗給曹操打了一針清醒劑，統一天下沒那麼容易，孫權、劉備他們比袁紹們更頑強，南北鼎立正在形成，想一口吞下會噎死的。

目錄

第13章 南北會戰

這封信有可能是歷史上最有才華的恐嚇信，動之以情，曉之以理，脅之以兵，不是一般的歹徒能寫出來的。它既是情書，又是招降，也是宣戰，吃軟吃硬由孫權選擇。

第14章 三分天下

曹操把漢中這個雞肋拱手送給劉備。劉備也不客氣，自立為漢中王，管轄漢蜀兩地。三分天下正式成立，劉備由一個無家可歸的野犬長成一頭獅子王了。

第15章 水淹七軍

連續下了十天的暴雨，漢水瞬間高漲，夜裡關羽下令打開水口，船隻順流而下。沒等醒悟過來，七個軍團全部陷於水中，成關羽甕中魚鱉。

目錄

第16章

絕對奸雄

曹操，是個怎樣的人呢？任何一個模子都很難對號入座。是一名流芳百世的神壇英雄，是一名神奇的混混。更是中國文化開放時代雜交出來的絕版怪胎。最好的說法，是絕代奸雄。

第1章 人小鬼大

相貌不好，身世不好，還一副小流氓樣子，走在路上沒有一點回頭率，更不可能得到路人的讚揚。在通往仕途上，這條鹹魚是不是沒法翻身了？

1. 長得不帥怪爹娘

他老爹給他取名叫曹操，絕對不是希望他在操女人上很有業績，而是要有操守。實際上，恰恰相反，曹操視日常小道德準則跟垃圾一樣。

曹操這小子並非歷史上正點的英雄，所以出生時分，他娘並沒有夢見一條龍橫空出世，或者看見霞光萬丈等等徵兆。這些徵兆是給歷史上偶像派的英雄準備的。

曹操這小子並非歷史上正點的英雄，所以出生時分，他娘並沒有夢見一條龍橫空出世，或者看見霞光萬丈等等徵兆。這些徵兆是給歷史上偶像派的英雄準備的。

這小子長得貌不驚人，不但貌不驚人，而且長得相當坷磣，身材短小不說，相貌還相當猥瑣。憑這副尊容，估計長大後當個流氓地痞的二把手比較合適。

曹操自己也爲這副尊容犯愁過，比如後來當了魏王，要接見匈奴的使者，想想自己是國家的眞正一把手，樣子與知名度太不匹配，恐怕鎭不住外賓，而且還要被當成笑話呢。於是叫了一流的帥哥崔琰冒充自己，自己捉把刀冒充侍衛，站在一邊。接見完畢，又故意去派人去問匈奴使者，咱們魏王怎麼樣，長得不錯吧？

使者說，魏王很帥，可是旁邊那個捉刀人更酷，肯定是個大英雄。

曹操一想，娘的，要是傳到外邊去，說曹操只不過是個帥哥，連他旁邊的捉刀侍衛都比他更有英雄氣質，那豈不是更砸壞了牌子嗎？更何況這人眼睛這麼毒，讓自己原形畢露，留著是個禍害。

最好的辦法就把匈奴使節給殺了。於是，曹操就這麼幹了。

可憐這個眼睛賊亮的使者白白送命，都是曹操相貌自卑惹的禍呀！

哪個母親都希望自己的孩子長得跟賈寶玉一樣可愛，當成超級寵物來寶貝。可是曹操長得太不可愛了，沒這種命，在家裡並沒有得到母親的精心呵護，而且他老爹呢，也不怎麼關心教誨他。

爲什麼呢？他這個老爹曹嵩雖然也是做官的，可是沒什麼文化，愛財如命，一輩子的精力放在聚斂財產，以及用錢買官這種粗活上。一個沒文化的政治爬蟲，怎麼可能懂得教育、懂得言傳身教薰陶下一代呢？

小曹操在家裡精神是相當無依的，用他自己的話說是很孤苦，所以他特喜歡在外邊混。俗話說，窮人的孩子早當家，沒人疼沒人愛的孩子呢，有主見，有心機，這是成長的一般規律。小曹操經常和死黨袁紹一起，打扮成很酷很新潮的遊俠樣子，到處晃蕩，挖空心思搞惡作劇，反正是除了好人好事，什麼都幹得出來。

有一次這兩哥兒們看見一村裡有人在舉行婚禮，來賓正吃得高興著呢。看見別人幹好事，他們就反射地動歪心思。

兩人趁著賓客散席的混亂場面，溜進庭院大喊，有小偷呀，快抓小偷呀！不出小鬼所料，大家都亂成一團去找小偷，連新郎也慌裡慌張地出來湊熱鬧。兩人一聲奸笑，一使眼色，像很職業的淫賊一樣溜進洞房，把刀架在新娘子的脖子上，叫道，小娘子，還是乖乖跟我們吃香喝辣去吧。就這樣把新娘劫走了。

這樁糗事的發展有兩種說法。

一種說袁紹背著新娘先逃走，曹操則從另一個方向走，而且一邊逃走一邊喊，小偷在這邊，大家快來追呀！大家都跟著他屁股後邊跑。雖然大家沒抓到賊，但還是很感激這個小遊俠的拔刀相助俠義精神。

這個結局裡曹操不僅用了脫褲子放屁——兵分兩路的兵法，而且還誘敵誤入歧途，最後還僞善了一把，可以窺見日後軍事政治手段一把抓的潛質。

還有一種結局說，兩人劫著新娘逃跑，袁紹這個笨蛋居然陷進灌木叢裡，怎麼整也掙扎不出來。曹操急中生智，喊了一聲，小偷在這裡！袁紹一急，居然蹦出來了。這種結局體現小曹操的機智多謀，這個心術跟他後面用的「望梅止渴」之計如出一轍，都是激發人的潛能，來應急目前的困境。

這事情的最終結局呢，新娘子最後還給人家，原封不動地還給人家。兩人還小，屌毛都沒長齊，還不懂得有比搶新娘更爽的事呢，只不過是為了體會惡作劇的快樂而已。

不過，俗話說，小時偷針，長大偷金。不知道是不是因爲這個規律，曹操日後落下了喜歡搶別人老婆的惡習，這個習慣可不太好，後果比較嚴重。

最嚴重的一次是發生在西元一九七年，曹操四十三歲的時候，這時候他已經是一個著名的老色鬼了。

宛城軍閥張繡來投降他，結果他把張繡的嬸嬸即張濟的妻子，強行拿來做情人，這讓張繡很屈辱，懷恨在心。結果曹操發覺到張繡的心思，心想，老子要你一個女人，你就敢懷恨，看老子滅了你。於是就商量把張繡搞死，但是不知怎麼搞的，走漏了風聲，張繡先下手為強，率先反叛，讓曹操猝不及防。要不是貼身猛將典韋拼死相救，曹操的老命就丟了。

這一仗讓曹操發出著名的哀號：「非典，吾命休矣！」可以說，這次搶人老婆代價重大，不僅丟了戰鬥力一級的典韋，還丟了大兒子曹昂、侄子曹安民的性命。在視女人如衣服的年代，這絕對不是愛的代價，是好色的代價。

他老爹給他取名叫曹操，絕對不是希望他在操女人上很有業績，而是要有操守。況且他的字還叫孟德，就是道德要大大的好，實際上恰恰相反，曹操視日常小道德準則跟垃圾一樣。

色鬼們要吸取教訓，人世間最爽的事是搞別人的老婆。這是一件難度相當大的工作，但歷史證明，通姦是個好辦法；明目張膽搶人老婆，可是會逼死人的。

2. 搞倒叔叔

多次教訓讓曹操很不爽，有一天曹操詭計一出，曹嵩頭腦比較簡單，輕易就相信了曹操的話，以後就不太相信他叔叔的小報告了。

回過頭來，說說這個死黨袁紹，日後是曹操官渡之戰的死對頭，兩人的關係是你死我活的關係。年輕的時候，兩人是太子黨，感情不錯，狼狽爲奸，一起幹壞不到哪裡去的壞事。但有時候也會鬧翻，肆無忌憚的少年，心頭熱，一鬧翻就恨不得除掉對方而後快。當然，這也許是官宦政治家族遺傳的鬥爭手段，大人怎麼幹，小孩也怎麼幹。

有一次少年袁紹跟曹操鬧僵了，居然派刺客來行刺曹操。畢竟是小孩子雇用的刺客，技術含金量不高，趁曹操睡覺的時候用短刀投擲，喀的一聲刀擲中床沿。結果把曹操驚醒，這個頭腦清晰的小子一下子就意識到刺客要殺自己，判斷下次一定會把飛刀投擲得高一些，一骨碌滾下了床。

結果第二刀擲中了床上，還是被曹操躲過。

想想，在這種環境中成長，日後在戎馬生涯中怎能不疑神疑鬼？這使得曹操成爲史上多疑第一人！

曹操的另一特點是個子小膽子大。很小的時候跟夥伴們一起在河裡游泳，突然竄來一條鱷魚（另一說法是水蛇），夥伴們紛紛躲閃到岸上，曹操卻很酷，不但不躲，反而在水裡與鱷魚大戰，直到鱷魚力竭逃跑。這說明小子不但大膽，而且喜歡在人群裡脫穎而出，當出頭鳥。

膽子大，又學了點武藝，曹操把自己想像成古代遊俠一樣仗劍走天下，只有想不到的事，沒有不敢幹的事。有一天，又到了很無聊的時候，尋思找點什麼新鮮刺激的事情玩玩！該耍的惡作劇都耍了，還有什麼沒玩過？他聰明的腦袋瓜轉動了片刻，靈機一動，有了，玩什麼？偷窺！

偷窺是人類潛藏的癖好，現代人是有了先進的遙控設備後才掀起偷窺風潮的。曹操的設備就是兩個烏溜溜的眼珠子，難度很大，所以輔助設備是一顆賊大的膽和一副敏捷的身手。

偷窺誰呢？大宦官張讓的家。聽說他的私生活非常豐富，去搞些猛料出來讓夥伴們分享，也是一大快事呀！

於是他潛入張讓的私宅，賊手賊腳在窗子外竄來竄去。一個大宦官之家，僕人保安一應俱全，哪容得你如入無人之境？不一會兒就被發現了，數十個人蜂擁而至。膽子賊大、心理素質特好的曹操馬上用計，扔一塊石頭到花草處，響聲把衆人吸引過去，然後自己順著房樑爬上屋頂，溜之大吉。此爲聲東擊西之計。

到了十二、三歲，特喜歡走狗放鷹去打獵。他老爹並不想把培養成專業獵人，所以打獵算是不務正業。但是，上文說過，他這個沒文化的老爹整天忙於賺錢，沒什麼精力也沒什麼學識管教他，所以他沉溺其中，和三五個狐朋狗友馳騁山林之間，爽歪歪。不過，皇帝不急太監急，他有個叔叔，不知道是不是吃他們家的嘴軟，倒是比他老爹更喜歡管教他。

當然，叔叔沒有什麼權力直接管教，便經常給他老爹打小報告。他老爹呢，自然地就會把曹操叫過來教訓一番：打獵是沒什麼前途的，做官才是要什麼就有什麼，我沒學問，沒口碑，只好拼命撈錢去買官，買了一級又一級；你呢，多讀點書直接靠學問去做官，就不要學我這一套，賺錢了買官，買官了又賺錢，我這樣子很累的，多長點學問被專家推薦去當官，是一本萬利的好生意。

多次教訓讓曹操很不爽，心想老子不管我，你小子倒插一手，看來不得不教訓一下叔叔了。有一天在路上遇見叔叔，曹操詭計一出，突然臉部抽搐，嘴巴歪斜。叔叔過來問道，曹操你幹嘛了？曹操答，我……我中風啦！

這個愛打小報告的叔叔大驚，立刻告訴他老爹曹嵩。曹嵩知道消息，趕緊把曹操叫來，卻看不出一點中風的跡象。曹嵩問，兒子呀，你叔叔不是說你中風了嗎？難道這麼快就好了嗎？

曹操心裡竊笑，裝作可憐兮兮道，沒有啦，根本就沒那回事，可能是我叔叔一向不喜歡我，喜歡在你面前造謠吧！

這個老爹頭腦比較簡單，輕易就相信了曹操的話，以後就不太相信他叔叔的小報告了。於是，曹操過上了沒有人打小報告的幸福生活啦。

3. 不求甚解

曹操在四書五經方面是讀過但不求甚解，因為這些對他獲得少年的快樂生活沒有益處。學得最多的，應該是兵法，他不學怎麼做人，喜歡學怎麼打人！

對一般的讀書子弟來說，可以肯定，小曹操是個桀驁不馴的問題少年。在家裡缺少情感教育，在外頭胡作非爲。但幸運的是，他生在一個有錢的官僚家庭，不愁吃不愁穿，而且肯定是有書讀的。

看起來他不像個好學的學生，可是沒吃過豬肉也見過豬跑，書還是讀了不少的，只是可以斷定他不是頭懸樑椎刺股的書呆子。

我們可以分析一下這個喜歡出去鬼混的小孩子到底讀了什麼書，能使他日後在打天下之餘還不忘當文學青年，在文學史上也占了一個貨眞價實的大大的坑。

當時正統的學習內容還是儒學。

孔老二的理論，在西漢被董仲舒掀起一個「罷黜百家獨尊儒術」的運動，中國的思想文化界就失去了多元PK的習慣，儒學搞了壟斷，其他的思想只能補充，不能單挑，因此儒學在曹操所處的東漢末年還是緊俏貨，熟練掌握這門學問的人當起官來是很吃香的。

雖然當時的國家的政權被宦官和外戚輪流掌握，走馬燈一樣換來換去，但是在社會中聲望最高的是勤修儒學的士大夫階層。他們管宦官階層叫「濁流」，把自己叫「清流」。

「清流」的代表是被太學生稱爲「天下楷模李元禮，不畏強禦陳仲舉，天下俊秀王叔茂」等幾大天王，家喻戶曉。雖然宦官們可以把他們整進監獄，甚至可以把他們整死，但他們守住儒學原則，永垂不朽也絕不妥協。

這是儒家士大夫高官的楷模。但是曹操學習的，好像跟這些當時流行的儒學理論毫不相干，跟這些儒學英雄的所作所爲也相去甚遠。

因爲這些清流英雄第一次被宦官們大規模逮捕的時候，曹操已經有十二歲了，如果是孔學弟子，應該有所影響。

這個事件歷史上稱爲第一次「黨錮之禍」，天下楷模李元禮等二百多人被弄進監獄過了半年的鐵窗生活，被判定剝奪政治權利終生，也就是這輩子不能出仕當官後，放回去種田。

逮捕的理由是煽動學生交結徒黨誹謗朝廷。這次事件使得李膺，也就是李元禮等人知名度更高了，搞得被逮捕是件很光榮的事。

不過，曹操十四歲的時候，發生了第二次「黨錮之禍」，這次可不得了，有二百多號人流血犧牲了。

從少年曹操所作所爲來看，沒有陷入儒學的條條框框，而是到處搞欺騙，趨利避害，一個小謊言就治了叔叔，根本就不知道什麼叫尊老愛幼，什麼叫仁義，什麼叫捨身取義。

總之，他的小腦袋瓜活絡得很，還是他自己的腦袋，想怎麼用就怎麼用。如果考一門《論語》課的話，及格恐怕是一件很困難的事。可以認爲，小曹操在四書五經方面是讀過但不求甚解，因爲這些對他獲得少年的快樂生活沒有益處。

但是儒家理論在他後來處理朝廷政務、籠絡人才方面是很有用處的，臉上貼著「以德服人」四個字到處招聘能人，除了劉備就是他了。

他的兒子曹丕後來回憶老爹，說曹操在征戰途中特喜歡讀書，待在家裡就更喜歡讀了，而且讀的多是詩書和古典文學。爲什麼呢？這時候讀書很有用，必須用大道理來服人，可以說他是帶著問題來讀書的。

他自己也說，做學問呀，應該要在小的時候，年長後記憶力衰退，讀書效果很差呀，經常事倍功半。即便這樣，我還是要多讀點書呀！

這話可以推出年長的曹操是個愛學習的人，但也說明年幼的時候呢，還是落下一些功課。不過，這個功課落得好，要是幼年就把仁義學透了，學成謙謙君子之風，又怎可在亂世中縱橫迂迴變通、馳騁天下呢？

小曹操少年學得最多的，應該是兵法，特別是《孫子兵法》。

對他這樣的小孩來說，這書實在，也能轉化成小詭計來玩轉生活，成年後更是起了大用處。如果考這門功課，估計他能得高分，因爲他自己做了很多兵法的注解，特別是對《孫子兵法》的十三篇有相當的研究。可以認爲，他不學怎麼做人，喜歡學怎麼打人！

綜上，可以這麼認爲，曹操的讀書是一種實用型的讀法，原則是書爲我用，而不是一頭掉進書海淹得半死不活的呆子。涉獵應該頗多但完全憑自己興趣來選擇精

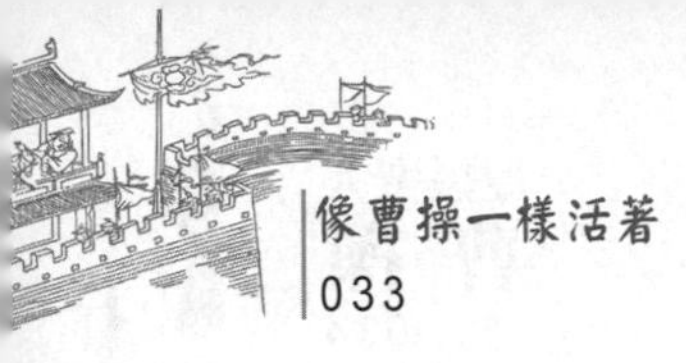

讀部分。從表面上來看，他跟他老爹一樣，不是做學問的料子，祖上積德的話當個混世魔王就不錯了。

後來，曹操的詩和文章寫得還眞不賴，拉了一幫子文人開創了文學流派「建安文學」。曹操的詩呀，寫得很清新很自然很口語，很有新氣象，就是因爲他沒扎進詩書裡去學文謅謅的很學院派的東西。

以後自己有生活閱歷了，有感而發，舉重若輕，「東臨碣石，以觀滄海……日月之行，若出其中，星漢燦爛，若出其裡……」

只有心懷天下、不拘一格的人，才能把對宇宙和人生的感覺，這麼拉家常地信手拈來。所以，曹操對詩歌的感覺，完全是個人生活經歷和氣度中來的，絕不是學院派裡磨出來的。

4. 以貌取人

曹操考試不行，那麼按照品評來得分的話，結果如何？很不好意思，這個成績恐怕更低。品評之風盛行的當時，認為傑出的人物應該有不同凡響的外貌。

讀書是爲了摸到政治這根竿子，當個有特權的國家公務員，然後順著竿子往上爬，最後混得有頭有臉，一呼百應，好光宗耀祖。這是幾千年來中國讀書的一個最大門路和最高理想。

曹嵩買了那麼多自己根本看不懂的書讓曹操讀，目的就是這個，當個貨眞價實的官。曹操也懂得這門心思，所以在嘴上長了幾根毛，覺得自己像個男人的時候，就琢磨著怎麼當官了。

怎麼當官呢？去考試？對不起，沒地方考。因爲，通過考試看你是不是料子的科舉制度是唐朝才有的。

即便當時有地方考，他也未必考得上，他擅長的兵法應該靠考軍事院校，可是古代主要考的是之乎者也仁義禮信，看你對四書五經的理解透徹不透徹。最後一道重點題一般是這樣：比如有個孩子，被父親教訓一通，結果一生氣就把父親暴打一頓，把父親關到屋子裡，每天拿點狗屎進去維持給養。那麼請問，這個兒子這麼做對嗎？如果不對的話不對在哪裡？答案必須緊扣《論語》中的原話！

如果是小曹操來回答，他可能會答：該出手時就出手！

那麼恭喜你，得零分。

沒有考試制度，又怎麼能進入官場？原來當時流行的是品評推薦制度，不用考試，有人給你好的評語推薦就能當官。並非人人都有推薦的權威，如果這樣的話，哪個父母不會把兒子誇成一朵花，白癡也能當大官了。

推薦人很有講究，必須是名士，社會公認他有眼力的，如果他推薦了一傻子，牌子肯定也就砸了。因此，當時社會上也很流行品評人物，出現了很多著名的品人專家，一旦品人出名，方圓幾百里的人就會慕名而來，爭當門生呀！

爲什麼要過來當門生呢？

假如這個師傅給你一句好的評語，那就相當於一張文憑呀，飯碗有了就。那些個著名的品評專家，是社會上的大偶像，一舉一動都有人學。

有個叫郭泰的專家，是一流的專家，天王級偶像，走到哪裡粉絲們見他瀟灑的舉止，都會尖叫。有一天他在路上遇上驟雨，躲避不及，大雨淋濕了他頭上挺拔的頭巾，頭巾一角癟了下來，剛好被他的粉絲們看見。粉絲激動得不行：偶像，你好有型呀，帥得掉渣啦！

很快，社會上就流行戴頭巾故意折一角，時尚的名字叫「林宗巾」（林宗是郭泰的字）。當時誰要是懂得去註冊商標的話，發大財了。天王的魅力可見一斑！

如果說曹操考試不行的話，那麼按照品評來得分的話，結果如何？

很不好意思，這個成績恐怕更低。上文已經說過，曹操的長相不但對不起觀衆，而且對不起自己，否則不會找替身。品評之風盛行的當時，認爲傑出的人物應該有不同凡響的外貌，至少都會露出端倪。

比如說比曹操小六歲的劉備，長得就很不一般，五官長得正點外，兩隻手長得能垂到膝蓋，跟長臂猿進化來似的；還有一對招風耳，自己都能看見，跟豬八戒有得一拼，這都是貴人之相。

還有，比曹操小二十七歲的孫權，也是相貌奇偉，很早就引人注目。

爲什麼要強調相貌呢？這是品評人物價値的重要條件。即使沒有奇特的，也應該相貌堂堂，有男子漢氣概。比如說曹操的死黨袁紹就是威風凜然的樣子，早年他一直沒怎麼把曹操放在跟自己平等的位置。

還有一個相貌堂堂的劉表，後來給劉備騙去荊州的那哥們，也是一狂帥之人。他對建安文人王粲的才華非常欣賞，欣賞到什麼地步呢？想把女兒嫁給他。但是呢，王粲這個人長相跟曹操有得一拼，相當的平庸。畢竟女兒是嫁給一個有才華的人，而不是跟那個人的才華睡覺呀，劉表考慮老半天只好作罷。從中可見劉表這個人磨嘰的性格，也可見相貌對一個人的重要性！

5. 宦官爺爺

宦官後代的背景是一頂沉重的帽子。曹操戴的是綠帽子，很羞人的，他恨不得早點摘掉。這頂綠帽子也成為他日後想建立赫赫功績、擁有現在忘記過去的一個動力！

除了相貌姿容這個絕對條件外，品評人物還有另一個重要標準，就是世人的門第風範！這又是曹操的一個弱項。

因為，他出生於宦官之家，是太監的孫子，這不僅讓曹操現在被人看不起，而且是日後走上仕途後心頭永遠的痛！

宦官怎麼又會有後呢？這個得從曹操的祖父曹騰說起。曹騰很小時候就被送到宮裡了，原因肯定是家裡窮，沒什麼好出路，捨掉命根子換個出路吧。這肯定是曹騰的父親曹節的想法。

歷史上把曹節寫成一個很酷的窮人，說鄰居有隻豬逃跑了，便到曹節的豬圈裡看看，這一看有了驚人的發現，靠，你這隻豬跟我家的豬太像，都長得豬頭豬腦的，肯定是我們家的豬，就動手把豬抱回去了。曹節也不跟他爭論，過了幾天，鄰居家的豬自動跑回家了。鄰居對比了一下，發現兩隻豬長得還是有所差別，自己家的豬更帥一點嘛，於是就把曹節的豬送回來了，順便道了個歉。曹節呢，還是一副很酷的樣子，也不說話，只是微笑著抱回自己的豬啦！

史書把曹節寫得這麼超人，一副悟透禪機的樣子，因爲是從曹操那邊倒推過來的，既然曹操這麼牛，那麼他曾祖父肯定也有過人之處。不過，依我之見，曹節的淡定只是史家主觀筆法而已。如果他有這麼超然的人生境界，是不會送兒子去當宦官的，即便忍饑挨餓過個尋常人的窮日子，也比當個閹人要強。

這個事件只能說明，曹節是個老實巴結的人，人見人欺負，莫名其妙豬都被人抱走了也不敢吭聲。這輩子被人欺負怕了，擔心兒子也這麼被人欺負，養隻豬都不安生。按照窮人的想法，世界上大概只有皇帝身邊是最安全的，不會有人欺負了！就這麼把兒子送進去了。

曹騰年紀小小就做了小宦官，因繼承了曹節那種豬被人抱走還不言聲的溫順性格，在宮中居然很吃香，被提拔爲皇太子的學友。後來這個皇太子被立爲皇帝，也就是順帝，曹騰也被封爲列侯，穩步登上宦官發跡的征程。

宮廷的權力更迭很厲害，跟抽風似的，說不行就不行了。曹騰在宮裡待了三十幾年，經歷過四代皇帝，經歷過失勢和得勢，練就了老奸巨猾爐火純青處世才能，保全了自己和家族。

這個本事不是一般的牛，是非常牛，不信你到後宮裡待幾天試試。

牛在何處？舉個例子，益州刺史种暠，搜索到曹騰接受賄賂的證據，馬上向皇帝告發。不過，經皇帝調查之後，斷定曹騰無罪。這件事之後呢，曹騰非但沒有記恨种暠，還屢次在皇帝面前讚揚和推舉种暠。

曹騰死後，种暠後來官升至司徒，也是輔皇帝掌管教化的最高長官，地位很高，他常感慨說，自己能有今日，全托曹騰之福呀！

這個事件說明，曹騰能容人，務實的角度來說，就是在局勢莫測的時刻，把敵人變成朋友，也許就是給自己多幾條活路。這個事件還說明了曹騰的另外一個方面，就是他舉薦的人物，都是海內名人。

前面說過，宦官集團是屬於「濁流」，而這些儒學出生的士大夫屬於「清流」，兩者是對抗的關係，曹騰這麼做，有人說是爲了懷柔士大夫。不管如何，曹騰這個品質還是被人稱讚，至少能使自己的路子變得很寬。

這難得的兩點品質，也就是能容人和舉薦士大夫人才，都被日後的曹操繼承過去。這個爺爺和孫子雖然沒有血緣關係，但是孫子很像爺爺，就如現在很多小孩的某些方面不像爸爸，倒是像爺爺一樣！

曹騰不能生子，那麼兒子曹嵩肯定是收養的了。歷史上沒記載曹嵩的出身，只不過建安才子陳琳著名的檄文《爲袁紹檄豫州》裡，有提到曹嵩是個叫花子，被人攜養。因此可以認爲曹嵩的出身很低的，低到史無考證，只知道原來姓夏侯，被曹騰收爲養子後才牛起來的。

曹嵩當過的官有司隸校尉，負責督率京城徒隸，從事查捕奸邪和罪犯；大司農，掌管租稅、錢穀、鹽鐵和國家財政收支；大鴻臚，掌管接待賓客之事，九卿之一。這些官當得並不過癮，最後他居然花了一億錢買了太尉，全國最高的軍事長官，當然是名義上的。

同在官僚子弟裡，曹操的宦官後代背景是一頂沉重的帽子。這個帽子有多不好戴？比如說曹嵩買太尉花了一億錢，這個價格比市場價要高出十倍，爲什麼他要花高於十倍呢？錢多了花不完嗎？

非也，原因就是因爲他是宦官的兒子，所以要多花錢。就像外地戶口要進本地學校一樣，贊助費先，當然比這還嚴重。

後來劉備出來混，爲什麼要戴上「中山靖王劉勝之後」這頂帽子呢？這是一頂正點的紅帽子，戴上了很好混，如虎添翼。曹操戴的是綠帽子，很羞人的，他恨不得早點摘掉。可見根正苗紅在當時的重要性。可以說，這頂綠帽子也成爲他日後想建立赫赫功績、擁有現在忘記過去的一個動力！

相貌不好，身世不好，還一副小流氓樣子，走在路上沒有一點回頭率，更不可能得到路人的讚揚。在通往舉薦的仕途上，這條鹹魚是不是沒法翻身了？

6. 炒作

許劭說出了兩句著名的對曹操蓋棺定論的評價：子治世之能臣，亂世之奸雄！曹操大笑，吃了一顆定心丸般開心！這個評價成為他打開仕途的開山利刃。

當然，就是一堆狗屎，也會派上大用場，只要碰上一個掏糞的。更何況曹操是個積極進取的人，有機會就會湊到名士面前問道，嘿，哥們，你看我這個鳥樣子是不是很有前途呀？希望有狗屎運撈到一兩句好評。

在一般人很不看好他的時候，終於有兩個眼光很毒的人出現了。

第一個是橋玄，這個人品質很好，謙虛、正直、清廉，因爲平定羌人有功，做官也做到太尉，就是後來曹操老爹花了大價錢買的這個職位。這一年曹操十五歲，橋玄對他說，天下快要大亂了，沒有傑出的才能是不能拯救這個國家的，我見過的人才多了去了，不過將來能夠平定天下的人，大概就是你了！

曹操一聽這話，興奮指數絕對是達到屁滾尿流、熱淚盈眶的地步。爲什麼？橋玄這個人聲望很高，影響很大，有不少弟子在朝廷中身居高位。他做出這個評價，相當於天上掉下一塊餡餅，砸在曹操的嘴巴上。

更重要的是，曹操是在大多數人不看好、根本無人喝彩情況下，橋玄給他指出理想之路，給一個茫然的青少年指出金光大道，並且堅決認爲他會成功。從哪裡看出來？因爲橋玄還跟他說，自己年邁，半個身子都進棺材了，希望自己死後，曹操能夠關照他的妻子兒女！

把妻兒託付出一個嘴上剛長點絨毛的小孩，這是多大的信任，比曹操看一百本勵志書都管用。

這個橋玄呢，還眞是相信曹操鐵定能成事，爲了讓曹操將來能記住自己的預言，他還跟這個忘年交調侃道，我死後，你如果有機會經過我的墓地，一定要敬上一隻雞一杯酒；不然的話，你走出三步外，肚子痛可不要怪我呀！

三十年後的一個春天，四十五歲的曹操駐軍譙縣（安徽亳縣），離橋玄的故里睢陽（河南商丘）不遠，想起橋玄當年的話呀，一說一個準，知遇感恩的情感油然而生，親自上墓祭拜。

可是一個在天上，一個在人間，用啥來表達感情呢？寫文章呀，他寫了一篇情眞意切的祭文，感情之眞摯，完全可以給學生拿來當範文，讓學生戒掉虛情假意炮製文章的壞風氣。文章說，現在我來祭拜你，不是怕肚子痛呀，而是我當年那麼頑劣，你卻對我做那樣的評價，絕對比我老爹對我更瞭解，比我老爹對我更親呀！

可以說，橋玄是曹操精神的一個勵志之父。

無獨有偶，另外一個名士何顒，當時也對曹操做出同樣高的評價。他看到曹操後，便對朋友感歎說，漢王室要快完蛋了，將來平定天下的人裡，曹操很有戲。他是清流派中非常受尊敬的人物，官也做到司空，是輔佐皇帝的大官，三公之一。所以他的評價也很有影響力。

據說還有一個名士看出曹操打天下挺靠譜的，叫李瓚，他老爹就是太學生的偶像「天下楷模李元禮」。李瓚臨終前跟自己的兒子們說，將來要是天下大亂，你們要看準，跟著曹操混，絕對沒錯！

從一個無人看好的醜小鴨，到得到這麼重量級的評價，曹操成爲品藻界的一匹黑馬。因爲他的起點很低，低於及格線，所以顯得很黑。這使得十五歲以後的曹操名氣逐漸被社會所知。這是他人生中的第一輪輿論炒作。

這第一輪炒作對曹操混入官場有沒有用？有用的話到底是多大的作用呢？曹操不知道，至少心裡沒底。不但曹操沒底，連橋玄心裡也沒底，他也不知道自己的評價有沒有決定性的作用。所以橋玄跟他說，我的評價未必有一錘定音的作用，要有譜，你得去結交許劭，他的評價更管用！

許劭，何許牛人也？就這麼說吧，他是品藻界的專家，泰斗級，全國稀有的國寶級人物。品論人物方面，可能也只有上文提到的天王級偶像、「林宗巾」發明人郭泰能跟他並駕齊驅了。

橋玄的評價影響力也很大，爲什麼還會覺得不如許劭呢？這裡有個業餘和專業的區別。品評和給朝廷推薦人才，很多人都可以做，比如曹操的爺爺曹騰，他一個宦官，就給朝廷推薦了不少海內名士當官呢。但這種人的推薦屬於業餘的，處於好心和愛惜人才，但準不準沒譜。而許劭呢，不僅是專業的人才鑑定專家，而且還是職業的。他和他的堂兄弟許靖，在每個月的第一天，專門替四面八方來的人做價值鑑定，還有個專門的名字，叫「月旦評」。

假如說橋玄的評價是一張大學畢業證書，證明你有一定文化水準，可以到社會上混了，但是你幹什麼工作、能不能勝任還不知道，至於許劭的評價呢，則是專業資格鑑定證書，拿到這個證書，你絕對有能力幹這個工作。

有了橋玄的評價曹操還不放心，這個心態可以這麼分析，假如你家裡有一件寶貝，不知道是不是贗品，也不知道能值多少錢，那麼你請一個德高望重的學者來評估，肯定還不放心；如果請一個文物鑑定專家來看看，他不但能看出眞假，還能報出實際價格，這你就放心了，因爲他的評價是市場和國家認可的。這就是專業與非專業的功效差別。

曹操提著禮物屁顛屁顛找許劭來了。送禮走後門巴結人家，這是曹操他老爹的長項，曹操也差不到哪裡去。那個禮物呢不是一般的厚重，明擺著是砸錢來了，以爲能從許劭嘴裡砸出一兩塊寶貝來。

許劭呢，冷眼看他，就是不開口。爲什麼呢？鄙薄曹操的爲人和品行，據說在當時，都有人不願意跟曹操交往，怕沾了狗屎惹一身臭。

曹操見許劭不吃軟的這一套，馬上施展無賴流氓的一套，你給那麼多人做鑑定，就不給我做，那是門第歧視，違反大理；不給我好果子吃，我也不讓你過好日子！你不給我說兩句好話，我今天就不走了！

大概他施展無賴的手段比送禮賄賂更高一籌，許劭居然被逼得沒轍，心想還是說兩句讓他滾蛋得了。但是自己又是一代泰斗專家，說兩句也不能瞎說，否則沒有職業道德不說，牌子恐怕還會砸爛，於是無奈地說出了兩句著名的對曹操蓋棺定論的評價：子治世之能臣，亂世之奸雄！

專家就是專家，比橋玄他們的評價更專業，更有概括力，這個評價從此像一頂合適得不得了的帽子，牢牢戴在曹操的頭上。

這個評語還有一些版本，比如「清平之奸賊，亂世之英雄」。字面意思有點出入，也成爲史學家甄別的一個要點。但可以肯定的是，許劭對曹操的態度不是很感冒，所以沒有橋玄那樣的溢美之詞，但是又不能失水準，因此這個評價是不褒不貶，也可以說有褒有貶，比較客觀。

曹操大笑，吃了一顆定心丸般開心！這個評價成爲他打開仕途的開山利刃。

7. 清濁合一

曹操屬於宦官「濁流集團」，卻成天靠攏這些「清流集團」，只要有自己有利的，他可以不在乎很多社會成見、條條框框，一律吸納。

可以看出，這幾個人對曹操的評價有個共同點，都認爲天下大亂後，更能發揮曹操的能力。說明他們都看出曹操有變通能力，思路不受傳統常規限制，能不按套路，以異常的手段來對付亂局。

曹操在通常人不好看的情況，能夠一次次請求這些士人給予自己評價，非常頑強，有打不垮的草根精神。這個能力非常了不起，以後他打了很多敗仗，差點被人打死的都有，但從來沒被人打垮過，意志非常頑強，所以笑到最後。

這就說明當時在品人這項技術上，這些人確實高人一等。

能夠從一個敗子家形象的少年身上，看到背後應變能力和頑強的生命力，結合時局的特點，看到今後發展的軌跡，技術含量確實高，比一般的從家庭背景和相貌上來品評的境界要高級許多。

還有一點非常重要，那就是曹操屬於宦官「濁流集團」，卻成天靠攏這些「清流集團」的名士，這點做法很像他爺爺曹騰。一方面說明他很想擺脫宦官門第，擠到社會名譽很好的清流名士中，另一方面呢，他腦袋裡把人分成三六九等或者敵我的概念不強，甚至很少，只要有自己有利的，他可以不在乎很多社會成見、條條框框，一律吸納。這種思想對日後不拘一格拉攏人才起到至關重要的做法。

相反，像他的死敵袁紹，出生正統的公侯之家，很拿架子，有時候看不起出身不好的人，導致用人上的侷限性，是失敗的重要原因。對比之下，便知道曹操的宦官門第，雖然很羞恥，不過對他的性格和處世起了無與倫比的作用。

俗話說，英雄不問出處。可現實是，英雄不問出處是不可能的。你一旦成爲英雄，人家找你的出處，找到一點蛛絲馬跡，添油加醋變成你走上英雄之路的必然條件。可是，那些拿得出手或者拿不出手的出處，對你的人生是裨益，還是起消極的作用，恐怕需要細細琢磨，才能品嘗出來！

第 2 章

初生牛犢

如果時代穩步發展，那麼曹操很有可能往「治世之能臣」的道路上狂奔而去，成為三國時期的包青天類型的人物。可是，個人，只不過是時代的一顆棋子！

8. 警察局長

好大喜功是曹操一生中的很大特點，也是他的動力。另一方面，他的言出必行不計後果的軍人素質，在當警察局長時就畢露了。

話說曹操在他十五歲之後，經過橋玄、許劭的兩輪輿論炒作，有了口碑，二十歲的時候，終於被舉爲孝廉，開始當官啦。

舉孝廉、舉賢良，都是當時選拔官吏的科目，舉孝廉意思是推舉孝子、廉潔的人士出來做官。這個推薦制度是漢武帝的時候董仲舒提出來了，但後來變味了，這個推薦權被大官僚和大家族把持，互相吹捧，推舉跟自己有關係的人，出現了好多不識字的笨蛋都能當秀才，把老爹趕出家門的人都能舉孝廉。

所以說曹操舉孝廉，除了他自己努力有些口碑，更重要的是他家裡的關係。跟劉備比一比就知道了，劉備號稱皇族之後，可二十八歲了還是無業青年，人家混得有頭有臉了，他在街邊賣點草鞋過日子，整天唉聲歎氣。爲什麼呢？家裡窮，沒落了，口碑雖然還不錯，但是朋友老師沒勢力，忙不上忙，你孝順得一塌糊塗，可沒人給你舉孝廉。

朝中有人好做官，這是硬道理！比任何冠冕堂皇的道理都要硬！

二十歲被舉孝廉，算是少年得志、升得很快的，當時一起舉孝廉的都有五十歲的人。曹操被具體任命的官職則是當洛陽的北部尉，相當於洛陽北區的警察局長，負責治安工作。

曹操呢，心氣還挺高，自己的意願是想當洛陽縣令的。但司馬懿的父親司馬防只給他推舉了這個職位，主管執行這事的選部尙書梁鵠也不給曹操面子。這件事曹操一直耿耿於懷，直到自己六十二歲被封爲魏王時，很得意地把司馬防叫過來開玩笑道，我現在還能當洛陽北區的警察局長嗎？司馬防很幽默地說，我推薦你的時候，你最適合當警察局長！曹操大笑！

第一次當官，跟第一次娶老婆一樣，亢奮得很，巴不得每天都能幹一兩件過癮的爽事。所以他一上任，幹勁十足，立即修繕縣城四個大門，在門邊各掛上十幾根五色棒，誰要違反禁令，一律悶棍打死。

說時遲，那時快，考驗曹操的機會來了，蹇碩的叔父違反了夜行的禁令，被逮住了。這個蹇碩呢，很有來頭，是當今皇帝最寵幸的宦官，權傾一時，殺還是不殺？曹操說，先殺了再說吧，要不然我準備的五色棒拿來幹嘛用？當場悶棍打死。

靠，這個警察局長不一般呀，一時間洛陽城一派肅殺，人人都記住治安條例，不敢違抗，同時扼殺住洛陽混亂的治安！

可看出曹操剛出道下手就比較狠，沒有瞻前顧後，殺個豪強都不猶豫一下。這是爲什麼？還是想當出頭鳥的個性，特想一鳴驚人，跟宦官作對，讓自己成爲社會士人楷模，讓人忽略宦官身世的背景。

記住，好大喜功是曹操一生中的很大特點，也是他的動力。另一方面，他的言出必行不計後果的軍人素質，在當警察局長時就畢露了，爲他以後激情燃燒的戎馬歲月打下基礎。

這事後果很嚴重，蹇碩和靈帝非常生氣，但曹操的所作所爲，都是按照律令辦事的，拿曹操一點沒轍。沒轍也得想辦法呀，讓這個愣頭青警察局長一直待在首都，說不定還有不少皇親國戚被亂棒打死呢。

於是他們採取軟的招數，宦官們集體推薦，說這個曹操很有政績嘛，應該升官，把他調到頓丘（河南清豐縣）當縣令。

這是明升暗降。你想首都警察局長有多大權力，地方縣令能幹出什麼有影響的事呀？只不過是宦官們想把曹操趕出洛陽的計謀而已。

曹操心裡明白，但也無怨無悔，依然把這個縣令當成自己官場的練把手，做得很認真。此時曹操二十三歲。

沒過多久，曹操又有機會回洛陽了，不過這個時候不是當警察局長，而是當了一個文謅謅的官，叫議郎，這個官職就是給皇帝和朝廷提出政治意見，爲國家決策補缺補漏，相當與智囊團成員。這個官職沒什麼執行權力，曹操不能耍牛。

曹操去當縣令和回來當議郎，都是發生在二十三歲這一年。

9. 連坐

連坐看起來蠻不講理，但並非完全沒有道理，曹操只不過是一個堂妹妹嫁錯了對象而已，所以是從坐，丟了官但還不至於被弄死。

官場如夢。

這時候朝廷發生了一件大事。前面說過，東漢末年由外戚和宦官輪流掌權，經常火併，誰單挑不過誰下台。

外戚就是皇后及其裙帶關係。曹操二十四歲這年，掌權的皇后宋氏跟宦官衝突，這些宦官的宮廷技戰術水平很高，用讒言把宋皇后廢黜，讓她在監獄裡鬱悶而死。一人下台，權勢如山倒呀，宋氏一族全部下野，徹底完蛋。

那麼，跟曹操又有什麼關係呢？

這個關係說小很小，說大又大得不像話。完蛋的宋氏家族裡有一人叫宋奇，他的老婆呢，跟曹操是堂兄妹的關係。就這個八竿子能打到一點點的關係，居然打到曹操頭上，曹操也丟官下台啦。

這個打法叫什麼？叫連坐。你七大姨八大姑家裡的一小子犯事了，嘿，別以為跟你住得遠裝作不知道就沒事，第二天你有可能就在監獄裡跟他會師了。這個連坐看起來蠻不講理，但並非完全沒有道理，假如你三姑爺四姑父家裡一小妞嫁給一大官，野雞變鳳凰，你小子肯定能沾光，一人得道雞犬升天，全發了。

這是中國以血緣為基礎、以宗親為單位的社會的獨特現象，一榮俱榮，一損俱損，跑不掉的，所以投胎的時候請張大眼睛做出正確選擇，選對選錯，願賭服輸。曹操，也就因為跟宋氏一族關係不是很密切，只不過是一個堂妹妹嫁錯了對象而已，所以是從坐，丟了官但還不至於被弄死。

丟了官怎麼樣呢？沒辦法呀，回家待著，看書唄，反正又不是不識字。

經歷了年少輕狂人生冷暖，這時候讀書也讀得進去，加上又有譁眾取寵喜好名聲的本性，有一點見識就想讓人知道，此時的曹操居然在文化上很有知名度，算一知名的青年學者了。

除了讀書，當然還要女人。

曹操同志比較好色，所以不會把這事給忘了。他本來有老婆丁氏，現在趁著有閒工夫又納了個小妾卞氏。老婆不嫌多，越多越光榮呀，這只是萬里長征的一二步，古代好色的男人有福呀。

他二十六歲這一年，朝廷讓大家推薦一人當議郎，條件是這個人能夠精通《尚書》《毛詩》《左傳春秋》以及《穀梁傳》，又能夠把理論活用於時政。經過多方的研究調查，最後大家居然一致推選曹操，可見他還眞長了學問，也沒有白推銷自己。曹操呢，也不管什麼好馬不吃回頭草，很高興地第二次當議郎了。

10. 曹青天

如果時代穩步發展，那麼曹操很有可能往「治世之能臣」的道路上狂奔而去，成為三國時期的包青天類型的人物。可是，個人，只不過是時代的一顆棋子！

這次上任呢，曹操還是幹勁十足，堅持正直的與宦官集團對立的路線。第一件牛逼的事，就是要求平反被誅殺的竇武、陳蕃的冤假錯案。

宦官集團以叛亂罪名誅殺竇武、陳蕃，這件事發生在十多年前，曹操十四歲的時候，屬於第二次「黨錮之禍」，也就是殺害清議派黨人的恐怖運動。說來有點話長，沒興趣的朋友可忽略這一段。

竇武的女兒是貴人，被清議派領袖陳蕃力推爲皇后，這樣竇武就成爲皇后的父親，後來出任大將軍。因此第一次「黨錮之禍」時，竇武也懇請桓帝解除黨錮，支持陳蕃。這樣，外戚竇武和清議派陳蕃由於共同反對宦官而結成同盟，在清議派中，這兩人也是列爲地位最高的「三君」。

兩人藉著士大夫的支持，想徹底端掉宦官勢力，但由於竇太后的猶豫不決，卻被宦官先下手爲強，兩個人被殺死。

把這兩人搞定後，宦官開始大規模肅殺清議黨人。由於第一次黨錮沒有流血事件，宦官們吸取了教訓，第二次黨錮下手非常狠，天下名士和優秀的儒者被殺了一百多人。而且這個殺人令，持續了十五年，到了西元一八四年爆發黃巾軍的時候，才解除黨錮，大赦黨人。

曹操爲竇武、陳蕃平反，就是否定黨錮屠殺，否定宦官的行爲，肯定清議派，這個做法相當有正義感。但是，曹操的上書當時並沒有馬上被採納執行，到了一八九年西北軍閥董卓入宮掌握政權，也就是曹操三十五歲的時候，竇武、陳蕃案才被重審並且恢復名譽。

幹這種正義的事情會有很踋的感覺，雖然有被宦官嫉恨的危險，但也很爽，所以曹操幹上癮了。當時有許多地方的軍政長官胡作非爲，禍害百姓，老百姓拿他們沒辦法，只能做些民謠來諷刺他們，過過嘴癮。西元一八二年，皇帝下令徹查這些被老百姓用歌謠傳唱的貪官壞蛋。而這些壞蛋呢，基本上都是宦官子弟。執行命令的太尉、司空等大官，仰宦官們的鼻息，收取賄賂，都不敢眞正處置他們，相反的，倒把邊遠小郡的一些清廉小官揪出來當替罪羊。

曹操呢，看在眼裡怒在心上，所以趁著一個機會上書指出三公們迴避權貴，揭露眞相事實。這個意見被皇帝採納，不久那些當替罪羊的清官，都當上議郎，因爲這些人才眞正是人大代表！

如果時代穩步發展，那麼曹操很有可能往「治世之能臣」的道路上狂奔而去，成爲三國時期的包青天類型的人物。可是，此刻的時代，像吃了槍藥一樣，一陣陣抽搐，開始了死去活來的打滾了。曹操，時代要讓你逼你成爲功高蓋世的英豪，要逼你把潛在的能力淋漓盡致地熬出來，你有辦法抗拒嗎？

沒有！個人，只不過是時代的一顆棋子！

11. 騎兵司令

曹操把年少沒什麼事不敢幹的勁兒用到正事上，取得了鐵面無私的巨大聲望。但他做這些事情，後果是非常嚴重的，要不是他爺爺和老爹都在朝中做官，估計早被人廢了。

天下大亂，形勢逼人，曹兄，你準備好了嗎？

西元一八四年，黃巾軍起義，聲勢大得不得了，這下把靈帝嚇壞了。

這個靈帝，搞娛樂很有一手，估計每年皇宮裡的春節聯歡晚會都他導演，很有創意。這個皇帝導演把後宮佈景變成市場，宮女打扮成商人，自己打扮成嫖客，假裝在市井裡買賣尋歡、喝酒唱歌。有時候出去玩，把寵物狗戴上官帽穿上官服，那麼官僚子弟一看，靠，太酷啦，爭相仿效，頓時狗價高不可攀，一時洛陽狗貴呀！

這麼有藝術才華的人，不去娛樂界混，偏偏被拱來當皇帝，要操心全國這麼一大爛攤子，命苦呀！基本上他的生活以娛樂為主，以工作為輔，猛然間聽說那麼多人造反，嚇得一顆心摔成兩瓣。於是他放下導演和演員的雙重工作，把那群白吃白喝不幹事的大臣叫過來，說，怎麼辦吧！

北地太守皇甫嵩出了個主意，各地關隘加強把守，把國庫裡本來用來發展娛樂業的錢發給軍隊，把西園裡用來打獵的馬發給士兵。解除黨錮之禁，號召天下有才能的人，不論是誰，只要有兩把刷子，都可以來從軍，討伐黃巾軍。

好，就這麼著吧。就是這一條佈告，引蛇出動，後來引出不少蟄伏在民間的英雄，最著名的是劉關張三兄弟！曹操，三十歲的曹操，就是在此刻，被正式授命軍官，職位叫騎都尉，騎兵司令，二千石的官。

這是曹操的第一個武職，很有紀念意義，他應該照張相給讀者看看。

曹操的第一戰打得討巧而漂亮。當時黃巾軍主力有三處，一個是冀州的張角兄弟，二是潁川的波才，三是南陽的張曼成。波才率軍打敗了前來鎮壓的皇甫嵩，並把他包圍在孤城長社（河南長葛東）。皇甫嵩翻了翻兵書，嘿，找到了一個答案：火攻。他派少量精兵突出重圍，趁夜色裡外縱火，大概黃巾軍中可燃物頗多，很快就一片混亂。

這時曹操的救援部隊來了，來得早不如來得巧呀。加上朱俊的部隊，幾面夾攻，大破黃巾軍，據說斬首數萬級，不知道是不是真的。人家西方古代起義之類的，都是幾百號就幹起來，相當於咱們一個觀光旅遊團。咱們這邊不論是起義呀還是砍人呀都是天文數字，你想想幾萬人被砍頭的場面多可怕多震撼，就是叫好萊塢花鉅資也沒法整呀，到哪弄那麼多替身而且是無頭替身！所以真不知道是不是真的，不過通常報賞軍功的時候數位都會誇張一點，這是允許的慣例。

以張角爲首的黃巾軍是在洩密的情況下提前一個月起義，準備很不充分，在皇甫嵩、盧植等人努力下，在當年就被撲滅了。但是，黃巾黨人的叛亂活動卻沒有停止，反而此起彼伏，爲什麼？

因爲黃巾軍是集合了宗教信仰和民間療法的組織，群眾基礎很好，很難拔根，比如說在張角之前的太平道代表人物于吉，就在南方的吳會地區，用符水加咒語的療法，擁有很多信徒。有一次，孫策和許多將領以及賓客集會，正在發言呢，于吉從下面走過，竟然有三分之二的人跑了出來拜見于吉。孫策很沒面子，大怒，就以蠱惑人心的罪名，把他殺了。這個看出黃巾黨的信徒不僅有貧民，也有軍人和知識份子。所以，消滅黃巾軍的工作持續了二十多年，最後才被群雄的部隊消化，起義

的餘火最終澆滅，這是後話。

曹操鎮壓黃巾軍有功勞，當年就得到提拔，升爲濟南相，相當於現在濟南及其周邊十餘個縣市的最高統治者。一上任，又開始幹疾惡如仇、雷厲風行的事。這個地方不是有十來個縣嗎？這些縣令都是依附於宦官權貴的，在這裡貪贓枉法，胡作非爲，因爲後台太硬，以前的國相都不敢動他們。曹操一到呢，他娘的，開除掉百分之八十的壞蛋。剩下的壞蛋們說，靠，還讓不讓人活呀，快點調我到別的地方。這就是強龍搞掉地頭蛇的經典案例。

還有一件更狠的舉動，致使曹操自己也後怕起來。這個地方迷信風氣很濃，很早就盛行祭祀西漢皇族劉章的淫祀，據統計淫祠達到六百多座。以祭祀供奉的名義，官僚和神棍們會向平民百姓斂財，而老百姓根本不能負擔。曹操一上任，就把所有的祀屋端掉，杜絕祭祀！

可以看出，曹操把年少沒什麼事不敢幹的勁兒用到正事上，取得了鐵面無私的巨大聲望。但他做這些事情，都是硬橋硬馬，不是沒有後果，後果是非常嚴重的，要不是他爺爺和老爹都在朝中做官，估計早被人廢了。即便沒有被廢，他聰明的腦袋瓜也能時刻感受到宦官集團的威懾力。他現在幹的每件事情，都是單挑宦官及其黨羽的利益，所以自己和家庭的危險是潛在的，時刻都有爆發的可能。

西元一八五年，三十一歲的曹操接到朝廷命令，要升調他為東郡太守。但他感覺到這是宦官要陷害他的陰謀，對宦官報復的後怕、對家門的擔憂、對時代的失望讓他做出了一個選擇：退場！

他以健康不佳為理由，拒絕了這次調動，請長假回家養病。他在家鄉譙縣郊外建了個茅屋，湊合著當別墅吧，沒有溫泉也沒有服務員，自得其樂住在那裡療養，秋夏讀書，冬春打獵，把小時候飛鷹走狗的愛好重新拾起來。

這期間也是生孩子的好機會，三十三歲那年他生下了曹丕。哦，不對，是他老婆生的，他只不過十個月前貢獻了一顆質量不錯的精子而已。

12. 不想造反

有一夥人想造反，廢掉那個搞娛樂很拿手的靈帝，此刻躲在草堂裡享受摁腳的曹操腦袋清醒得很，告訴他們，廢立天子是天下最危險的事情。

當然，曹操並非真的像後來的陶淵明一樣想隱居終生，他心裡有小九九：在這裡住上一二十年，等政局穩定進入清平世道，再出來做官。跟我同年舉孝廉的不是還有五十歲的老頭嗎？我歇個二十來年，達到他那個年齡了再出來也不錯。

這個想法很單純很可愛，看出曹操理想主義的一面。這麼單純是想法是現實逼出來的：當官難，當清官更難，讓我幹壞事我沒那習慣，幹好事都有人報復，哎，碰個適合幹好事的世道再出來混吧！

在當下的時局，以曹操擁有的威望，會讓曹操在茅草別墅裡待上二十年嗎？

絕對不。

曹操出道十來年，大家都看出是個能幹敢幹之人，膽識和能力是公認的，所以大家想幹點大事，不論好事壞事，不論有沒有三缺一，馬上就想到他。你想閑著，沒轍！就這樣，一件膽大包天的事砸到隱居的曹操頭上來了。

有一夥人想造反啦。這些人是冀州刺史王芬、黨錮之禍主角陳蕃的兒子陳逸、名道教術士襄楷、著名策劃人謀士許攸、豪俠周旌等等，眞是人才濟濟，什麼職業都有。他們想陰謀政變，廢掉那個搞娛樂很拿手的靈帝，擁立合肥侯，誅殺宦官，爲陳蕃等報仇。他們想把曹操也拉進來，畢竟曹操是支持陳蕃的吧，於是就讓策劃人許攸來勸說曹操。

此刻躲在草堂裡享受捏腳的曹操腦袋清醒得很，他給許攸回了一封信，告訴他們，廢立天子是天下最危險的事情，很不吉利的，雖然古代有成功的案例，但人家都是權衡利弊條件成熟才搞成的。你們現在只注意到成功的例子，沒有看到自己的困難狀況，只要跟人家對比一下，你們就會知道自己的行動很危險！

曹操沒有去告發他們，可見曹操不愚忠，你們想造反搞掉朝廷，這個想法並不是不允許，只不過，第一，你們廢立，名不正，沒法得到道義上的擁護；第二，以冀州之兵力，很難對付中央及其他地方的兵力，成功的可能性比芝麻還小，所以，我不參與。

曹操的拒絕並沒有讓王芬他們退卻，政變依然按計劃執行。剛好靈帝通知王芬，要到他的領地冀州巡查。

王芬一聽，奶奶的，這千載難逢的機會難道不是上天的安排嗎？便上書歡迎皇帝到來，說目前黑山賊寇正在這裡作亂鬧事，你來了一定能鼓舞士氣呀！一邊以打擊黑山賊的名義部署兵力，只等靈帝到了一舉拿下。

可好事多磨，這個興奮的陰謀居然讓朝廷發覺了。史書上說，北方出現大片紅雲，大史官占卜表示：北方有陰謀，不宜行。說得神乎其神呀，不知道是不是真的，反正是被察覺了。靈帝通知王芬，我不去你那邊了，還是你過來述職一下，跟我彙報下打黑山賊的計劃！

王芬接到聖旨後大驚呀，偷雞不成反蝕一把米了，全家的性命都要搭進去了。大家知道，連坐一下不知道要死多少人。得，願賭服輸，不勞皇帝動手，全家自殺。

13. 禁軍統帥

袁紹出了個相當臭的主意，曹操一聽，就知道是個餿主意。曹操的邏輯非常之精準，見識與袁紹一比，馬上就分出高低，可是他的意見不能起決定作用。

隱居的曹操像一顆冷凍起來的精子，表面上只不過是一丁點蛋白質而已，一旦拿出來，就要派上大用場。

急著用人的朝廷不可能把這顆精子射在牆上的。

西元一八八年，皇帝下聖旨，把那個年富力強的退休幹部曹操叫出來當官。當什麼？典軍校尉，一個禁衛集團軍的司令。

這回三十四歲的曹操拒絕不了了，這是每一個男人的熱血之夢！

為什麼皇帝跟抽筋似的又把他叫出來派這麼大用場呢？原來，這個時候天下更亂了，沒飯吃的人跟著黃巾軍到處搞起來，涼州叛亂、益州暴動、幽州烏桓之變、并州匈奴入侵，想殺皇帝搞政變的人也不是一個兩個。在這種混亂局面下，靈帝覺得很沒有安全感呀，生怕一覺醒來發覺頭已經被人砍了。

怎樣才有安全感？把槍桿子抓牢！於是朝廷設立西園八校尉，也就是新編五個禁衛軍團，由八個將軍統帥！名單如下：

上軍校尉：蹇碩（宦官）

中軍校尉：袁紹

下軍校尉：鮑鴻

典軍校尉：曹操

助軍左校尉：趙融

助軍右校尉：馮芳

左校尉：夏牟

右校尉：淳于瓊

在八大統帥裡面，曹操率領第四大軍團。這個蹇碩呢，就是他叔父犯法被剛出道的曹操亂棍打死的那個宦官，他雖然下根沒了，可是很健壯，還有膽略，皇帝特信任他，他不僅是第一集團軍的司令，而且是元帥，這幾個校尉以及大將軍何進都歸他管。

必須介紹一下中軍校尉袁紹。前面已經說過，這個儀表堂堂的帥哥出身名門世家，祖上四代有五個人晉升到三公的位置，根據當時品評人物的標準，條件好得不得了，不用看就知道是國家棟樑。他自己也懂得做人，禮賢下士，結交名士，年紀輕輕威望就很高，這個時候做校尉也不奇怪。

如果世道穩定，他就這麼混下去，仕途會非常好，達到一人之下萬人之上沒問題。但是天下亂起來的時候，一切按照套路來都行不通的情況下，他就有點歇菜了。他那一套禮賢下士只不過是官僚家庭傳授的處世手段而已，骨子裡的門第驕傲暴露無遺；在眞正要用腦子判斷時局的時候，由於獨立判斷能力比較差，那一套家門傳授的官場經驗也都失效。這是後話，但要注意，從這裡開始他跟曹操並駕齊驅，是兩個人能力對比的開始！

回過頭來說這組建五個禁衛軍團，目的是對外可以平叛，對內可以保護皇帝，應付隨時的變局。曹操還想去涼州前線作戰，當個「征西將軍」呢，但是未遂。

這批部隊只有半年後才由鮑鴻率領下軍去征討葛阪附近的黃巾黨人，結果是黃巾黨人沒消滅，倒是鮑鴻私吞了幾千萬錢的軍餉，後來被人檢舉，下軍校尉就住到監獄裡去了。

所以這八個校尉，還沒去出征幹成什麼事，突然一根導火索一拉，在宮廷內部火併起來了。

這個導火索就是玩主靈帝死了，這事發生在曹操、袁紹當校尉的第二年。靈帝的繼承人，有兩個，何太后生的劉辯，和王美人（美人的地位次於皇后和貴人）生的劉協。靈帝覺得劉辯比較弱智，想讓劉協繼承。蹇碩明白，要讓劉協繼承，就必須除掉何氏，結果未遂。

靈帝突然一死，皇子劉辯自然即位，何太后臨朝，外戚、大將軍何進掌權。這一場外戚和宦官的第一回合較量中，外戚占上風。袁紹原來當過何進的屬官，關係鐵得很，自然站在何進這邊，而曹操，一直是反對宦官專政的，也站在袁紹的陣營中，與禁衛軍最高首領蹇碩對立。

一場你死我活的搏鬥不可避免了。蹇碩與中常侍趙忠商量把何進搞死，結果走漏消息，哪知道何進殺人的效率更高，先下手殺了蹇碩。

第二回合還是何進笑到最後。

這時袁紹建議，索性把宦官全殺了，免得政權搶來搶去，跟丟沙包似的。這個主意不錯，何進也同意，但是何太后心軟，不同意。眞是女人一插手，事情就變複雜了。

那怎麼辦呢？那麼多宦官跟定時炸彈一樣放在後宮裡，總得想辦法解決呀！這時袁紹出了個相當臭的主意：召集地方猛將來京城要脅太后，逼她同意清除宦官。

曹操一聽，就知道是個餿主意。爲什麼呢？宦官是古今後宮都有，只要不讓他們得寵掌權，他們就壞不到哪裡去。現在要清算宦官之罪，應該把宦官頭目清除掉即可，這只要一個刀斧手就可以了，何必叫外將來呢？天下混亂之際，把外方的兵馬召到京城，這是危險得不得了的事。更何況你要全部清除宦官，這個事情肯定會敗露，結果肯定弄糟！

此刻曹操的邏輯非常之精準，見識與袁紹一比，馬上就分出高低。可是這個時候袁紹有威望得多，曹操的意見不能起決定作用。主簿陳琳、尙書盧植等也勸何進不要這麼幹，這個何進不愧是屠夫出身的，殺豬很麻利，搞政治沒腦袋，根本聽不進去，召集并州刺史董卓等人進京。

14. 董卓來了

董卓要把曹操表薦為驍騎校尉。曹操多聰明，知道跟這畜生在一起，不僅遺臭萬年，現世就沒什麼好果子吃。怎麼辦呢？連夜逃跑！

袁紹的主意臭在哪裡？看結果就知道了。

第一臭，點燃定時炸彈。

狗急了也會跳牆，張讓、段珪等宦官頭目，一聽要徹底清理宦官，看來只能魚死網破，先殺何進吧。在後宮抬頭不見低頭見，打個埋伏殺個人還是比較容易的，僞造太后命令讓何進來宮裡，小菜一碟就把冒失鬼何進殺了。這算第三回合，何進死在宦官手裡。

袁紹和何進的部下這時候只能當馬後炮了，趕進宮裡殺了宦官兩千多人，爲什麼這麼多？反正不長鬍子的，都被當宦官殺了！偷懶呀，要是脫下褲子看看再殺，肯定不至於這麼多。

張讓等挾持著少帝劉辯、陳留王劉協逃出洛陽，後來被尙書盧植和河南中部掾閔貢趕上，張讓被迫跳河自殺了。

第二臭，引狼入室，把董卓這條西北大肥狼引進來了。

董卓是西北臨洮人，一孔武有力的糙漢，但有心機，也有野心。以前朝廷幾次想調動他，他都找藉口拒絕，賊得很。他一直在壯大自己的力量，等待時機。何進召他進京，他一想，時機來了，走吧。

他還沒到呢，何進早被宦官殺死了，不過正趕上少帝他們在洛陽北面北邙山剛從宦官手裡救出來呢，趕緊跑過去拜見，把他們接回宮裡。這個少帝劉辯見了董卓呢，只是哭啼，抽抽噎噎半天也沒說清楚究竟；倒是他弟弟陳留王劉協思維清晰，把事情來龍去脈說了一遍，這個爲董卓的廢立埋下伏筆。

這個董卓又賊又壞。

賊在哪裡？他進京的時候，兵馬只不過三千，他覺得太少，鎭不住。到了深夜，就把這三千人開出去，早上的時候又開進城，一連幾天，造成了自己的軍隊源源不斷進入京城的假象！

有這麼多軍隊，這下子都所有人都鎮住了，他把控了朝廷的政權！東漢結束外戚和宦官輪盤賭的現狀，但權力落在一匹豺狼手裡，結果沒有最壞，只有更壞！

那麼壞在哪裡呢？到了京城之後，他壯大自己的勢力，把何進弟弟何苗的隊伍收編了，讓武功指數第一高的呂布把乾爹丁原殺了，認自己為乾爹，兵力全部兼併。有了這些基礎，他就把少帝劉辯廢了，把何皇后殺了；讓劉協當皇帝，就是漢獻帝。自己封自己為相國。

這個換皇帝的事呢，很多人不同意，袁紹公開反對。

董卓很生氣地說，靠，難道你不知道現在天下的事我說了算嗎？你敢反對我，是懷疑我的劍不夠鋒利嗎？

袁紹知道這時候玩不過他，硬碰硬有可能被弄死，三十六計走為上策，離開京城跑冀州去想轍吧！

這時的董卓呢，好像野生動物跑進超市裡，想怎麼糟蹋就怎麼糟蹋。宮女呀，公主呀，亂睡呀；扒開靈帝的墓呀，挖掘珍寶；縱容自己的士兵，到處搶錢搶女人。名義上一人之下萬人之上，實際上也在那一人之上，經常戴著佩劍去見皇帝，把小皇帝嚇得屁滾尿流。

這個董卓，當然沒忘記曹操，早知道是個人才，必須拉攏，要把曹操表薦爲驍騎校尉。曹操多聰明，知道跟這畜生在一起，不僅遺臭萬年，現世就沒什麼好果子吃。可是敬酒不吃就要吃罰酒，你不接受他的推薦，他就要整死你呀。怎麼辦呢？打也打不過他，只剩下兩條腿有用了，逃吧！

連夜逃跑！

這一逃跑，董卓知道這哥們對自己有意見，留著是個禍害，下通緝令呀，逮捕！

這一逼呀，把曹操逼入絕境，還逼出個蓋世英雄！

第3章 陳留亮劍

曹操孤軍奮戰，更加認識到，關東盟軍是個不靠譜的組織，每個人都心懷鬼胎，在意於自己的勢力實力而並非聯盟的理想，成不了什麼大事的。

15. 通緝犯

通緝令跟長了翅膀似的，曹操跑得沒它快呀。跑到河南中牟縣的時候，被巡邏隊逮住了。虎落平陽是英雄的家常便飯，人生就是這麼不講道理！

曹操逃跑這事，不是揮一揮衣袖不帶走一片雲彩那麼簡單，而是想破了腦袋。董卓入朝廢少帝、殺丁原、逼走袁紹的時候，曹操身處烏煙瘴氣的政治氣息，就知道禍事遲早要降臨自己頭上。所以他要求父親曹嵩，儘快逃離京城避禍。但是這個老財奴呢，在京城聚斂了大量的家產，捨不得丟掉，非得要變賣了才能走。有這麼個要錢不要命的老爹，曹操沒轍，只好一邊催促老爹，一邊派曹洪回故鄉譙縣安排家人住在別處。

果不其然，董卓很快邀他出任驍騎校尉。時間不等人了，老財奴還在不亦樂乎地收拾財產呢。曹操只好用緩兵之際，派曹仁跟董卓請假，說自己前陣子參與宮廷事變，偏頭疼就發作了，沒法子工作，必須休息幾天，才能來報到。

董卓眞相信了他。於是曹操趕緊叫曹仁護送老財奴曹嵩走人，而且不是返回老家，那裡不安全，最好往東邊徐州方向避難。爲了不讓董卓覺察，並沒有帶大隊人馬，只帶領一些家丁，這些都是曹操的細心之處。不過，這個曹嵩愛財如命並非什麼缺點，後來他的這些財產拿來給曹操招兵買馬，算是曹操起事的原始積累。所以，有個守財奴的老爸，絕對不是壞事。

要去報到的前一天夜裡，曹操換上普通衣服，內藏兵器，翻越官邸後牆，一個人溜出城外，賊頭賊腦朝陳留方向狂奔而去。

這事只能蒙得了一個晚上，第二天清晨，董卓看到曹操不但不來上班報到，而且還逃跑了。直娘賊，敢裝病欺騙老子！老董勃然大怒，第一，發出全國一級通緝令，各地設卡晝夜巡查，有點像這個曹矮子的都要捉來看看；第二，派全國水平最高的殺手，去把曹操譙縣的老家端了。

通緝令跟長了翅膀似的，曹操跑得沒它快呀。跑到河南中牟縣的時候，被一個亭長，相當村長的巡邏隊逮住了。政治警覺性很高的村長一看他逃亡的樣子，衣服裡還藏把刀，就覺得像個逃犯，拿下。虎落平陽是英雄的家常便飯呀，人生就是這麼不講道理！

村長馬上送到縣裡，縣令早接到通緝令了，一看，嘿，沒錯，是大名鼎鼎的曹操。擱監獄裡存放一個晚上，明天送洛陽去領賞，村長同志你不錯，抓人很有一手，前途無量，先回家去，再過十年我這縣長的職位就是你的了。

英雄命不該絕。負責此事的一個曹吏另有想法，他的覺悟比村長高了一萬倍，他對縣長說，現在董卓專權，把天下搞得亂七八糟，這種世道需要英雄來清理，我們絕對不能夠害了曹操這種天下知名的英雄人物！

縣長一聽，靠，太有道理了，怎麼不早說呀！把曹操放出來擱在一匹馬上，你繼續逃吧！第二天放出風聲說，TMD（他媽的），抓了個假曹操，差點讓老子白費功夫！

這就是著名的「捉放曹」，後來成爲京劇名段！京劇和《三國演義》裡都說這個縣令是陳宮，陳宮還放棄了縣令職務跟曹操一起逃跑。但根據史料推論，這哥們不可能是陳宮。不管如何，可見曹操的英雄知名度很高，而且深入人心，他靠知名度救了自己一把。

16. 千古公案

殺呂伯奢一家是一樁無頭公案，不管有沒有，這件事已經成為發生在曹操身上最著名的事件，並且給曹操貼上了永遠抹不掉的商標：史上多疑之最、人間奸雄第一！

離開中牟縣，曹操有馬騎也不敢走大道，再被抓一次就沒這麼幸運啦。所以他小心多了，施展絕頂騎術，翻越山中小路，到達成皋，爲了躲避虎牢關的士兵，他決定冒險投宿一個父親的老朋友呂伯奢家中。

這一投宿，投出一樁千古公案。

黃昏前來投宿的曹操讓呂伯奢一家喜出望外，家裡從來沒來過這麼有知名度的逃犯客人呀，不盛情款待說不過去。曹操被安排在客房，連日擔心受怕又餐風宿露，累得很，倒頭一覺就睡了過去。不知睡了多久，驚覺醒來，發覺窗外已是夜色籠罩，林暗鳥驚。一陣刺耳的聲音傳來，曹操一聽，是磨刀聲！還聽有人說，把他捆了就殺。他第一反應就是，才出虎口，又入狼穴！

他又驚又怒，決定先下手爲強，拔出刀來，衝出門外，見人就殺，見頭就砍，一口氣把活人全變成死人！到了廚房，發現有一口準備要殺的豬，哎呀，才知道自己警惕性過高，誤殺好人了。

豆腐？誰給塊豆腐讓我一頭撞死算了！曹操叫道。豆腐沒有，那就跑吧！

剛跑出來一陣子，就看見呂伯奢老人家哼著小曲兒正往家趕呢。老人家說，賢侄呀，怎麼就走了，我正給你打酒回來呢，豬應該殺好了吧，走，回家去。曹操心裡叫道，老人家，你要是一回家呀，不但要心肌梗塞，肯定報官要我的命，賢侄我沒有選擇的餘地了！爲了老人家的健康著想，手起刀落，把老人家砍了！

然後他說了句臭名昭著的話：寧我負人，毋人負我。寧可我對別人說Sorry，不能讓別人幹Sorry我的事。

在《三國演義》的演繹裡，他的這句話是對跟他一起逃跑陳宮說的，而且更狠，打擊面一大片：寧教我負天下人，休教天下人負我。

這個事件還有其他的版本，說是曹操夜裡到達呂伯奢家，老人家不在家，他的兒子們對曹操不太客氣，還威脅要送官，爭執之中，曹操殺了幾個人就跑了。

這件事假如是真的，那麼可以看到曹操的思想裡，並沒有浸透儒家取義成仁的精髓，相反，倒是有「人不爲己，天誅地滅」的味道。包括後來曹操的行爲，都可以證明他是一個寧可沒面子也不能沒命、留著青山在不怕沒柴燒的人，從而倒推到他小時候雖然讀儒術，但沒有撞到書的槍口上，不是我爲書殉身，而處處是書爲己用，我爲第一的原則。

這使得他比其他的儒者多了一份變通和狡詐，多了一份生命力。即便是在他初入官場幹了剛正不阿的事，也是意識到以自己的身世足以避險的情況下做的；當一意識到惹禍太大扛不住的時候，就提前躲避，天生具有虎口脫險的嗅覺和能力。

爲什麼說殺呂伯奢一家是一樁無頭公案呢？因爲正史裡沒有記載這個事，很難考證有沒有殺呂一家的事。可是，不管有沒有，這件事已經成爲發生在曹操身上最著名的事件，並且給曹操貼上了永遠抹不掉的商標：史上多疑之最，人間奸雄第一！

曹兄，你已經被歷史出賣了，奸雄的商標也銷售了千年了，所以眞相變得無足輕重。

死去的人留些蛛絲馬跡裡在史書裡，就如我們透過毛玻璃，看見他們影影綽綽，誰知道他們去解手還是去殺人？根據自己的喜惡和智商整吧！

有朝一日曹操在九泉之下待悶了，出來透透氣來，無意翻了翻地攤上寫自己的書，會驚叫道，媽呀，我還幹過這事呢，自己怎不記得！不過，以他的英雄之懷，驚詫之後只會啞然一笑而已。因爲他清楚得很，歷史無法接近眞相的時候，就只能去接近世人的趣味了。

而眞相又是什麼玩意兒？那些寫活著的人的傳書裡，又有多少猜測、拔高、誹謗和炮製？而以文字之功能，又豈能傳達出眞正的眞相？

歷史，只是一個任人打扮的小妞；眞相，是另一個任人打扮的小妞。曹兄，你一定會看到，李師江打扮的小妞，遠沒有羅貫中打扮得那麼誇張吧。不過，羅兄導的是舞台劇，李某人導的是生活劇呀！

17. 集資成功

集資獲得圓滿效果，西元一八九年十二月，三十五歲的曹操軍隊組建完畢，領導五千人馬，在陳留宣佈起義正式開始，討伐董卓！

氣喘吁吁，曹操終於逃到了陳留（河南開封市東南），立即和等在那裡的曹洪會合。丟了工作，撿了一條命回來，現在總得幹點啥吧。

起義，舉兵討伐董卓！

曹兄，英雄本色，勇氣可嘉！

辦這事不是光憑勇氣就行，跟開公司一樣，先得有錢，招兵買馬，鍛造兵器。這回老財奴的錢派上用場，他攢的錢可不是一般的多呀，可以公開招募義兵。而曹仁送老財奴到徐州後，也趕過來參加起義了，這時候兄弟多了好辦事。

曹操的口碑相當好，當地有不少富豪都出錢贊助，而且不用給他們打廣告。最重要的是一個叫衛茲的人。曹操雖然把祖輩財產都用上了，還是覺得不夠，反正不嫌多吧。於是，他把首屈一指的豪爽巨富衛茲請過來喝酒，跟他說，當今董卓當權，欺君害民，天下人無不咬牙切齒，我想匡扶社稷，為民除害，可是資金周轉有點困難……

衛茲這人，不是一般的大款，他是清議派人士，年輕的時候，在偶像天王郭泰門下學習。有一天和同學圈文生一起去市場買東西，衛茲按照賣價付款，圈文生卻討價還價，雞賊得很。

郭泰由此判定了二人的性格和前程，最後這兩人都發財了，但是衛茲留下烈節之名，圈文生卻為財而死呀！

衛茲一聽曹操的難處，說，這麼著吧，明天我家的財產就全是軍餉了，舉兵起義就一塊弄，我等幹這事不是一天兩天了。

集資獲得圓滿效果。後來衛茲在滎陽之戰中戰死，為曹操鞠躬盡瘁！他的兒子衛臻也輔佐曹操、曹丕等三代。曹操每經過陳留境內，必定遣人祭祀。人生有此知己，當熱淚盈懷，一大滿足！

來投奔曹操的人都趕集一樣來了，英雄更是三五成群呀。列舉幾個重要的武將：陽平衛國人樂進，字文謙；山陽鉅鹿人李典，字曼成；同鄉人夏侯惇、兄弟夏侯淵（據說曹嵩本來姓夏侯，過繼給曹騰才改姓），加上曹洪、曹仁，這些人成為日後曹操帳下的武力核心。

西元一八九年十二月，三十五歲的曹操軍隊組建完畢，領導五千人馬，在陳留宣佈起義正式開始，討伐董卓！

當時，雖然已經有各種反董卓的勢力，但曹操的軍隊是以實際行動公開討董的第一支義軍！

18. 董卓西逃

董卓想了個歪主意，把首都往西遷到長安，當然，董卓不可能忘了金銀財產，他豪奪活人的財產，死人的財產也不放過。

西元一九〇年，函谷關以東的州郡都起來反對董卓了。

看看這些腕兒，後將軍袁術、冀州牧韓馥、豫州刺史孔伷、兗州刺史劉岱、河內太守王匡、勃海太守袁紹、陳留太守張邈、東郡太守橋瑁、山陽太守袁遺、濟北相鮑信、廣陵太守張超、長沙太守孫堅等，各自擁兵數萬，加上帶領私兵起義的曹操，組成聯盟。

衆人推舉袁紹爲盟主，曹操也自封爲奮武將軍。

袁紹不是在朝廷跟董卓鬧翻後逃走了嗎？怎麼成渤海太守了？原來，他逃走的時候帶了直屬軍團，直奔渤海郡。董卓覺得要是鬧起事了問題很大，索性封他爲渤海太守安撫他。這個時候，袁紹的威望各路太守都比不了，由於他的身世、他的交際、他與董卓的單挑，腕兒比別人大了一個檔次，所以選他當盟主順理成章，並封他爲車騎將軍。

既然有盟軍了就打吧，大家分工一下，袁紹和王匡屯兵河內，負責作戰總指揮、總協調，韓馥負責供應糧食補給，其他人各自帶軍，聽從調度指揮。這樣，各路兵馬把洛陽的北、東、南三面圍住，形勢一片大好，就看總指揮的表現了。

由於袁紹聲望很高，大家蠻看好他的，只有濟北相鮑信覺得袁紹不靠譜，私底下對曹操說，亂世的總指揮不是那麼好當的，別看現在大家都牛皮哄哄的，很有本事的樣子，我看未必都扛得住；我覺得只有你有韌勁兒，才是天降大任的角色，等著瞧吧。

關東盟軍表現如何，等下看結果，先看看董卓這邊的反應。他聽說袁紹他們聯合起義了，還把洛陽包圍了，心裡非常恐慌。

他想了個歪主意，把首都往西遷到長安，長安是他原來的勢力範圍，安全多了，把洛陽當前線，打敗了還可以撤退。

這搬首都跟搬家還不一樣，不是拍拍屁股就走人，先是要把皇帝和洛陽幾百萬人口搬過去。那時候，人口是個很大的資源，長安比洛陽要荒涼許多，不把人口遷過去，就跟從城市退守農村差不多。

當然，董卓不可能忘了金銀財產。他藉口洛陽的富豪囤積糧食，破壞國家財政，把他們全部處死，沒收家產，這是豪奪活人的財產；死人的財產也不放過，他派遣呂布挖掘皇陵和貴族陵墓，把貴重的陪葬品一一收入囊中。

這是他在遷都之前幹的貪婪之事，更可怕的是他的殘忍之舉。二月中旬，他親自率領大軍進駐陽城的時候，正趕上村民集會大拜，董卓下令軍隊屠殺，把人頭掛在車上，裝作是和關東盟軍作戰之後大勝而回，開回京城，大肆慶功。這是殘忍的董卓在被包圍的恐慌中做出神經質的自我安慰吧！

二月底，一百萬的人口遷往長安，路上人踩人，車馬相擠，糧食匱乏，餓死的、踩死的、累死的、相互械鬥打死的，屍體留在路上，所過之處，人間變成地獄。董卓爲了不讓關東軍擁有洛陽城，下令放火燒城，宮殿、官邸、民宅、廟宇都燒個精光，反正就是不留一點好處給關東軍。

此時的慘狀，還是讓曹操來說吧。

他留有一首《薤露》，寫了漢末這段史實。

惟漢廿二世，所任誠不良。
沐猴而冠帶，知小而謀強。
猶豫不敢斷，因狩執君王。
白虹為貫日，己亦先受殃。
賊臣持國柄，殺主滅宇京。
蕩覆帝基業，宗廟以燔喪。
播越西遷移，號泣而且行。
瞻彼洛城郭，微子為哀傷。

19. 孤軍

曹操孤軍奮戰，更加認識到，關東盟軍是個不靠譜的組織，每個人都心懷鬼胎，在意於自己的勢力實力而並非聯盟的理想，成不了什麼大事的。

此刻盟軍已經做好了全面的部署，正是大肆進攻的時候。這時盟軍兵力有十多萬，聲勢和實力都超過長安政府，而左將軍皇甫嵩率領的三萬餘直屬軍團，駐守在長安附近的扶風，雖然算是政府軍，但並不受董卓指揮，隨時有倒戈的傾向。只要策略運用得當，打進長安的機會很大。

遺憾的是，袁紹等人還是懾服於董卓的兵力，沒人敢動，對董卓釀造的人間慘劇，視若無睹。誰動也就可能意味著誰先犧牲自己的兵力，在諸侯聯盟中喪失一席之地。一方面說明，袁紹的這個聯盟還是個相對鬆散的組織，另一方面體現袁紹沒

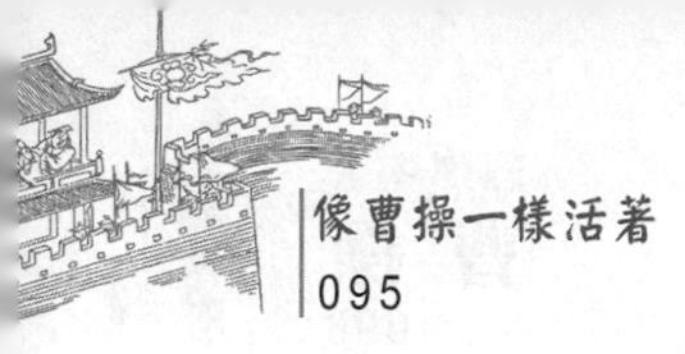

有很強的組織能力來操縱盟軍。

更深的層面上，這些老油子「勤王抗暴」，眞正目的是想切斷和政府的關係，有獨立的軍事控制權，以後有機會爭霸天下，自己當皇帝多爽呀！

洞察局勢的曹操對群雄說，我們率領正義之師是去討伐暴虐的，不是遊山玩水，現在大部隊已經集結，你們還在遲疑觀望什麼呀？眼下，董卓焚燒宮室，劫持天子西遷，舉國震動，人民茫然無措，這正是消滅他的時候，一戰天下可定，機不可失，時不再來！

鴉雀無聲，無人反應！

他媽的，自己幹。憤怒的曹操，率領五千自己的私人兵馬，向西追擊到成皋。忠心耿耿的大款衛茲也向張邈借了三千士兵，跟曹操一起幹。滎陽太守徐榮是親董派，堅守在汴水附近，迎戰曹操。

需要注意一點，到現在爲止，曹操雖然練過武藝，但眞正統兵作戰，還只有一次，就是跟皇甫嵩一起合攻黃巾軍。眞正統兵面對面的經驗，還是初哥，手段有限。他以攻堅戰術輪番攻擊，硬碰硬地來，但由於兵力太少，訓練不足，損失不計其數。最不幸的是，指揮官衛茲在搶攻中被亂箭射中，當場死亡。他把財產和生命都獻給了曹操的事業呀！

幾個回合之後，徐榮見曹操不怎麼樣，馬上發動反攻。熱血沸騰的曹操親自率領部隊，殺入徐榮大本營，雙方進入短兵相接的刀刃戰，一派混亂。就在此刻，曹操的戰馬突然被流箭射中，癱到在地。

曹操下馬作戰，連傷對方數十名軍士，武藝煞是了得。但是自己兵力太少了，無法突破敵軍的包圍圈，情況非常危急！

正在廝殺，猛將兄弟曹洪見狀，立馬衝到曹操面前，要把戰馬讓給曹操。曹操大叫道，兄弟，我要戰死在這裡，你迅速撤回本營，做好防禦！

曹洪揮舞大刀大聲請求道，曹公你快上馬，我步行跟在你後面！

曹操說，賊兵很快就會大批趕到，你怎麼辦！

曹洪慷慨道，天下可以沒有我曹洪，但不能沒有你曹公！他強迫曹操上馬，自己拖刀斷後，跑步跟隨曹操撤回自己的防線。

三國眞是盛產虎膽義士的時代，與義士在一起，豪情萬丈，不懼生死，想起來，眞是心神往之呀！

率右軍的夏侯惇以及後軍的夏侯淵堅守陣地，曹仁、樂進、李典等也率軍撤回，穩住最後防線。此後兩軍又對峙鏖戰數日，徐榮見曹軍雖少，但難以消滅，又怕盟軍前來增援，就撤退回成皋防守。曹操也帶部隊回酸棗，重新改編。

曹操孤軍奮戰，一方面是他對時局的判斷，以及敢做敢幹熱血沸騰的個性導致；另一方面，他擁有的只是私人軍隊，沒有地盤，如果能攻下城池，他就可以擁有根據地和增強陣容！

經過這次戰鬥，曹操更加認識到，關東盟軍是個不靠譜的組織，每個人都心懷鬼胎，在意於自己的勢力實力而並非聯盟的理想，成不了什麼大事的。天下變了，皇朝政府名存實亡，群雄並起，只有掌握實力，天下間才能有自己的一席之地，然後才有所謂的理想！

但是沒什麼兵力了，萬事開頭難，要軍事起家還眞不容易。他帶了夏侯惇和曹洪等南下招募軍隊。曹洪與揚州刺史陳溫的關係不錯，向陳溫要些兵馬用用。陳溫就讓丹陽太守周昕給曹操準備四千兵馬。

不過，亂世之中，這些雇傭兵軍人素質不高呀，他們認爲自己是被周昕和陳溫賣出去的，自己沒收到錢還要替曹操打仗賣命，簡直是賠得一場糊塗的生意，心裡不平呀！所以當行軍到龍亢時，這些滿腦子生意經的士兵嘩變了，攻入曹操大本營想搶奪錢財然後走人。

還好曹操對付普通士兵還是綽綽有餘的，手持雙戟連殺數十人，才把叛軍趕走。再清點一下軍隊，留下的不到五百人。

這個事件讓他明瞭這些轉手來的士兵太不可靠，一定要建立子弟兵！沒辦法，一點一滴做起吧。他開始做苦行僧，在安徽宿縣、建平等地方輾轉招募士兵，得到三千餘人，然後來到河內附近，寄居在袁紹的勢力地盤。等著吧，等老天爺開眼個機會吧！

20. 孫堅斬華雄

關於「孫堅斬華雄」這個事呢，在《三國演義》裡，這個功勞被算在關羽的帳上了。歷史上牛得一塌糊塗的事，多半有小說家的功勞。

在曹操孤軍奮戰的時候，駐紮在酸棗的盟軍諸侯在幹嘛呢？

曹操從河內抽空去酸棗看了一趟，見他們在喝酒，喝得可歡了。曹操痛心疾首地對他們說，袁紹、袁術弟兄呀，趕緊動手吧，把喝酒的幹勁拿去進攻，這可是定天下的大好機會呀！現在這個時候在這裡聚會玩樂，我覺得很可恥呀！

你一個沒兵馬沒地盤的曹操發號施令，誰聽呀？聽了不是很沒面子嗎？諸侯們權當沒聽見，繼續喝，又不是自個兒家的酒，不喝是傻瓜。

喝著喝著，那麼多人聚在一起，山都能吃空，說時遲那時快，酸棗的糧草居然沒了。怎麼辦，沒吃的，只能散夥吧。在曹操駐軍河內不久，關東軍團像來看戲一樣，就相繼解散回家。回家還嫌不夠熱鬧，又演出自相殘殺的一齣：兗州刺史劉岱和東郡太守橋瑁因爲劃分地盤有意見，鬧起來了，此時已是無政府狀態，打起來也沒人管，劉岱居然出兵殺了橋瑁。

袁紹手裡握的不過是一把散沙！

不久，這把散沙又分裂成南北兩派。

北派由袁紹當頭，以冀州爲根據地，讓王匡駐守河內當先鋒，與董卓軍隊發生不痛不癢的摩擦。南派以揚州爲根據地，領袖是袁紹的弟弟袁術，這哥倆是一個爹兩個媽生的，一樣的狡猾，一樣的有野心，只不過弟弟比哥哥更急功近利點。南派有個不得了先鋒，就是長沙太守孫堅。

董卓把皇帝和老百姓趕到長安，自己率兵駐紮在洛陽，要和盟軍碰一碰，看看對方到底是雞蛋還是石頭。這時候，他碰上了諸侯裡最硬朗的實力派孫堅。

孫堅這個人了不起在什麼地方？

首先是他自己了不起，膽子奇大，作風硬朗，比石頭還堅固；其次他的後代很了不起，生了兩個很牛的兒子孫策和孫權。曹操說「生子當如孫仲謀」，就是誇孫堅的後代了不起。

孫堅自己了不起在何處？西元一九〇年十二月，孫堅和部下中層幹部，正在野營裡喝酒呢，突然接到報告，董卓軍團幾萬突擊隊兵馬即將攻打魯陽。大家一聽，基本上都緊張起來，孫堅同志呢，連坐的姿勢都沒有變，只是話題由前面的聊天變成了指揮部隊佈防。等所有部隊都接到指示，進入備戰狀態，孫堅才離開座位，帶領幹部們回城。

部下見他如此處世不驚，以爲天生異膽，崇拜得不得了。孫堅卻說，其實我心裡也緊張呀，只是我一離開座位，部隊勢必慌亂，盲目撤退互相踐踏可能會導致全盤崩潰，諸位現在可能都回不到城裡呀。

此事傳開，虎將孫堅之名傳遍全國，也使得南派的反董集團聲勢大振。

孫堅在西元一九一年，也就是董卓自任太師，位在各諸侯之上的時候，準備進攻駐守洛陽的董卓，但是徐榮擋著，過不去，只好轉頭進攻屯陽。董卓派東郡太守胡軫，同騎督呂布、都督華雄一起迎戰孫堅。但是胡軫和呂布兩個人關係不好，有齟齬，一共事馬上內訌。

這一內訌，孫堅哪能丟去這個機會，很快就破了屯陽，亂軍中孫堅部隊還殺了董卓的猛將華雄！

插入一個話題，關於「孫堅斬華雄」這個事呢，在《三國演義》裡，這個功勞被算在關羽的帳上了。說是劉備三兄弟隨公孫瓚的部隊參加了盟軍，結果在孫堅部下將領搞不定華雄的時候，關羽挺身而出，要出戰。

當時關羽還只是劉備的馬弓手，袁紹、袁術很看不起他，不給他機會，說對方要是知道我們派個馬弓手當大將，不是很被人瞧不起嗎？曹操建議道，給他一個機會吧，這個人長得還挺威風的，對方不可能知道是馬弓手。

關羽當即立下軍令狀，說如果我沒砍下華雄的頭，你們就砍我的頭。曹操拿了一杯熱酒給他喝，要是出去當了刀下之鬼，也別當餓死鬼。關羽急著殺人，說酒先擱那兒，我去去回來再喝。眾諸侯只聽得外面鼓聲大震，熱鬧得很，也不知道是誰殺了誰，正想派人去問一問呢，關羽就提著華雄的人頭回來了，把那杯還沒變涼的酒當飲料喝了。

這就是著名的「關羽溫酒斬華雄」的橋段。羅貫中真是小說高手中的高手，看得年少的我熱血沸騰，直想以後有機會殺人，效率一定要更快，手段要更牛，好青史留名呀！

遺憾的是，公孫瓚的部隊根本就沒參加盟軍，自然劉關張兄弟也沒有到盟軍中大顯身手，「關羽溫酒斬華雄」更是子虛烏有。這個段子太有名氣了，所以矯正一下。歷史上牛得一塌糊塗的事，多半有小說家的功勞。

孫堅一牛，有人就發怵，這人不是董卓，是自己人袁術。這哥們跟他哥哥一樣，就那麼點出息，沒大局觀，事情一鬧大就沒了主意。他見孫堅這麼傑出，鋒頭出大了，第一個反應就怕他威脅到自己的地位，頗爲躊躇呀，就故意延遲給前線的軍糧。這個後果可嚴重，你想想，前面打得那麼厲害，可是打完了沒飯吃，士兵一鬧事，這要叫全軍崩潰的。

孫堅此刻又施展出冷静果斷的一招，把前線任務部署給手下，自己偷偷地快馬跑回百里的後方，連夜把袁術從床上拖起來，眞誠地抗議：我在前線衝鋒陷陣，講得好聽點，是爲國家討賊，講得實際點，是爲你袁家復仇（袁術的叔父袁隗在朝廷為董卓所殺），我都這樣給你賣命了，你還聽小人的話來懷疑我，延誤我的軍事行動，什麼道理嘛！

沒頭腦的袁術一聽，才覺得慚愧呀，馬上運軍糧到前線，孫堅的軍隊復活起來，而且軍威大振！

董卓跟牛人孫堅玩硬的不行，便來軟的，派大將李傕來勸說孫堅，也沒門，孫堅還是繼續攻打洛陽。董卓親自率兵對抗，還是被孫堅打敗，只好退守澠池，部署新防線。孫堅通過不懈的努力，終於攻進洛陽，懷著崇敬的心情，把被董卓糟蹋得亂七八糟的宗廟祠堂清理乾淨，舉行國祭。

孫堅在皇宮裡找了找，看看還有沒有沒被董卓搜刮乾淨的東西。這一找居然撞了狗屎運，找到了一塊刻著「受命於天既壽永昌」的傳國玉璽，這是皇帝的章呀，全國僅有一塊。

每個得到玉璽的人，第一個反應就是，靠，皇帝的位置要輪到我頭上了！孫堅也是人，當時也是這麼想的，這麼一想，不打緊，這個想法後來繼承到他兒子腦袋裡，形成三國鼎立的一個精神動力。

21. 袁紹耍花招

亂世群雄，沒有道理可講的！公孫瓚看到這裡，已經完全明白，袁紹是在導演一幕騙取冀州的大戲，自己不過是被騙來當臨時演員的，新仇舊恨一起湧上心頭。

董卓的軍隊在南邊被孫堅打得抱頭鼠竄，在北邊卻很風光，在河津把王匡軍隊打得哭爹喊娘。這讓北派盟軍的領袖袁紹很沒面子，沒面子還是小事，那個心裡不舒服呀，跟老鼠在裡面做窩似的。

本來自己是整個盟軍的領袖，後來淪爲北派盟軍的領袖，現在成爲老打敗仗的北派盟軍的領袖，眼睜睜看著南派的聲勢一浪蓋過一浪，自己的威望呀不是王小二過年，而是王小二過日子，一天不如一天！自己走江湖憑藉的是一副高人一等的架子，現在架子要垮了？不行，等想個法子把架子扶起來。

把幽州刺史、漢室宗親劉虞立爲皇帝，掌握在自己手裡，不承認董卓把持的傀儡政權，這樣自己是不是又給自己搭個更大的架子呢？這是袁紹和冀州刺史韓馥合謀的主意。他們的藉口是，小獻帝呢，年齡幼小，被董卓劫持著遠在長安，我們也不知道他是死是活，劉虞是皇室裡的年長者，可以坐皇帝這個位子。

不過，袁紹知道自己考慮事情總是少根筋，而曹操考慮事情想得比較透，便親自來徵詢曹操的意見，同時也把他拉攏過來狼狽爲奸。曹操說，現在皇帝很小，被奸臣控制，並不是幹了喪盡天良的事而非廢除不可。這個時候換皇帝，沒有道理，只能造成天下大亂，你們要擁立劉虞，那我還是堅持擁護在長安的皇帝。

其實，曹操早就看穿了袁紹的伎倆，早先袁紹曾得到一方玉璽，很得意地給曹操看。曹操怎麼能不知道袁紹的暗示，心裡已經很討厭了。而這次擁立劉虞，更加看出袁紹的一顆野心在撲通撲通地跳了，所以下定決心堅決不跟他湊份子。

袁紹見曹操態度強硬，也給曹操來硬的，派人威脅他說，現在袁紹兵雄馬壯，兩個兒子又長大成人了，天下有比他更牛的人嗎？不跟他混還跟誰混呢？

曹操更不吃這硬果子，而且認爲袁紹必然會成爲天下混亂的罪魁禍首，於是暗下決心有機會一定要幹掉他。

西元一九一年二月，袁紹和韓馥不顧曹操等反對，強行立劉虞爲帝。劉虞此人，爲人不錯，做官也以仁愛爲本，對老百姓很親，屬於父母官一類。他猛然接到袁紹尊其爲帝的號書，冷汗與憤怒同時出來，厲聲叫道，讓我造反，你們不如讓我一頭撞死算了，今兒你們讓我當牛當馬可以，當皇帝，沒門！要逼我的話，我就投降匈奴，寧可當賣國賊！

可見劉虞頭腦非常清醒，一，不願意給袁紹當道具，二，皇帝這個帽子是孫猴子的頭箍，你一戴上，天下人民都念緊箍咒，不疼死你也咒死你，是遺臭萬年的工作崗位呀！

袁紹計劃流產，看到南部孫堅攻破洛陽，心裡非常不安，老覺得大哥有坐不穩的感覺，只好再演一齣火併戲。

原來袁紹的渤海太守的官名只是個空位，沒有實質性的地盤，如果大家都不尊重你，你的部隊就沒地兒待了，糧草更是成問題。他心裡非常中意冀州這個地方，所以以討伐董卓爲藉口，駐紮在冀州河內郡，屬於冀州刺史韓馥的地盤。這時候呢，袁紹又撿了個大便宜。

大便宜就是：當年何進爲了對付宦官，曾派張揚去并州招募部隊。張揚招兵買馬完成，何進卻被宦官殺了，董卓佔領洛陽，張揚便把部隊駐紮在上黨附近。袁紹部隊進駐河內，張揚覺得這人威望很高，跟著混準沒錯，拉兵馬過來投靠，並說服南匈奴單于於扶羅駐軍漳水，爲袁紹軍團增加氣勢。

別人在自己的地盤上越做越大，韓馥心裡不是一般的難受，暗中出了一招：減少給袁紹的糧草供應，讓袁紹軍團缺糧崩潰！

袁紹見韓馥發飆了，哈哈，這回是你先動手，可別說哥們我不厚道了，馬上施展出連環招！

第一步，鼓動韓馥部將麴義叛變，韓馥派軍征討，袁紹便協助麴義打敗征討軍，這一招使韓馥內外受敵。

第二步，這是謀士逢紀給袁紹出的主意，派人聯繫河北太守公孫瓚來夾攻韓馥，條件是事成之後，平分冀州。公孫瓚果然出兵，把韓馥打得節節敗退。

第三步，硬的都有了，玩軟的。袁紹收買了韓馥的謀士荀諶和郭圖，這倆哥們也知道韓馥膽小怕事無主見，遲早倒台，所以也願意幫助袁紹，尋找新靠山。

他們跟韓馥玩心理戰術，先問，公孫瓚從北邊進攻，袁紹和麴義從東邊進攻，力量都很強大，將軍有什麼好辦法對付嗎？

這一問韓馥頭都大了，我這不是急得跟熱鍋上的螞蟻嗎？你們還來問我，你們是謀士，靠腦細胞吃飯呢，該給我出個主意呀。

這兩哥們就下套說，打肯定打不過，袁紹聲望這麼高，而且將軍你呀，原來是袁氏門生，應該跟袁紹結盟，共同對抗公孫瓚。

沒頭腦也沒辦法的韓馥進了圈套。袁紹蟒蛇蛻皮，一下子變成冀州牧，封韓馥爲奮武將軍，不再有統治州郡的權力，韓馥這下才知道上了大當。

第四步，把韓馥的智囊團班底都挖過來，加以重用，其中有韓馥一向不重要的田豐、審配等，冀州名士沮授還被封爲奮威將軍。

三國時期，燕趙這個地方盛產名士，不知道是不是這個地方平原廣闊使人眼光放長。這些人個個腦細胞發達，看得遠算得準，對天下大局人物瞭若指掌，只不過他們畢竟是文人，必須寄居在一個能人麾下才能發揮用途，否則也可能成廢物，也就是說，他們的前程命運是寄託在宿主身上的。袁紹騙得冀州，同時也獲得一手好牌，就看他會不會打了。

韓馥看到自己勢力全被挖空，而且一個個還高升，腦袋都懵了，更不知道下一步袁紹會怎麼玩弄他。疑慮和恐懼一點一點地噬咬自己的神經，受不了了，TMD，老子玩不過你們，死還不成嗎？自殺了。

亂世群雄，沒有道理可講的！

袁紹完全掌控冀州。

從北邊打過來的公孫瓚看到這裡，已經完全明白，袁紹是在導演一幕騙取冀州的大戲，自己不過是被騙來當臨時演員的，新仇舊恨一起湧上心頭。

這個舊恨是什麼呢？

原來南派盟軍和北派盟軍爲了爭奪地盤，袁家兩兄弟早已打起來了。公孫瓚曾經幫助袁紹對抗袁術，在戰鬥中，弟弟公孫越被孫堅軍團打敗，而且被亂箭射死了。這是袁紹欠公孫瓚的一個情，這個情現在變成了恨！

公孫瓚大怒之下，舉兵討伐袁紹，討回公道。由於袁紹騙取冀州的舉動讓很多人不服氣，因此很多郡縣兵馬都來參加，公孫瓚聲勢大震。大戰在即，公孫瓚部隊裡也引出了三國鼎立的另一主角，曹操的重要對手，劉備出場！

第 4 章

禽獸與人

襄賁城的守軍嘗過曹操的厲害，不到三天便被攻破。此刻曹操的獸性又一次發作，下令大屠殺，又一次血流成河，禽獸的心思沒有人能懂！

22. 劉備打督郵

視察官督郵來視察，順便想敲詐一把，劉備最討厭這種蛀蟲，把他痛打一頓，芝麻官也不當了，逃跑。這個草鞋販子眼光很賊，撿便宜的功夫可謂一流。

劉備是冀州涿郡人，很小就沒了爹，老娘在家裡編織草鞋草席，讓他拿街上換錢過日子。你想，一個賣草鞋的小販，得受多少人鄙夷，練就的脾氣多好呀。這個好脾氣後來派上了大用場，見到有用的人才就跟碰到買鞋的主兒，顧客就是上帝，百般拉攏，最著名的當然就是三顧茅廬了。

所以，劉備非常有寬容心，別人對他指指點點根本不放在心上，雖然窮得一塌糊塗，但是生性豪爽，喜歡交朋友，有武藝也有文化，還懂得用兵，朋友們比較信任他。他有兩個鐵哥們，一個是河東關羽，一個是涿郡張飛。

《三國演義》裡寫他們三人是桃園結義那陣子碰到一塊意氣相投的，有點誇張。但是三個人的關係確實很好，經常混在一起，甚至晚上也睡在一起，但沒有斷背關係。劉備比他們有理想有道德有文化有紀律，所以當大哥，平時交際的時候兩個小弟站在身邊，讓劉備顯得也是個有身份的人。

據推算，劉備身高一七二公分，張飛身高一八四公分，關羽不得了，放現在可以打NBA，身高是二〇三公分。跟他們一比，曹操可慘了，身高一六一公分。劉備手長，垂下來都長過膝蓋，穿一身黑服絕對是猩猩。更要命的是，耳朵巨大，斜著眼睛可以看見自己的耳朵，可能他媽太窮了沒錢給他弄去整容，因此得了個「大耳兒」的綽號。

黃巾黨人叛亂的時候，朝廷招募英雄，劉備一看，機會來了，加入了義勇軍，終於發揮了自己善於打仗的特長，立了功勞，被任命為安喜縣尉。後來，朝廷派了個視察官督郵來視察，順便想敲詐一把，劉備最討厭這種蛀蟲，把他痛打一頓，芝麻官也不當了，逃跑。

這個故事在《三國演義》裡被安放在張飛身上，大概更適合小說裡張飛的暴脾氣吧。實際上，張飛是世家子弟，文武雙全，書法畫畫很有成就的，而劉備雖然文雅，但見到齷齪壞蛋也有暴脾氣的。

劉備成了通緝犯了。這回公孫瓚幫了大忙，公孫瓚爲什麼要幫忙呢？因爲兩人都是尙書盧植的門生，算是同學。公孫瓚不僅爲劉備平反，而且推薦他爲平原相。所以聽說公孫瓚要打袁紹，劉備帶著人馬就相助了。

另一位重要將領也在這時候出場，那就是并州常山趙雲趙子龍，他率領郡縣人馬投奔公孫瓚！

并州人馬一般都投靠袁紹，趙雲卻投靠公孫瓚，公孫瓚很奇怪，便問他爲什麼對自己這麼好呀！不懂玩政治的趙雲坦白說，天下事亂成一團，誰是誰非很難說清楚，只不過老百姓最遭殃。我呢，只想早點安定時局，要老百姓少受點苦，並非對將軍比袁紹更有感情！

這個答案不及格，趙雲沒有得到公孫瓚的重用。這時劉備占了個大便宜，他看出趙雲是可用之才，主動要求把趙雲人馬編入自己的部隊，趙雲隨劉備回平原縣，給部隊訓練騎兵。這個草鞋販子眼光很賊，撿便宜的功夫可謂一流。

23. 孫堅死了

孫堅不幸在山間中了埋伏，被亂箭射死。至此，天下被分割成支離破碎的幾大塊，這是三國鼎立之前軍閥割據的局面，一個混亂的中國在等待大英雄的到來。

由於天氣寒冷，公孫瓚和袁紹的大比拼推遲開幕時間，等過了嚴冬後再開打。這時候的形勢是，袁術和公孫瓚結成聯盟，南北夾攻袁紹。這個弟弟袁術早就看不慣哥哥袁紹了，因爲在袁家，據說袁紹是私生子，只不過因爲家門遮羞的工作做得好，哥哥也善於做人，所以威望一直壓著自己，當袁家的正宗傳人。在他心裡，自己才是正宗人選。

他的野心一點都不比哥哥小，而且更大，當初他反對袁紹推劉虞當皇帝，原因就是他自己想當皇帝。所以現在有能力跟哥哥單挑，絕不放過這個機會。

袁紹呢，也找了個聯合對象，來夾攻弟弟，這個人就是荊州牧劉表。袁術在南陽發展力量，積累撈天下的資本，使得南方重鎮荊州受到強烈威脅，劉表也感到危機，所以很快捲入兄弟之爭，在西南牽制袁術的發展。

此刻，袁術把孫堅兵團調過來，先不追擊董卓了，來攻擊劉表。劉表派猛將黃祖迎戰，根本不是孫堅對手。強硬派的孫堅部隊進入荊州境內，直攻劉表鎮守的襄陽城。這個人太能戰了，得想個辦法。劉表和黃祖設下埋伏後，分別從襄陽和樊城出擊，夾攻孫堅。

軍事才能一流的孫堅毫無懼色，讓部將程普、黃蓋、韓當率領主力部隊，迎戰劉表，把劉表趕進襄陽。自己率領騎兵突擊隊攻擊黃祖，把黃祖打個落荒而逃，往峴山敗退。孫堅饒不過，乘勝追擊，不幸在山間中了埋伏，被黃祖部隊亂箭射死，時年三十六歲。

嗚呼哀哉。一代猛將竟然爲袁術之一己之私而戰死，誠爲可惜！

此時其子孫策、孫權年齡還小，軍權由暫時哥哥掌管，歸屬於袁術。

南方戰事告一段落。北邊春暖花開，又到一個適合打仗的季節，袁紹和公孫瓚也該開打了，否則不但士兵不耐煩，連讀者也不耐煩了。

袁紹這邊先讓文醜帶領精銳部隊，依地勢埋伏好，千餘名弓弩手藏在山谷，然後派麴義率領八百騎兵，去攻擊鎮守界橋的嚴綱軍團。嚴綱這裡有三萬守兵，根本就沒把麴義放在眼裡，接觸戰後，對佯退的麴義乘勝追擊。

有優越感的人腦袋容易發熱，沒有警惕性，一下子進入圈套。麴義一聲令下，文醜的埋伏部隊兩側攻出，公孫瓚軍團一時陷入混亂，撤退都來不及了，主將嚴綱戰死，損失兩千人馬。

撤回界橋的公孫瓚部隊已經軍心散亂，在麴義八百輕騎兵攻擊下，居然陣地失守，三萬兵馬幾乎全線潰散，只能率領殘兵退守幽州。

至此，天下被分割成支離破碎的幾大塊，袁紹雄據冀州，公孫瓚控制幽州，董卓控制并州及其司隸區，袁術佔領豫州及揚州北部，荊州依然由劉表控制。另外，陶謙在徐州、劉焉在益州、張魯在漢中，均形成獨立的力量。這是三國鼎立之前軍閥割據的局面，一個混亂的中國在等待大英雄的到來。

24. 黑山軍

曹操打農民軍最拿手，袁紹舉薦為東郡太守。意味著曹操有自己的地盤了，郡國兵馬變成自己的了，這是曹操真正意義上逐鹿中原的第一桶金。

那麼，在袁家兄弟火併的時候，躲在袁紹地盤的曹操幹什麼去了呢？

曹操心裡明白得很，袁家兄弟內訌不能攙和，狗搶骨頭的戰爭，捲進去毫無意義。不過，自己寄人籬下，這個滋味不好受。人家袁紹成天忙乎，你也不搭把手怎麼行？又不是二奶，光吃飯睡覺就成！

這苦日子熬呀熬，終於有活幹了，而且是最拿手的活兒，袁紹派他去消滅農民起義的黑山軍。

黑山軍是脫胎於冀州的黃巾黨人，黃巾軍領袖張角兄弟被消滅以後，他們以另一領導人褚飛燕為首領。

這個賊寇首領為什麼取一個女裡女氣的名字呢？原來，他本來名字叫燕，因為身手矯捷無比，軍隊裡稱他「飛燕」。張角死了以後他也改姓張，所以歷史上這個人一般叫張燕。

這個張燕的人氣可不一般，周圍零星的義軍都來投靠，居然發展到將近一百萬人。他們不用黃巾了，以道教的黑色旗為標誌，在河北、山西山谷間活動，叫「黑山軍」，朝廷根本沒辦法。後來，張燕可能覺得戴個賊寇的名稱沒盼頭，主動要求朝廷招安，朝廷封他為平難中郎將，還管理原來的地盤。董卓控制朝廷後，張燕就跟地方豪傑相交結。

公孫瓚和袁紹打起來後，張燕站在公孫瓚這邊，曾經跟袁紹部隊打，被打敗了，勢力削弱了一些。

西元一九一年秋天，于毒、白繞、眭固等率領十餘萬軍隊攻打魏郡、東郡，把東郡太守王肱打得疲於奔命，趕緊向駐守河內的曹操求救。

袁紹一聲令下，叫曹操快去幫助。曹操打農民軍最拿手，兵力雖然不多，但在濮陽以少勝多，擊潰白繞的部隊。袁紹挺高興的，覺得曹操比王肱能幹多了，便讓曹操取而代之，舉薦爲東郡太守。

這個舉薦很有意義，意味著什麼呢？

意味著曹操有自己的地盤了，不必再寄人籬下了。郡國兵馬變成自己的了，無疑錦上添花，這是曹操眞正意義上逐鹿中原的第一桶金。

這下曹操更有幹勁了。第二年春天，曹操開動腦筋，學以致用，用「圍魏救趙」的辦法，擊敗于毒部隊。具體做法是，于毒率黑山軍攻打武陽，曹操不去救武陽，而殺往于毒的老巢。于毒果然放棄武陽，回來救大本營，被曹軍三面包圍攻潰。而在這個戰役中，南匈奴首領於夫羅率領騎兵來幫助黑山軍，在內黃這個地方被曹軍打敗。這場戰爭很有價值，不但使縱橫黃河南北黑山騎兵一蹶不振，而且南匈奴的侵擾也幾乎停止。

可以看出，到目前爲止，曹操在跟農民軍對抗的時候勝率很高，黃巾軍和黑山軍都不是對手，但他跟政府軍打就磕不下來。爲什麼呢？畢竟農民軍的技術含量比較低，曹操運用些詭計，還能製造以少勝多的戰例，所以搞得曹操越打仗期間就越愛看書。帶著問題看書，活學活用，這應該是學以致用的最務實的一種。一些人兵書讀多了變成了軍事學家，另一些人讀多了變成軍事家，這不但是天賦差別，跟你有沒有學以致用的機會更有關係。

歷史上公認曹操是消滅起義軍起家的。而歷史上的起義軍，一般被認爲是正義的，因此曹操代表的是地主階級的利益。這是階級論的正統看法。可是，對於個人來說，悠悠亂世，誰又能代表誰的利益呢？

農民起義是爲了混條活路，一旦招安，有口飯吃，他們也不會在刀尖上過日子；諸侯爭鋒也是獲得生存機會，你不壯大自己就會被別人消滅。並沒有一個上帝舉著標準引導人們，用正義與否的二元論看待。這個世界是粗糙的，我們只能看到，烏泱泱的生命，在往活路上狂奔且互相踐踏。我們只能把聚焦到一個個體，靈魂附在他的身體上，去身同感受那個時代的卑賤與壯闊。

25. 天上掉下一頂帽子

鮑信在一旁煽風點火，陳宮的舌頭很快就為曹操叼回一頂兗州牧的烏紗帽。曹操這個州牧雖然是代理性質的，實際上已經控制了全州，在軍事上有自己的老窩了。

更大的好事等著這個消滅農民軍的能手。

且說這幾年大亂之中，黃巾軍再次掀起風暴，有如長江之水綿綿不絕，又如滾雪球一般，見風就長。爲什麼呢？因爲，參加這種部隊門檻很低呀，只要待在家裡活不下去就來入夥吧，當官不容易，當土匪還有什麼不容易的？所以此起彼伏，聲勢大得不得了。

這當中有一支叫青州軍，顧名思義就是在青州活動的，有三十多萬人。青州刺史臧洪全力消滅這夥賊寇，於是青州軍就決定去和冀州的黑山黨人搞聯合，團結就是力量嘛。冀州是公孫瓚的地盤，公孫瓚對付賊寇也不手軟，剛好撞上，下令部隊全力屠殺，殺起來可狠，怎麼狠等會兒交代。青州黃巾軍只好掉轉方向，殺入兗州的地盤。兗州任城相鄭遂正好撞槍口上，不幸遇害，青州軍見打開缺口，不由分說，連攻下任城和無鹽兩個縣城。

兗州刺史劉岱非常生氣，奶奶的，外來的野和尚來搶本地的廟，無法無天了，下令給我出動軍馬，全力圍剿。人一生氣，做出的決定比較衝動，特別是驕傲自負的人。所以我勸各位，在怒髮衝冠的時候不要做決策。

這個問題讓濟北相鮑信給看出來了，他勸阻衝動的劉岱：這個事情不是這樣子幹的，黃巾軍有一百多萬人，跟蝗蟲似的，來勢兇猛，咱們部隊現在也是人心散亂，自己一屁股屎還沒擦乾淨，硬擋擋不住；咱們只要採用堅守戰術，那黃巾軍扛幾天就沒飯吃了，無組織無紀律，肚子一餓肯定要作鳥獸散，到時候再出擊，就可以徹底消滅啦。

劉岱同志非常頑固，不聽，跟青州軍正面對抗，結果可想可知，寡不敵衆呀，主力軍團被擊潰了。更要命的是，劉岱同志在戰鬥中光榮犧牲。

這下子兗州可危險了，而且馬上危及到曹操駐軍的東郡。責任和狗屎運一塊兒打包，砸到曹操的頭上。

東郡有個人叫陳宮，也是腦袋瓜好使的，他對曹操說，現在劉代同志已經犧牲，朝廷一時半會兒也沒法派新官上任，現在你派我去說服刺史府的幕僚官員，讓他們同意你來做代理的兗州刺史。要成了，你就得到這塊地盤，玩轉群雄逐鹿的遊戲就有根據地了。

曹操一聽，媽呀，你不是我肚子裡的蛔蟲吧，怎就跟我想得一模一樣呢？去，馬上去。於是陳宮同志開動三寸不爛之舌的馬達，把當前形勢之危急擺了出來，把曹操的英武神明吹了一番。加上很看好曹操的濟北相鮑信在一旁煽風點火，陳宮的舌頭很快就爲曹操叼回一頂兗州牧的烏紗帽。

這頂烏紗帽非常值錢。漢朝全國分爲十三個州，東漢末期這個州牧（也就是原來的刺史）是地方最高一級的軍政長官。曹操這個州牧雖然是代理性質的，實際上已經控制了全州，在軍事上有自己的老窩了。

26. 青州軍

曹操同志改變了策略，被曹軍圍困的黃巾主力，不久就投降曹操了。你猜有多少人馬？三十萬，這麼多人歸你管，你想沒有打天下的野心都難。

不能光戴官帽不做事呀，這不是曹操的作風。繼續打黃巾軍，戰場選擇在壽張城（山東東平縣南）。這個地方有個開闊的平原，很適合騎兵作戰，曹操的自己騎術高明，很喜歡帶騎兵作戰。

開戰前夕呢，曹操和鮑信帶著一千兵馬去前線勘察地形。他滔滔不絕地跟鮑信講自己的戰略部署，兵法理論結合實際，講得口沫橫飛，也許是剛當上州牧，興奮得不行，不知不覺遠離了主力部隊，到了汶水邊上。

說時遲，那時快，眼前突然出現了數千名敵軍，自己身後只有幾百名騎兵呀，眞是雞蛋碰到了石頭，羊肉撞上了虎口。

怎麼辦？只能硬著頭皮打了。關鍵時刻，曹操又碰上不怕死的鐵哥們。鮑信要曹操突圍逃走，自己率領騎兵死戰。曹操不同意，還推讓了一番。

鮑信說，別給我假模假樣的了，快逃命，天下大局不能沒有你！跟當年曹洪說的話是一個意思。到這份上，沒話說了，走吧，曹操騎術一流，逃命功夫神出鬼沒，趁隙突圍而出，一溜煙跑了，且留得青山在吧。可惜曹軍死傷殆盡，鮑信力戰而死，時年四十一歲。

曹操後來沒能找到鮑信的屍體，只好請人用木頭刻下他的樣子，祭祀安葬，可見非常悲傷。鮑信在曹操沒出頭的時候就看準曹操，鼓勵曹操，在最危險的時候又以命救命，可以說是十足的知己，命中救星。

曹操最後能夠活命終老，雄圖霸業，實則是非常偶然的。王朔說，偶然是必然和巧合她媽，也就是趕巧一起生出來的。曹操的必然在於他個人的能力，趕巧呢，是碰到很多鐵哥們部下以命搏命趕出來的。所以今天我們在這裡話說曹操也是非常偶然，不是說歷史上必然會出現這個人，只不過是閻王爺稍一打盹沒摟進去而已。

從這個角度來說，什麼天將降大任於斯人必先苦其心志勞其筋骨，這話也是扯淡。首先，很多受苦磨難的人根本就沒出頭的日子，沒有什麼大任要降他身上；其次，很多人早被勞其筋骨給勞死了，等不什麼大任。剩下勞不死的，又能讓大任砸在身上的，純屬趕巧。所以，千萬別把這種勵志的話當成人生的必然，看一個人熬呀熬呀熬出頭了，以為是人生的一個套路，可是換你身上怎麼也熬不出來。人生就是造化的趕巧。

逃命回來的曹操部署戰鬥，為鮑信報仇呀！曹操自己身穿鎧甲，把劉岱和鮑信遺留的戰鬥力以及新加盟的新兵，擰成一股繩，鬥志昂揚對黃巾軍進行馬拉松式窮追猛打。黃巾軍屬於相對鬆散的組織，人心不齊，經不起扛，幾場會戰下來，意志被打崩潰了。

從為鮑信報仇的憤怒中冷靜下來之後，曹操同志改變了策略，他的目的不是殺戮敵人，而是策動安撫，這樣被曹軍圍困在濟北國的黃巾主力，不久就投降曹操了。曹操把老弱病殘的遣返，給個機會回去種菜吧，當土匪沒什麼前途的。把青壯年重新收編，加強訓練，成為自己手下的「青州軍」。你猜有多少人馬？三十萬，這麼多人歸你管，你想沒有打天下的野心都難。

曹操雖然是靠鎮壓農民起義發家致富的，但對農民軍下手還不算狠，甚至可以說有點仁慈的。狠的是袁紹、公孫瓚這些眞正的地主階級，袁紹討伐黑山于毒，斬首萬餘級，想想這個場面，你不被嚇死也被噁心死；公孫瓚呢，討伐青徐兩州黃巾黨，斬首達到三萬多人，場面就更大了。

農民軍一叛亂，政府就沒把你當農民，而是作對的叛黨，最想除之而後快的敵人。歷代政府軍對付農民起義軍，都是非常狠的。

可以說，曹操這個兗州牧屬於自封的，不太牢靠。這不，自己剛把兗州收拾妥當，長安政府就派了新的兗州牧金敞來上任了。曹操對他不是很客氣，他還沒到兗州，就派輕騎部隊去給他迎頭痛擊。

金敞同志抱頭鼠竄呀，投奔到袁術那邊去了。

這件事情給曹操刺激比較大，說明長安政府還是有一定程度上的公信力的。自己現在是附屬於袁紹盟下，這個兗州牧也是袁紹授權的，但是如果自己武力不行的話，很有可能被長安派來的替代。

這時謀士毛玠跟曹操探討了天下的局勢，提出了兩條建議。現在天下是群雄割據，但是，力量比較強大的袁紹呀、劉表呀沒什麼遠見，很難爲國家做出建設性的大動作，而長安政府呢，沒有控制力，也維持不了多久。未來必須兩個條件的人才有前途，第一，有實力征戰天下，第二，有正規的名義起兵。所以，我們以後的策略，可以奉天下以令不臣，拿皇帝的命令來做事；要軍資儲備，保存好實力，這樣才能成就霸業。

確實，曹操收編了這麼多人，有個很要命的問題，這些人怎麼吃飯呀？讓他們屯田，不打仗的時候各位還是農民，自食其力。

這一招非常重要，不但使得部隊沒有後顧之憂，而且恢復了當地的生產，所以此刻的青州兵，屬於建設兵團。

這兩條建議具體做法可以簡稱「奉戴天子」和「屯田養民」，是此後十餘年曹操行動的總綱領。這兩條綱領，使得曹操比別的諸侯在戰略和遠見上要高一層次。

這是曹操很重要的一年。他獲得了這個決定性的戰略決策，收編了三十萬青州軍，而且還生了一個風流有才華，日後他非常寶貝的兒子曹植。

這一年他三十八歲。

27. 狂追袁術

曹操採用瘋狗戰術，緊追不捨。一路追擊六百里，由冬末打到夏秋，袁術沒有冷靜思考的機會。曹操把小時候狡猾無賴那套鬼把戲，都融入戰爭藝術中去啦！

得意的一年過去了。第二年春天，有人要逼曹操出手。

這人是袁術。

袁家兄弟之爭在繼續。與袁紹聯盟的劉表斷了袁術的糧道，袁術感到壓力，轉而引軍進入陳留，駐軍在封丘（河南今縣）。這是曹操的地盤，離曹操的大本營鄄城不遠，已經不能容忍了，開戰吧！

袁術先派遣部將劉祥率領先鋒部隊，向鄄城進逼。劉祥這哥們知道曹操是塊硬骨頭，打仗的好手，不敢跟無頭蒼蠅一樣撞過去送死，於是率軍到了匡亭就駐紮下來，不敢前進，等待大部隊吧。

問題就出現匡亭這個地方。這個地方從步兵的行程看，確實離曹操大本營還很遠，要比離自己的大本營陳留遠一天的行程，看上去屬於安全地帶。實際上呢，曹操軍隊到達這裡，只需要渡過濮水；陳留的袁軍卻需要連渡雎水、汴水、南濟河、北濟河才能到達，古代行軍渡水很麻煩很浪費時間的，所以實際上曹操的軍隊到達的話用的時間更短。

這裡有個時間差，被敏銳的曹操瞅準了。

曹操說，有個來送死的傢伙，咱們先收拾他吧。

他讓荀彧在鄄城調集各個地方的軍隊，擺出一副籌備大規模會戰的樣子，麻痹袁術。自己率領精銳軍團迅速渡過濮水，搞閃電突襲。劉祥同志想到曹操厲害，但沒有想到這般厲害，還來不及表達對曹操的景仰之情，就被殲滅了。

第一招贏得漂亮，曹操沒有自滿，佈置下更漂亮的第二招。

他清理了戰場，索性在匡亭佈陣，等待袁術主力軍團到來，一副蟒蛇要吞大象的樣子。另一方面，叫曹仁率領主力部隊以最快的速度過來增援。

袁術的主力部隊渡過了四條河，跟大爺一樣慢悠悠過來。之所以敢跟大爺一樣，是因爲他料定，佔領匡亭的突襲騎兵只是曹軍小股部隊，根本不敢在自己主力部隊面前雞蛋碰石頭。正常的做法應該是，等待曹仁的主力部隊到來，兩軍對陣，一五一十地按照套路打起來。但是他萬萬沒想到的是，這支先頭部隊是曹操自己率領的，曹操此刻的膽子比個頭還大，做出的行動當然也是他匪夷所思的了。

曹操等袁術大部分部隊渡過北濟河，尚未擺好陣勢的時候，率領騎兵又發動突襲。這個時機掌握得很好，相當於在敵人還在穿褲子的時候突然捉姦，後果只能是措手不及。雖然曹操的人數很少，小巫打大巫，但很見成效，袁軍被打懵了，退到封丘城裡。曹操毫不鬆懈，緊追不捨，逼近封丘城。

袁術同志完全被這種不按套路的打法搞暈了，退回城裡後更暈了。只見曹軍不怕死地撲過來，不曉得人數多少，更不知道主力部隊是不是已經到了。心裡沒底了，這仗怎麼打呀？眼看就要追到跟前了，撤吧。跟訂了返程票似的，依次渡過南濟河、汴水、睢水，回到襄邑。那就一個窩火呀，就當全軍公費旅遊吧！

還沒完，那曹軍跟沾在屁股的屎一樣還甩不掉了，這不，還沒喝杯茶壓壓驚就聽報告說人家又追過來了。

我的媽的，肯定是招瘋狗了，袁術的膽子下破了。罷了，撤到附近的太壽城，給我聽著，這回把免戰牌掛起來，掛醒目點呀，別讓人看不清！

這一路逃命呀，逃了兩百多里，部隊在潰散中只剩下三分之一都不到。而追擊的曹軍呢，跟曹仁率領的兗州主力軍團會合，人數的優勢掉了個兒。

太壽城還是屬於曹操的兗州地盤呀，雖然掛了免戰牌，還是饒不了呀。此城城牆很堅固，攻打不容易，讓袁術有點安全感，但是有個弊端，傍臨睢水，地勢低窪。而且這個時候是春末，上游冰雪融化，正值汛期呀。曹操派人截斷上游河水，一副要決堤灌城的樣子，把袁術那顆已經不太好的心臟又嚇壞了，趕緊跑到地勢較高的寧陵城。曹操還是採用瘋狗戰術，緊追不捨。

袁術已經完全崩潰，再度逃跑，這一次逃跑比較堅決，不在曹操的地盤上繞來繞去了，而跑回自己的地盤吧——徹底跑出兗州，越過親附自己的豫州，直入揚州老巢。死心塌地了！

曹操這一路追擊六百里，由冬末打到夏秋，把關東軍團南派首領打得如此狼狽，又一次震驚了世界。可以看到，這場戰爭基本上沒有擺開陣勢面對面對抗，要真這樣還不知道誰輸誰贏呢。

曹操根本不給對方這個機會，從少數兵力開始進逼，逼袁術沒有冷靜思考的機會，逼對方沒有擺開陣勢的時間，把心理戰運用到極致。不以消滅對方為目的，只是逼他們自己潰散，所以每次包圍的時候，都給對方留退路，既可以保存自己實力，又讓對方在逃跑中削弱力量，曹操的戰爭才華得到淋漓盡致的發揮。

雖然是緊追對方，主動權在自己手裡，但作戰過程根本不是想像中那麼瀟灑，想追就追，想歇就歇，而是絲毫不敢鬆懈給對方喘息的機會。有一次全軍追趕一天一夜滴水未進，天氣又熱，戰士幾乎要渴死，速度越來越慢。

曹操靈機一動，揚起馬鞭指著前方說，同志們，告訴大家一個好消息，我記得前面有一個楊梅林，這個季節正是楊梅成熟時節，快到前面去吃吧。口乾難耐的士兵們一想像，靠，口水都出來了，趕緊走吧！

這就是著名的「望梅止渴」的故事。曹操把小時候狡猾無賴那套鬼把戲，都融入戰爭藝術中去啦！

28. 大屠殺

襄賁城的守軍嘗過曹操的厲害，不到三天便被攻破。此刻曹操的獸性又一次發作，下令大屠殺，又一次血流成河，禽獸的心思沒有人能懂！

稍息之後，曹操開始打另一個人，徐州牧陶謙。

爲什麼要打這個人呢？一個巴掌拍不響，有兩方面的原因。

先說陶謙這方面的原因。陶謙這個人，在《三國演義》裡是個老好人，但在正史裡，形象沒這麼好，有點投機的政治流氓的氣息。他出生在小官吏家庭，但是年紀很小父親就死了，所以小時候也是個遊蕩不羈的問題少年，有點流氓口碑。

但這哥們有桃花運，有一天蒼梧太守甘公在路上見他的樣子，表示驚異，叫他過來聊了聊。小夥子表現不錯，老頭子很高興，說這麼著吧，我把女兒給你當老婆吧。甘夫人很憤怒，說你是不是腦子進水啦，他是個流氓呀，地球人全知道呀！甘公說，我看他長得那個樣子，很有前途，賭他一把沒錯！陶謙就這樣做了人家女婿，順便當上了小吏，走上仕途。此時他才十四歲，雞巴毛還沒長齊呢。

他沒有辜負眼光賊亮的甘公，一步步升官，到了黃巾軍亂世的時候，當了徐州刺史。現在天下大亂，連剛剛崛起的新貴曹操都能把袁術打得屁滾尿流，他不能沒有野心呀，也想擴大自己的地盤。

這時，剛好個很搞笑的事情，就是在他管轄的境內，有個叫闕宣的人，聚集了幾千人，自封爲天子，開始打天下了。眞是無知者無畏。陶謙比他更無知，居然跟他聯合起來，以他爲幌子，一起打天下嘍。首先打下豫州幾個縣城，然後往西目標往西，攻入曹操地盤兗州的南端的任城。

歷史上對陶謙和闕宣的聯合有所爭議，承認這麼一個哪跟哪都不搭的人爲皇帝，這不是冒天下之大不韙嗎?這事不是有腦子的人能做得出來的。所以也有學者認爲，這不過是曹操討伐陶謙的藉口。但一個人利慾薰心把腦子搞昏了，沒有幹不出的蠢事。總之，陶謙也想擴大地盤是不爭的事實。

那麼曹操這邊呢，想打陶謙的慾望更強烈。第一，也想擴大地盤呀。當我們這裡在以曹操為主角來說的時候，千萬別把曹操當成什麼正義或者有道理的化身。每個軍閥大家都不是什麼好鳥，都想把自己搞大了，等別人軟下去，自己硬起來，把天下摟在懷裡強姦一下。當然，也沒有一個萬能的主宰來告訴我們，在這個混亂的世界裡，你想代言正義與眞理應該怎麼玩，根本沒有套路。我們只能看著歷史在抽搐中翻轉身體，把陣痛扛過去，回到人類都嚮往的和平時代。

那麼，曹操往哪裡擴張呢？北邊是袁紹，這個老大哥還是非常強壯，不比他弟弟，動不得；西南是劉表堅守荊州，非常牢固，也是啃不動的硬骨頭。那麼只有東邊徐州了，徐州離農民起義、戰爭遠一點，保養得很好，民豐物饒，一塊肥肉，是曹操在戰略上特別想吃的。

陶謙攻打兗州南部的時候，曹操剛打完袁術回來，正疲勞呢，不太理會，讓出兗州南區讓陶謙自由出入，老虎打盹了，隨便蒼蠅飛。等到兗州秋收之後糧草準備好的時候，曹操發飆了。

曹操不跟陶謙在自己地盤上玩，採取挖心臟的戰術，直攻徐州，端老窩去。陶謙主力都在外邊忙著，徐州很快被曹軍攻下幾十個城池。陶謙火速趕回徐州，兩軍相遇在彭城的原野，展開「彭城會戰」。

陶謙想靠戰爭發家完全是夢想照進現實，他這麼多年來沒怎麼打仗過，本錢只不過是把徐州搞得很富裕，以為腰包鼓了就能指揮得了長槍大炮。所以跟曹操打仗，完全是見多了豬跑就去啃豬肉，發覺這白胖畜生沒那麼好啃，倒把自己牙齒都啃掉了。曹操的騎兵團撲向很少打硬仗的徐州軍團，徐州軍不擅長騎馬，多是農民組成的步兵，被那麼一衝，完全潰敗，遭到曹操的嚴重報復，被屠殺一萬餘人，血流成河，橫屍遍野。陶謙退守十五里遠的郯城。

這個時候發生了一件讓曹操痛心到抓狂的事，使得曹操由人變成禽獸，展開又一次慘絕人寰的屠殺。

前面說過，曹操的老爹曹嵩在董卓之亂時，被曹操運送到徐州避難。徐州是當時的安樂園，相當於現在跑加拿大定居一樣，治安全世界一流，沒有恐怖分子的騷擾。老頭子在那裡建了別墅，優哉游哉過夕陽紅的生活。哪知道曹操和陶謙一開戰，這好日子到頭了。但陶謙還是遵守武德，沒有把老頭子砍了，只是叫部將張闓，把老頭子送還給曹操。老頭子是守財奴，財產多得不得了，被遣返出境自然是要把金銀財物全打包帶著，居然裝了一百多輛車。張闓同志護送到徐、青兩州的邊界華城時，終於忍不住了，突然襲擊，殺了曹嵩及其幼子曹德，捲走財物不知去向。守財奴最終死在財上呀！

曹操聽到噩耗，悲痛欲絕，不管怎麼樣，這帳是算在陶謙身上了。曹操暫時不能攻克城，先回來，對已經佔領的取慮（今江蘇睢寧西南）、睢陵（今江蘇睢寧）、夏丘（今安徽泗水）三縣的居民大屠殺。

多少人？十萬。殺得雞犬不留，泗水爲之堵塞呀！

此刻，曹操那種爲父報仇而不能親刃兇手的心理，完全扭曲變態，轉移到徐州老百姓身上了。他性格中多疑、沒有眞正經過儒家仁義觀洗禮的殘忍、做事不計後果的無賴，全都爆發出來，製造出震驚世界的慘案！

一個人掌權者，如果沒有權力限制的話，那是多麼可怕。歷史上的慘劇基本上是由掌權者在喪心病狂或者腦筋掉鏈子的時候製造的。一個普通百姓的發瘋可以導致家庭慘案，一個至高無上掌權者的發瘋可以導致世界性悲劇。在現代社會，甚至一個首腦的決定可以把地球毀掉。因此，對掌權者權力的監督成爲民主社會中最重要的課題之一。

西元一九四年二月，陶謙向青州刺史田楷告急，田楷和平原相劉備前來幫助。這個時候曹操的糧草差不多要沒了，率兵先回鄄城。

到了夏天，曹操發動第二次進攻，決定全力拿下徐州。他讓荀彧和程昱守衛鄄城，自己率軍，攻城拔寨，所向披靡，攻到郯城。陶謙看這個瘟神又來了，這回不敢大意，在郯城西北角建立襄賁城，作為新據點；在東面派遣部將曹豹，連同孔融、劉備的軍隊駐紮佈陣，互為犄角，以為這樣可以互相救應，阻擋一時。

曹操這個時候對兵法運用相當嫻熟，而且徐州兵戰鬥力不強他也知道，很快找到應對方法。他派曹仁在襄賁城外佈陣，封鎖陶謙出城的可能，自己率領主力攻打東面曹豹和劉備的聯合部隊，打得他們節節敗退，然後再跟曹仁部隊一起攻打襄賁城。這裡的守軍嘗過曹操的厲害了，士氣相當低落，不到三天便被攻破。此刻曹操的獸性又一次發作，下令大屠殺，又一次血流成河，驚心動魄。陶謙在郯城看到此情此景，魂飛魄散，下令放棄守城，逃回自己的老家揚州丹陽郡。

徐州居民安居多年，對陶謙的領導比較認同，曹操即便佔領，也不會得人心。曹操是不是想用這種恐怖手段震懾他們，使之很快屈服於自己的淫威？

禽獸的心思沒有人能懂！

第5章 命懸一線

兩次攻擊呂布，都讓曹操命懸一線，鬥志應該被打垮了吧？壓根就沒有。這下把呂布和陳宮看傻了，看曹操那副架勢，好像差點被打死的不是他而是呂布。

29. 張邈

張邈有個心病，現在是他跟曹操的蜜月期，捆綁在一起；說不定那天關係發生變化，曹操和袁紹蜜在一塊，也許真的會替袁紹來把自己殺了。

正在曹操準備徹底擊潰陶謙佔領徐州之時，戰況急轉直下。

曹操大屠殺的報應很快就來了。

大本營鄄城傳來緊急軍情，陳留太守張邈造反，並且和東郡陳宮擁護從長安出來的呂布，攻佔兗州，要端掉曹操的老巢。

這三個人怎麼會勾結在一起反曹操呢？這個事是連曹操都不能相信的，咱們回頭去說說。

張邈跟曹操的關係可不一般，是曹操的鐵哥們。小時候，這哥們家裡有錢，跟曹操、袁紹都在一塊兒廝混，仗義疏財，爲別人救急不惜傾家蕩產，有「海內嚴恪張孟卓（張邈的字）」的稱號，混的名聲只會在曹操之上。

當了陳留太守，董卓之亂時，張邈和袁紹、曹操聯合反董，被董卓擊敗。後來汴水之戰時張邈就率領部隊追隨曹操。

袁紹當上盟主時，有時候表現得非常獨斷驕橫，張邈看不慣他小人得志的樣子，因爲意見不一曾經當面批評他。

袁紹拉下臉不高興了，小時候敢對我大嚷嚷，現在也敢對我大嚷嚷，難道不知道我是盟主嗎現在！於是把曹操叫過來，去把張邈給殺了吧。

曹操不答應，說，張邈跟我們這麼親，怎麼能殺呢？況且現在天下未定，咱們不能自相殘殺。張邈知道後非常感激。

曹操第一次討伐徐州是抱著玩命的復仇心態去的，臨走前把自己家屬委託給張邈，可見兩人的關係有多鐵！

但身處政治漩渦中，這鐵一般的友情下還是能找出裂縫的。張邈原來做陳留太守時，威望和地位都比曹操高；後來曹操憑藉滅黃巾軍成爲兗州牧，反而成爲張邈的頂頭上司，一向喜歡做大哥的張邈心裡不是滋味。

陳留人高矛早就看出這潛在的矛盾，他說，曹操野心很大，志在四方；而張邈比曹操先得志，曹操做得越大，張邈會越不好受，只怕將來要出事呀！

他希望大家能調和這個矛盾，但是大家看到兩個人親得跟一家人似的，並不在意高矛的警告。

另外呢，張邈還有個心病，他和曹操以及袁紹的三角鏈中，現在是他跟曹操的蜜月期，捆綁在一起；說不定那天關係發生變化，曹操和袁紹蜜在一塊，也許眞的會替袁紹來把自己殺了，況且曹操這個兗州牧還是袁紹表薦的呢。這個心病可不小，各位只要設身處地替張邈想想，就知道睡覺能不能睡得踏實。

30. 呂布跳槽

侍女是董卓的私人產品，這個要是被董卓發現了，一生氣會把呂布的老二給割了，很快就把這個立場不堅定的傢伙拉到自己這一邊，一塊策劃謀殺董卓。

第二個說一下呂布。這個哥們不是在長安董卓身邊當爪牙幹蠢事嗎？怎麼跑到這邊來了？從頭交代一下這個武功超群卻很沒原則的超級帥哥吧。

呂布是五原郡九原人，也就是內蒙古包頭人，蒙古漢子當然善於騎射，以驍勇著，號稱「飛將」，曾被并州刺史丁原收入帳下，擔任侍衛長的職務，情同父子。

董卓進入洛陽時，丁原被任命爲執金吾，也就是京城警備隊司令，是當時唯一可以對抗董卓的力量。但是，在與董卓的對抗中，丁原不如董卓靈通狡猾。董卓看準了丁原對部下過於嚴厲正直，又知道呂布有貪財好色的毛病，派部將李肅用珍寶美女收買了呂布。

呂布見了這些東西就昏頭了，幫助董卓誘殺了丁原，統帥了丁原的部隊投靠到董卓懷裡去了，還認他爲乾爹，噁心死了。因此呂布有「三姓家奴」的綽號。

遷都長安後，董卓非常驕橫獨斷和殘忍，爲所欲爲。家族中的人全當大官，就連小老婆懷裡抱的嬰兒，也被封爲列侯；自己的衣服出現了皇帝專用的金紫色，儼然把自己當皇帝了；在長安郊外修建了行宮級別的別墅郿塢；文武百官稍有不滿，即進行殺戮鎮壓，朝廷籠罩在黑色恐怖之中。

司徒王允、司隸校尉黃琬等幾個人密謀把董卓幹掉，不過幹掉董卓最大的障礙卻是呂布，呂布這時候是董卓的貼身侍衛，日夜守護，武功超群，加上董卓自己也是武力超群，對這撥文官來說很頭疼。

但王允跟呂布關係不錯，呂布經常向王允說交心話。原來董卓到長安之後，性格日益暴躁，經常發火，可能也知道自己是坐在天下人民暴怒的火山口上吧。有一次爲了一點小事，居然向呂布發脾氣，呂布也是一蠻直漢子，毫不忍讓，爭吵之中董卓拿起手戟擲向呂布，幸虧被呂布躲過，否則不是斃命就是半身不遂，至少也落個毀容。雖然事後董卓用金錢安撫呂布，但呂布不能不感受到危險會跟著董卓的暴脾氣再一次降臨自己身上。

還有一個呂布擔心的事隨時會發生。由於他日夜守護董卓府邸，一天工作二十四小時，性生活沒時間解決，這對一個好色的人來說很要命。董卓的府邸裡漂亮妞不少，長夜漫漫，呂布管不住老二，就把董卓的侍女給搞了，本來是一夜情，把忍不住就發展成多夜情了。侍女是董卓的私人產品，這個要是被董卓發現了，一生氣會把呂布的老二給割了，也是呂布擔心的事。

王允知道呂布對董卓有恨，就跟呂布說，董卓喜怒無常，跟他相處很危險，最危險的是你呀，你想保命呀，最好就是把董卓幹掉。很快就把這個立場不堅定的傢伙拉到自己這一邊，一塊策劃謀殺董卓。

脾氣暴躁的董卓經常在別墅郿塢度假，防衛重重，想見一面都難，更別說刺殺了。要接近他，只能把他騙到皇宮的路上找機會。王允秘密和漢獻帝商議，先把獻帝身體不佳，有意提前退休的消息傳出去。然後宣佈在一個重要的日子，在未央宮接見文武百官，有重要的決定要宣佈。

董卓接到這個消息，心裡想，皇帝這孫子真乖，終於知道把位子主動讓給我了。於是在西元一九二年四月丁巳日，步騎兵左右防衛，呂布貼身巡邏，盛裝入朝，只等皇帝的帽子砸在自己頭上。

出發之前，王允已經把誅殺董卓的詔書交給呂布，藏懷裡了；騎都尉李肅率領敢死隊穿著警衛服裝，藏身宮門內。董卓乘車一進宮門，等了好久的李肅衝上前，拿長戟準備把董胖子穿肉串。

沒想到董卓還很細心，官袍下穿有鎧甲呢，根本刺不進去。董卓摔下車來，大叫：我兒呂布，快來救我！呂布回道，我來啦，奉皇帝詔，殺你這個狗賊！提槍直刺董卓，董卓大罵呂布反賊忘恩負義。敢死隊衝出來，把董卓腦袋割了。

文武百官和老百姓這回可高興了，張燈結綵慶祝這個壞蛋被消滅。爲了讓老百姓親眼目睹這個場面，董卓的屍體被暴露在街頭，士兵們把肚臍剖開，插入燈芯，用董卓一肚子肥油點燃起來。

大家都很高興的時候，有一個人卻跑出來大煞風景，跪在董卓屍體旁邊大哭，這人還不是什麼壞蛋，是當時的大家學者蔡邕。此人博學多識，是個藝術全才，通經史文學，喜好數術、天文，對音樂、繪畫、書法更是門門精通，其中以文學和書法最爲突出，創造的「飛白書」爲後世書法家推崇。他是當時洛陽文藝界的領袖，附庸風雅的小曹操都經常出入他家去請教，也算是曹操的老師。這樣的一個人，爲什麼去哭董卓呀，不是找死嗎？

士兵們把他抓到王允那兒，說有個找死的，居然爲董卓壞蛋悲傷流淚呢！

王允說，蔡邕，你是不是昏頭了，爲這種罪大惡極的人弔孝是要殺頭的。蔡邕哭道，我知道董卓不是個好東西，也知道這樣做要殺頭的，可以，一想起董卓對我的知遇之恩呀，我又不能不祭弔呀！

原來蔡邕當年因彈劾宦官，遭誣陷，流放朔方。遇赦後，不敢回家，亡命江湖十幾年。董卓專權的時候，籠絡名士，把名滿天下的蔡邕強行召回來，將他一日連升三級，拜左中郎將。遷都長安後，封高陽鄉侯，地位很高，按照圈子劃分也算是董卓一黨！

王允說，你盡你的知遇之恩，那就到閻王爺那邊去找董卓吧，處死！

百官爲他求情呀，馬日磾更是說，這是萬中無一的藝術天才、學術泰斗，連他都處死，天下人恐怕要很失望的。蔡邕自己也要求，學習司馬遷，黥首刖足留得性命來完成《漢史》！

王允說，寫個屁，殺了。

嗚呼，滿腹才情血濺去，一腔幽怨後人憑！

31. 呂布又跳槽

呂布如喪家之犬，先是投奔南派盟軍首領袁術，袁術回道，你這人太危險，跟誰混到頭來就殺誰，我還想多活幾年呢，你就另謀高就吧。

回過頭來，說說王允和呂布殺掉董卓之後長安的局勢。

王允把董卓弟弟董閔幹掉，董氏親屬和親信，一個不留。從殺害蔡邕可看出，凡是跟董沾邊的阿貓阿狗也不放過，這種一刀切的強硬態度導致王允搬石頭砸了自己的腳。

因爲他對董卓的軍隊也實行一刀切的消滅態度。

董卓原屬的西涼軍團，駐紮在長安附近，主帥是牛輔。他先是被李肅率軍攻打一番，扛住了，但是怕呂布的軍隊隨後來，就往涼州撤退。不料，途中發生軍變，牛輔在混亂中被殺死，這一支軍隊算了自生自滅。

董卓原直屬部隊由李傕與郭汜率領，由於駐紮在涼州和司隸邊境，算離長安遠點，沒有遭到迅速剿滅。不過，看到司隸其他軍團都在慶祝董卓被殺，很是恐慌，向此時的新政領導人王允表示要投降！

王允還是那個態度，投降個屁，消滅了！

李傕與郭汜商量，把部隊解散了，自己逃回涼州去隱居得了，這個世道怎麼混都彆扭！但是，首席謀士賈詡不同意。為什麼呢？

他認為王允剛愎自用，呂布有勇無謀，兩個人扛不了多久。特別是連蔡邕這種人都被殺，文武百官都挺不服氣的，不會太支持他們主持的政府。而袁紹的關東盟軍此刻雖然力量很大，但都各懷私心擴充自己的力量，一時半會不會管長安的事。首都司隸軍團，規模和力量並不大，而且意見分歧群龍無首，沒什麼戰鬥力。而我們這邊，只要團結董卓原來的親信力量，打進長安殺敗呂布，就可以挾持天子來掌權；即便失敗了，到時候再逃跑也不遲呀！

說幹就幹，李傕與郭汜合軍攻打長安，並且得到西涼友軍張濟、樊稠等的幫助，居然集結十幾萬人馬，浩蕩殺來。果然司隸其他軍團都不滿王允濫用權力，又怕跟西涼軍團對磕傷了自己，全都坐山觀虎鬥。

長安城內呂布孤軍困守，到了第八天晚上，部隊有人叛變，引李傕軍隊入城，如洪水猛獸，不可阻擋。呂布率領少數人逃跑；王允自作孽不可活，堅持不肯逃跑，被李傕殺了。

賈詡計謀得逞，長安混亂，東漢再次陷入無政府狀態。

呂布如喪家之犬，到處再找投靠的主人。先是投奔南派盟軍首領袁術，他說，袁術呀，我殺了董卓替你報仇了（董卓殺了袁術的叔叔袁隗），夠哥們吧，現在我來跟你混飯吃你不會不答應吧！

袁術回道，謝謝啦，不過你這人太危險，跟誰混到頭來就殺誰，我還想多活幾年呢，你就另謀高就吧。

此時，天下只有袁家兩兄弟最牛，弟弟這邊吃了閉門羹，就去投靠哥哥吧。袁紹比袁術厚道些，收留了他，派他去攻打黑山賊張燕。

張燕當時跟公孫瓚聯合打袁紹，呂布出師告捷，佔領了黑山，不過仍然要求袁紹派增援部隊來。袁紹起了疑心，這哥們是不是要自立呀？哎呀，是個地雷，還是把他除掉吧，要不然今晚又失眠了，就派人去刺殺。

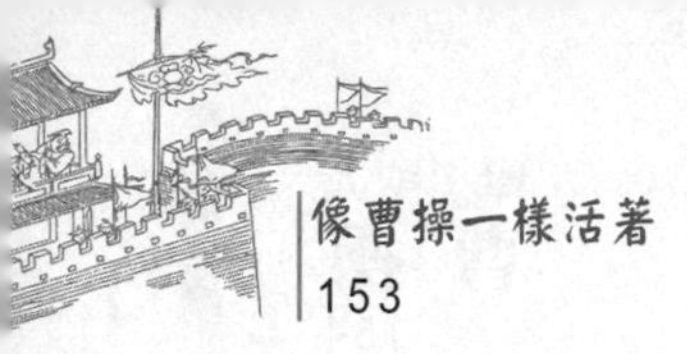

呂布驚覺，趕緊逃往河內，投靠張揚。在逃亡途中，還不忘走親訪友，在陳留拜訪了張邈。張邈見呂布一表人才，武功好得不得了，非常欣賞，兩人聊了一個晚上，萬分投緣，約定以後有機會一快兒做生意。

這是他們後來聯手反曹操的基礎。

袁紹知道這事後，對張邈很不客氣，也很想把他幹掉；張邈呢，也更加不安，整天擔心袁紹說動曹操把自己做掉！

32. 陳宮

對范城陳宮用的招數更狠。首先他讓呂布把守軍將領靳允的家屬全抓住，你要不投降就撕票了，其次讓一個叫氾嶷的心理學專家去做說服工作。

再說第三個人，也就是叛變的策劃人陳宮。

這個人說來也不可思議，他是曹操的鐵桿謀士呀，勸說曹操代理兗州牧就是他的主意，這個主意多重要呀，給曹操奠定了堅實的基礎。曹操也非常信任他，自己領兵外出，叫他看家守著，不是一般的信任。

陳宮腦袋好使，但是有一個特點，就是性格特別剛正，看不慣缺德的行爲，眼裡揉不得沙子。但恰恰曹操不拘小節，往他眼裡揉了幾把沙子，讓他跟著曹操混非常不舒服，因此對前景也產生了懷疑。

什麼沙子呢？第一，邊讓事件。邊讓是兗州陳留人，也是當地文化界的威望名士，曾任九江太守，和袁術關係不錯。那時候的名士基本上都是為過嘴癮連性命都不要的，因此曹操打敗袁術時，在陳留退隱的邊讓批評了曹操，還說了袁術的好話。曹操以擾亂軍心為名，把邊讓抓起來殺了。陳宮也是兗州名士呀，和不少人一起說情，還是沒能救邊讓，這事是陳宮心裡的疙瘩。

更讓陳宮窩火的事，邊讓的妻子非常美艷，曹操殺了他老公，卻把她收為情婦，這是好色的曹操一貫的伎倆，簡直不能容忍呀！

第二把沙子，陳宮和徐州牧陶謙也有交情，他死勸曹操別打陶謙了，但勸不住。而曹操在徐州進行的大屠殺，又讓人覺得他是跟董卓一樣壞的禽獸，感情上無法共鳴，導致人心離散。

你曹操雖然有軍事才華，雖然謀略比別人高一籌，但是我跟著你不舒服；你把我陳宮的朋友同鄉都得罪光了，那我又有什麼拉不下臉呢？陳宮對張邈說，天下群雄並起，有兩把刷子就敢獨立，你擁有十萬兵馬，也是一豪傑，卻在曹操手下混飯吃，太沒面子了。現在曹操東征，這裡剛好空虛，你把英勇無敵的呂布聯合起來，一起佔領兗州，再根據時事變通，將來也是很有機會的！

正中張邈下懷，那就動手吧。陳宮手裡有一支部隊，是曹操臨走前讓陳宮防守冀、青兩州的，這時候剛好用來迎接呂布過來當兗州牧。張邈的兵馬則在陳留回應。剛好兗州各郡縣對曹操的大屠殺很不滿，疑慮重重，被張邈一煽乎，紛紛起來背叛曹操，一邊倒了。只剩下四個地方還屬於曹操的，荀彧把守的鄄城、夏侯惇駐守的濮陽、靳允把守的范城，棗祇把守的東阿。

把這四個地方都搞下來，就可以全力對付殺回的曹操了。這是陳宮的計劃。

張邈想把鄄城騙過來，在迎接呂布的時候就派人跟荀彧說，呂布是前來幫助曹操攻打徐州的，你給他準備好軍糧，馬上就出發。

荀彧是曹操手下四大謀士之一，也是料事如神之輩，一下子就看出這是張邈的叛變行爲，一面嚴加防守，一面趕緊叫夏侯惇過來幫忙。夏侯惇率領親信部隊火速趕到，搞掉幾個要響應張邈的指揮官，鄄城內亂暫時平息。說時遲，那時快，豫州刺史郭貢率領幾萬人殺往鄄城來了，這是在張邈的慫恿下來滅曹的。鄄城防守軍隊不多，形勢危急呀！

此刻荀彧當了定海神針。那麼在他耍牛之前，不妨來介紹一下他的來歷。

荀彧出生於東漢的清流家庭，祖父荀淑是個了不起的名士，生個八個兒子，號稱「八龍」。爲什麼是「八龍」而不是「八蟲」呢？因爲這八個兒子個個學問品德都是一級棒，風靡一時，所以只能叫龍不能叫蟲。

「八龍」之一的荀琨生了兒子荀彧，也是一青出於藍的小龍。

荀彧年輕的時候，也跟曹操一樣得到何顒的賞識，被稱爲「王佐之才」，註定將來是個謀略大師。而荀彧不但才能無比，而且相貌非凡，另一位很尖刻的才子禰衡這樣誇他，說荀彧的相貌可以借來去人家裡弔喪用。這誇得跟罵人似的，乃刻薄才子的一貫手段。

荀彧先是跟隨韓馥到冀州，袁紹占了韓馥的位子以後，就把荀彧接過來，非常尊敬，當做上賓，但荀彧不是很買帳。荀彧知道自己是王佐之才，需要找一位靠譜的人當主子，他看出袁紹潛力不足，成大事可能性比較小，就在曹操討伐黑山賊成功當上東郡太守的時候，離開袁紹投奔曹操了。門第高貴名望顯著的荀彧來幫自己，曹操嘴巴差點笑歪了，稱荀彧於自己好比張良於劉邦那麼重要呀！

回過頭來，荀彧果然不負曹操厚望，單槍匹馬來陣前會見郭貢，曉之以形勢，希望他保持中立，以後大家見面還是朋友。荀彧爲什麼敢這麼做呢？因爲郭貢和張邈沒什麼來往，交情不深，溝通也不多，完全可以爭取說服他回家待著。果然，荀彧的不爛之舌起了作用，郭貢見荀彧很有信心的樣子，以爲鄄城的力量也很強大，弄不好傷了自己的骨頭，於是就領軍回家待著去了。

鄄城稍安。那麼對范城呢？陳宮用的招數更狠。首先他讓呂布把守軍將領靳允的家屬，包括母親妻妾子女全抓住，你要不投降就撕票了！其次讓一個叫氾嶷的心理學專家去做說服工作。一手硬，一手軟，很難對付呀。

這回誰願意當出頭鳥去力挽狂瀾呢？是曹操的另一大謀士程昱，這個人比荀彧更了不得一點，是文武雙全。他是東阿人，身高有一八〇公分左右，不僅膽大有謀，外交工作非常拿手，而且還能帶兵作戰，是曹操事業有決定性影響左右手。他自告奮勇跑到范城，也用舌頭展開一場激戰。

他對靳允說道：呂布抓了你老母妻子，現在你一定魂不守舍，這時候很容易做出錯誤的決定。所以現在你一要冷靜、冷靜、再冷靜，聽我來分析局勢。陳宮叛變，擁護呂布，各郡縣紛紛回應，看上去很美，其實沒有想像得那麼有前途。你想想，呂布是個什麼樣的人，剛愎自用，不能任用下屬，沒有政治頭腦，一介匹夫，根本不可能有大的成功；而曹操曹將軍，英勇謀略擺在那兒，不用我多說，這才是命中註定成大事的人。將軍你請固守范城，我守衛東阿，必能爲曹操創造絕世功勞。如

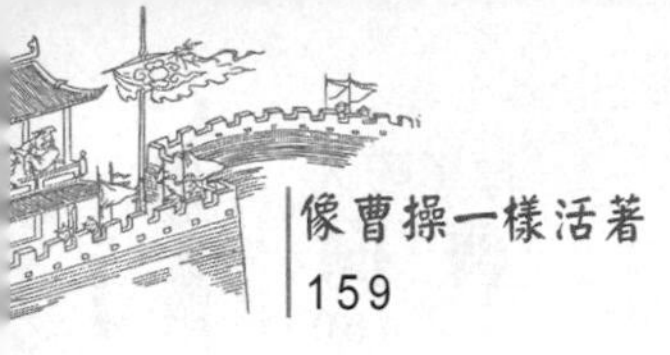

果聽從氾嶷的主意叛變，將來有一天你會有滅門之禍的，請將軍好好考慮呀！

程昱的橫飛口沫起了立竿見影的效果，靳允馬上砍了安排在賓館裡的說客氾嶷，表示堅守城池。

東阿呢，是陳宮親自帥兵攻打。程昱派騎兵，斷絕了渡橋，阻礙了來兵的進攻。縣令棗祇也早動員全城官兵，做好放手的準備。

這樣，鄄城、東阿、范城三郡得到成功防守，這使得曹操在兗州有了平叛基地，這一點非常重要。而濮陽，由於夏侯惇帶兵去救鄄城，被呂布以很快速度逼進，城中糧草和兵力都不足，不敢對抗，因而失陷。夏侯惇駐軍在濮陽城外原野，與呂布糾纏著，等待曹操的到來。

33. 命懸一線

兩次攻擊呂布，都讓曹操命懸一線，鬥志應該被打垮了吧？壓根就沒有。這下把呂布和陳宮看傻了，看曹操那副架勢，好像差點被打死的不是他而是呂布。

曹操接到張邈反叛的消息後，目瞪口呆。他當機立斷，先回兗州，如果兗州有失，將無家可歸，即便打下徐州，也會遭到頑強的抵抗。

恰好這時候劉備來當和事佬，調停曹操與陶謙的爭執。曹操借驢下坡，讓郭嘉、曹仁進行談判，自己帶兵火速趕回。

曹操最擔心的是呂布在倉亭津南下，攻佔范城、東阿，封鎖亢父險道，這樣可以憑藉險勢擋住曹操回防的軍隊，還可以孤立鄄城，這是上上招。程昱也知道這一招的厲害，所以才拼了老命去保衛二城。曹操回來後非常感謝程昱，向朝廷表薦他爲東平郡相。

曹操得知呂布和夏侯惇的軍隊對峙於濮陽，心裡一塊石頭落地，畢竟是泛泛之輩呀，不怕，先給他個下馬威。通過前面的幾次戰役，大家知道曹操是好狠爭鬥之輩，喜歡出奇兵，以迅雷不及掩耳之勢打垮敵人的先遣部隊，然後趁敵人腦袋「嗡」地一聲大響的時候再全力擊潰，打袁術就是一範例。

這回也是用這套路，瞅瞅，嘿，還眞找到一支呂布的小分隊，在離濮陽五十里處，與主力成犄角之勢。曹操剛到達濮陽戰場的第一天夜裡便發動奇襲，把這支分隊像磕蠶豆一樣，咯崩一聲吞進去了。

替呂布出謀劃策的是陳宮，他知道曹操喜歡搞突然襲擊，但是沒想到這麼快，簡直是老光棍娶媳婦，酒沒散場就入洞房了。當他接到曹操突襲的報告時，斷定兩點，一，由於突襲速度要快，必定帶兵不多；第二，效率如此之高，曹操本人必定親自指揮。他將計就計，讓呂布率領主力部隊，分三路去截住曹操的突襲軍，活捉曹操在機會就在這裡啦！

果然，曹操的突襲軍在黎明時分正趕回家準備吃早飯呢，半道上被呂布截住了，三面包圍，誰活捉曹操相當於中大彩。剛好在險隘的地方，曹操佈下陣來防守，呂布一時倒也攻不進來。從清晨打到中午，雙方還僵持呢，死傷慘重，不過曹操兵力少，這麼弄下去要完蛋，找突破口突圍吧。

渾身是膽的侍衛隊典韋率領敢死隊，身披鎧甲，只帶長槍不帶盾牌，全力衝刺。呂布軍隊放出亂箭，逼迫典韋軍匍匐在地，動彈不得，然後逐步逼近。典韋閉上眼睛，對左右衛兵說道，敵軍攻到離我十步的時候告訴我。衛兵說，到十步了。典韋依然閉著眼睛說，五步的時候再告訴我。衛兵說，到五步了。典韋霍地起身，如餓虎出籠，率領敢死隊不要命地衝殺過去。

呂布軍隊沒想到敵人這麼生猛，很快被衝出一個大缺口。曹操跟在敢死隊後面，得以脫身，溜之大吉。

曹操對打仗比農民種地還勤懇，回到大本營，馬上帶兵攻打濮陽。因為濮陽城裡有一家姓田的富翁，願意給曹操做內應，打開東門讓曹兵直接進去了。

曹操進入東門後，就下令放火燒東門，把自己退路堵死，兄弟們都給我往前衝，除了攻下濮陽別無活路了。

但是這次破釜沉舟有氣勢沒實效。兩軍在城裡展開巷戰，陳宮讓呂布兵馬全力攻擊曹軍左翼的青州軍。為什麼呢？青州軍是黃巾軍收編的，生源條件比較差，在夏侯惇領導下，紀律呀訓練呀一直沒抓好，作戰能力比較差，更何況這種肉搏巷戰，以前沒玩過，人數也沒對方多，被呂布軍一衝，馬上畏縮後退。

你說士兵都這樣了，曹操一人勇敢也不行，你跟他說破釜沉舟的道理更沒用，眼看就要崩潰，只好後撤退回吧！

可是後撤的速度哪有追兵的速度快呀！煙火瀰漫中，曹操很快被一名呂布的部將逮住，這回曹操要死定了吧？趕巧，這個部將不認識曹操，曹操也沒把自己打扮得像個最高將領的樣子，況且他長得那個矮胖樣子根本也不像高級將領，而部將一心只想快點抓到曹操去領賞呢，所以只把他當個問路的，喝道，豬頭，快告訴我曹操在哪裡，饒你一條狗命！

曹操當然不可能說，我就是大名鼎鼎的曹操，你他娘的有眼不識泰山！而是眼疾手快指著前方道，看見沒，前面騎黃馬的那個就是，快追快拿。部將扔下曹操，追趕去了。曹操來不及擦一身冷汗，趕緊掉頭從東門火中突圍而出，左掌還被燒傷，幾乎就要從馬上掉下來了，眞是偷雞不成反蝕一把米。

兩次攻擊呂布，都讓曹操命懸一線，鬥志應該被打垮了吧？壓根就沒有。曹操回到本營，組織敗退下來的軍隊，製造攻城武器，再次來到濮陽城下，準備攻城！

這下把呂布和陳宮看傻了，不怕死的見多了，還沒見過這麼不怕死的；看曹操那副架勢，好像差點被打死的不是他而是呂布。

俗話說，碰到不要命的，就只能保自己的命了。陳宮也沒法估計曹操的軍力到底有多少，下令堅守城池，不再正面會戰。

兩軍就這樣對峙了一百來天，靠，眞夠有耐心的了。此刻來了個和事佬，就是蝗蟲。濮陽地區鬧蝗災了，呂布的軍糧也都吃光了，已經扛不住了。退吧，撤出濮陽城，往東退到山陽。

這時候可以不費吹灰之力就佔領濮陽，曹操卻放棄了，除了蝗蟲還是蝗蟲，要吃要喝都沒有，你說佔領這個幹嘛呀，也帶領軍隊回到鄄城。

這一年，這裡發生了人吃人的現象。也就是這一年，徐州牧陶謙沒被曹操嚇死卻病死了，不知道這個病跟受到曹操驚嚇有沒有關係，不過臨死前把自己位子讓給劉備。曹操打了半死沒打下徐州，還丟了兗州，此刻卻被劉備不費吹灰之力就拿走了，眞是打得早不如死得巧。

34. 曹操玩空城計

曹操沒轍了，只能把小時候騙人的招數拿出來，這就是著名的「空城計」。不過，不是向《三國演義》裡的諸葛亮學的，事實上諸葛亮根本就沒玩過這遊戲，歷史上只有曹操玩過。

曹操同志沒有被戰鬥和死亡打垮，但是現在另一樣東西把他打蔫了！啥呢？就是糧食。成天累月忙於打仗，破壞生產，現在蝗蟲一鬧，糧食快沒了。你想想，幾萬人馬張開嘴巴對著你嗷嗷待哺，這不是什麼鬼主意或者豪言壯語能夠應付過去的。糧草即將用盡，軍隊離崩潰不遠了，曹操頭疼得不得了。

袁紹同志來信了，說曹操你撐不下去了吧，沒關係，我來保護你，把你家屬送到我的地盤鄴城來吧！

什麼意思？就是要曹操歸附到他旗下。按照通常的做法，就是把你家屬作為人質，我來控制，你的問題我來解決，不過以後可要聽我調遣喲，要不然家破人亡的慘劇就等著你了。

與其因糧盡崩盤，不如歸附到袁紹那兒，情緒低落的曹操想就這麼著吧。

但程昱不同意了，強烈反對，又把他的雄辯口才對準曹操說，將軍你現在是被眼前的困難嚇倒了吧，但怎麼著也不應該做這種決定呀。袁紹是有吞併天下之心，可是謀略不足，不可能實現理想，你怎麼能甘願屈於這種人手下呢？我們現在還有鄄城、范城和東阿三個基地和幾萬兵馬，以將軍你的武功謀略，加上荀彧和我的輔佐，克服困難肯定能夠完成霸業，希望將軍謹慎考慮！

荀彧肯定也不同意，你想他從袁紹那邊跑過來投曹操，現在曹操再去投袁紹，這不是繞圈子嗎？對謀士而言，找到一個能聽自己意見的主兒，比什麼都重要！

可以看到，此刻的曹操是個在軍事天不怕、地不怕，但是政治上還不是很有信心的主。正是他身邊這些志慮高遠的謀略家給他彌補了這一缺陷，使得曹操在政治成長道路上沒有走更多的彎路。

當然，關鍵還在於曹操能夠聽進這些有益的意見，他的判斷力起了重要作用，想不出好法子但至少得能看出什麼是好法子，這是他與袁紹的區別。而此刻的經歷，

也是他政治上走向成熟的一個坎。

連部下都這麼有信心，自己怎麼能這麼頹呢？曹操還有什麼可說的呢？除了咬緊牙關扛下去，還能幹嘛？

於是在第二年春天，曹操再起兵襲擊呂布軍於山東定陶，在騎兵襲擊下，定陶得手，同時讓曹仁攻打句陽，致使呂布連丟兩城。

夏天來了，這是一個打仗的季節，呂布決定反攻，消滅曹操。陳宮此時對曹操的套路很熟悉了，就是先親自帶頭打與主力互為犄角的別動隊，然後再回軍打主力。於是陳宮將計就計，命令薛蘭、李封在鉅野駐兵挑戰，吸引曹操過來消滅，等曹操帶先頭騎兵隊開戰的時候，呂布再率領主力殺過來，打曹操屁股，一夾擊，不但屁滾尿流，而且這回一定要生擒曹操，全面奪取兗州。

這個方案不能說不全面，也不能說不狠，可是每天睡覺前複習三遍兵法的曹操這回腦袋抽筋，不按套路了。他派曹仁去打鉅野，自己率領部隊埋伏在半道，鱷魚打盹，專等呂布的增援部隊。

這傢伙，原來猜到陳宮的招數了。果然，遠遠就看見呂布率軍趕來了，興沖沖跟過節似的。而且探子來報，呂布的部隊比陳宮率領的主力要早一天的行程呢。

說時遲那時快，呂布興沖沖趕去收拾曹操，壓根兒沒做好戰鬥的準備，被曹操軍隊從兩邊伏擊處湧出，沒回過神來，就被打得潰不成軍了。

呂布回頭一看，自己人瞬間都變成屍體了，自己再不走，也要變成一具很帥的屍體了。一拍馬，狂奔而去。

呂布這個人很有個性，要命不要面子，不怕人說自己怎麼貪生怕死，怎麼沒原則，怎麼不負責任。曹操也不追趕，這邊消滅完畢，再領軍去鉅野，以致於薛蘭、李封的軍隊全軍覆沒，薛蘭等同志不壯烈地犧牲。

陳宮見呂布領著敗軍過來，心想這孫子真不要臉，一遇到危險就自個兒逃命，也不管薛蘭、李封的死活。這事兒傳出去，呂布哪像個將領，以後怎有威望治好部下呀？不行，他命令呂布火速進攻鉅野，打不過曹操也要裝出一副去營救薛蘭的樣子。這一招可讓曹操傻眼了。

原來曹操在鉅野消滅了薛蘭部隊後，也預料到陳宮、呂布會領軍過來大決戰，因此命令部隊分散去取麥子準備糧食，只留下一千多後勤部隊在這裡做防禦工事呢。也就是說，他沒想到陳宮、呂布會來得這麼快！

怎麼辦？這一千個後勤部隊對抗呂布的虎狼之師，只能是找死呀！像呂布一樣逃走，那也不是曹操的性格！沒輒了，只能把小時候騙人的招數拿出來吧，反正兵法上也有說過虛虛實實的道理。

他把營寨交給女同志把手，自己把一千後勤人員集合起來，列隊排列營外，一副心中有數的樣子。

陳宮和呂布在天色昏暗的時候趕到，看到這奇了怪的架勢，不知道曹操又有哪些詭計；恰好寨子還有大樹林，讓人不能不想起有伏兵。剛到這裡，又吃過曹操的虧，不敢進攻，先把軍隊駐紮下來，晚上偵察清楚，明天早上再收拾吧。

這就是著名的「空城計」。不過，不是向《三國演義》裡的諸葛亮學的，事實上諸葛亮根本就沒玩過這遊戲，歷史上只有曹操玩過。

曹操利用這短暫的時間，派出聯絡人員，趕緊把去找糧食的部隊調回來，回了不少。曹操知道夜晚陳宮一定能打聽到曹兵的實情，便把一半的兵力埋伏起來。

果然，夜裡呂布知道了曹操兵力不足，原來被嚇唬了，第二天馬上以騎兵發動攻擊。快逼近時，曹操伏兵突然冒出，打得呂布騎兵措手不及，騎兵紛紛後退，反而衝散自己步兵。

曹操趁勢大舉進攻，呂布這種沒有意志的人一潰敗心就慌，鬥志全失，害怕曹操部隊全面回來後發起殲滅戰，連夜逃離。

這兵敗如山倒，曹操鯊魚般風捲殘雲把各個郡縣收復回來，呂布、陳宮這一輸，連內褲都輸掉，兗州盡失，投奔徐州的劉備去了。

那麼張邈這邊呢？情況也不好呀。這年八月曹操派兵攻打張邈弟弟張超把守的雍丘，打了五個多月才打下來，張超自殺而死。打了這麼長呀，曹操又憋了一肚子氣，攻破後又大肆屠殺，張氏家族無一倖免。張邈自己肯定打不過曹操，想退揚州去投奔袁術，在路上被叛變的軍士殺害。

這年十月，漢獻帝正式封曹操爲兗州牧，這回終於不是自封的了。

繞了一大圈後，死傷無數人之後，兗州重新回到曹操的懷抱，豫州和徐州的部分地區也在控制之中。

這一年曹操四十一歲，進入不惑之年的他政治上有了更加開闊的視野。

第6章 王牌在手

曹操在外人毫無覺察的情況下，把皇帝迅速劫持出洛陽，移駕許都。這個世界上最高級別的綁架活動，讓曹操徹底抓到了一張王牌。被看成是曹操與袁紹政治命運區別的分水嶺。

35. 辯論賽

僅僅靠曹操的身世，事業沒法撐大，門面一撐大就會導致人民的不服氣；漢獻帝雖然沒有什麼實際力量，但作為一張王牌，讓天下人心都嚮往，絕對是綽綽有餘的。

西元一九六年，也就是歷史上的建安元年，曹操四十二歲的時候，做出了一個非常重要的決議：迎奉天子，抓住王牌！

其實，四年前毛玠就已經向曹操提出奉天子以令不臣的策略。曹操現在提出這個方案後，手下謀士將領激烈爭論，爭執不下，因爲這並不是一樁穩賺不賠的生意，而是一把雙刃劍，玩不好惹火燒身都有可能。

辯論現場，持正方觀點的是程昱和荀彧。他們認爲，把皇帝控制在自己手裡，能夠取得競爭優勢。執行方案就是，把皇帝迎接到洛陽和許都比較合適，我們現在佔領豫州的大部分，把豫州的其他力量清除就可以動手了。

反對派佔領大部分，包括曹仁、夏侯惇等將領。

原因呢，第一，現在陳宮和呂布佔據徐州，跟袁術勾結，隨時有可能威脅兗州，應該先除掉他們，再考慮豫州的事。

第二，如果對豫州下手，就是打擊袁術、劉表的力量，這樣，我們就會陷入北方袁紹、東方呂布、南方劉表以及西北方西涼軍團的威脅，要是他們一齊動手，我們肯定要被壓扁。

第三，挾天子未必能令諸侯，搞不好成爲被諸侯攻擊的出頭鳥，像董卓，不是把天子掌握在自己手裡了，下場怎樣？

反對派的意見顯然非常充分，證明這個還不是迎奉天子的最好時機。

也大概只有程昱對中國社會學瞭解很深的人，意識到在中國，人民群衆就好名正言順，名正言順才是人民公理，也是最重要的武器。僅僅靠曹操的身世，事業沒法撐大，門面一撐大就會導致人民的不服氣；漢獻帝雖然沒有什麼實際力量，但作爲一張王牌，讓天下人心都嚮往，絕對是綽綽有餘的。因此他堅持表示，迎奉天子能夠使自己掌握道義上的主動權，成爲最名正言順理直氣壯的諸侯，是大德之事。

現在不去接過來的話，被別人搶了先機，就後悔莫及了。

曹操斷定，袁紹跟公孫瓚還僵著，暫時不會管這個事情，其他諸侯都賊頭賊腦，來了也不怕。於是他做出了判斷，支持正方意見！

這個意見不僅是程昱、荀彧們對社會政治有深刻認識、以及深謀雄圖的結果，更是曹操果敢、有冒險精神、敢於嘗試新做法的性格的體現。因爲迎奉天子掌握王牌不是只有曹操集團才想到的，在此之前，實力遠大於曹操的袁紹集團也早就想到了，也發生了一場激烈的辯論賽。

沮授主張迎天子，但郭圖等極力反對，認爲天子帶在身邊是個累贅，反而什麼事都要聽天子的，不聽就是違抗旨意，不爽也。

袁紹最大的本事是玩政治手段，而不是政治遠見，況且性格中還有優柔寡斷的一面，沒去做，讓曹操占了先機。

36. 獻帝的命

獻帝終於回到了老家洛陽了。皇帝和大臣有點速食，但尚書郎以下的官，全自力更生，要嘛自己去採野菜野麥充饑，要嘛就一不小心被士兵給殺了。

那麼，獻帝這時候在誰手裡呢？且說董卓的舊部李傕與郭汜合軍攻打長安，把呂布趕跑，殺了王允之後，控制了長安，也控制了皇帝。但是，這兩哥們是草莽匹夫，根本就沒有像賈詡策劃的那樣，把持著皇帝進一步把事情搞大。而是放手讓士兵搶劫掠奪，加上連續兩年糧食歉收，長安地區陷入饑荒，朝廷無米下鍋，又是人吃人，白骨遍野。一句話，這地方不能待人了。

偏偏這個時候，李傕和郭汜這兩個烏合之衆，又相互猜疑，先是李傕殺了手下樊稠，然後和郭汜起了內訌，在長安城裡打了起來，一時間雞飛狗跳、血肉橫飛。

兩人爲了保證自己佔領長安的合法地位，帶兵衝進皇宮，都想劫持皇帝。

這種事不是只幹一次，而是屢屢發生，有一次兩方爲了爭奪漢獻帝，弓箭都射到皇帝的帳內。而且，這些叛軍把皇帝層層包圍，皇帝和近臣吃飯都成了問題。人人都想做皇帝，可是這個時候誰還要做皇帝，絕對是腦子進水了。

這個時候，溫飽和自由，比任何偉大無邊至高無上的頭銜都重要。

好在此時，出現一個有良心的猛將兄，在宮中死戰護駕，才讓皇帝那細若遊絲的小命得以保住。他就是李傕的部將楊奉。楊奉雖然是李傕的手下，但覺得李傕非常不厚道，在司徒趙溫的慫恿下，決定擔任起擁護皇帝的重任，策劃起兵攻打李傕。但是，經驗還是不夠豐富，消息洩漏，起兵未遂，只好率領自己的部隊逃離。李傕的勢力也逐步減弱。

李傕與郭汜這樣亂搞，連西涼軍都看不過去了。西涼軍團的鎮東將軍張濟，專門來到長安，和賈詡一起做協調工作。但是李傕脾氣如糞坑裡的石頭又臭又硬，不聽。敬酒不吃，只能罰酒了，張濟聯合了郭汜軍隊，把李傕趕出長安。

漢獻帝總算可以擺脫一根骨頭被兩隻狗咬來咬去的命運了，於是重新建立起保駕的軍事構架，封張濟爲驃騎將軍，郭汜爲車騎將軍，楊奉爲興義將軍；董太后的侄子董承為安集將軍，率領原董卓牛輔的力量。由於董承的女兒被立為貴妃，董承又是國舅，親上加親呀，所以任務就不一樣了。

誰知，八月剛剛封了官，九月郭汜又狗改不了吃屎，想把獻帝劫持到高陵。這個想法還沒有實施，就被侍中种密告訴楊奉和董承，楊奉立刻聯合後將軍楊定，要和郭汜死拼。郭汜一看自己的兵力單薄，便率領部隊進入南山，這樣李傕與郭汜這兩頭狼就全部退出長安了。

退出長安，這兩哥們又成為一丘之貉，再度狼狽為奸，要攻打長安。在調停未遂之後，楊奉、董承聯合原西涼軍團李樂、韓暹、胡才等打退李傕與郭汜。到這個地步，長安這個地方是不能待了，大家決定保護著歸心似箭的獻帝回洛陽去。董承、李樂帶著皇帝大臣在前面先，楊奉、韓暹、胡才斷後。

李傕與郭汜兩隻惡狗見到骨頭跑了，追，把楊奉等斷後部隊打得四下潰散。幸虧前面跑起來還算快，慌裡慌張由孟津渡過黃河，河內太守張揚、河東太守趕過來迎接，為斷糧的皇帝帶來伙食。為行君臣之禮呀，在野外還搭了帳篷作為臨時宮殿，跟過家家似的，說明在這個群龍無首的時代，對皇帝的尊敬是非常有必要而且相當有說服力的。

李傕與郭汜見皇帝也追不回來了，得了，回長安城裡搶劫四十多天，最後一把火燒了。這個破壞力相當於一顆原子彈掉下來。不是我誇張的，我寫的這本書絕對沒有誇張的部分，這是《資治通鑑》有記載的，關中地區在其後兩三年裡沒有人跡，你說頂不上原子彈的效果嗎？

西元一九六年七月，獻帝終於回到老家洛陽。可是，這時候的洛陽，比被李傕與郭汜燒掉的長安好不了多少，因爲洛陽原來也被董卓撤離時燒過，宮室什麼全毀了，董卓的想法就是不讓這兒再住人了。眞不明白爲什麼這些人都有製造廢墟的愛好。還好原來的宦官趙忠家大概建築品質不錯，沒被完全燒毀，拾掇拾掇，皇帝就暫時住在這裡了。

只可惜了大臣百官，別提什麼福利分房了，就是臨時宿舍也沒有，只好躲在斷垣破牆可以擋風的地方躲躲。更要命的是，沒食堂吃飯，可能皇帝和大臣有點速食，但尙書郎以下的官，全自力更生，要嘛自己去採野菜野麥充饑，要嘛就一不小心被士兵給殺了。

這是由乞丐組成的朝廷團隊，從歷史的今天回望過去，很像一個笑話，同時也能讓深諳歷史秘密的人心驚膽顫——強大的政治居然可以狼狽到這種地步！

37. 跟皇帝膩上了

曹操和漢獻帝眉來眼去搞上了。董承秘密叫曹操帶部隊進駐洛陽。曹操的軍隊一枝獨秀，很快掌控了朝廷。曹操大權在握，實現了挾天子的關鍵一步。

袁紹集團以及曹操集團談論迎接皇帝，都是在獻帝當流浪丐幫幫主這個時候，而且是發不出工資的丐幫幫主。人窮志短，這個時候是最好唬弄的了，給點吃的就能把皇帝接到家裡去充當門面。重要的是，曹操這麼做了，而袁紹覺得皇帝是個燙手山芋，要不得。

曹操接漢獻帝，並不是說腦子一熱，第二天就弄回家那麼簡單。

接之前有個三四年時間的暖場，接的過程也頗費周折，且聽我慢慢道來，你去領悟其中的政治奧秘。

一九二年曹操自封為兗州牧，毛玠提出奉天子以令不臣的策略之後，曹操就已經開始熱身活動了，派使者去長安先跟皇帝打好關係，以表忠心。去長安要經過河內，河內太守張揚不答應，憑什麼要借路給你去長安？

這個時候有個人幫了曹操的忙，就是袁紹任命的魏郡太守董昭。這哥們得不到袁紹的信任，準備去長安混個前程，他也經過河內，被張揚熱情挽留。他對張揚說，袁紹和曹操現在雖然是同一聯盟，但將來肯定要掰的。曹操的勢力現在比較弱，但卻是眞正的英雄，應該跟他搞好關係，能幫助他的地方應該幫助他，將來他事業成功了，絕對是功勞的。

總之，他很看好曹操這匹黑馬的潛力股。

張揚一聽，馬上就明白了，允許曹操的使者借路去長安了。兩個人還為曹操在長安做了些打點送禮以及表薦的工作。

這時候朝廷在李傕與郭汜的控制下，這兩哥們見了曹操的使者，拿下，先送拘留所去。為什麼呢？因為他們想關東的諸侯，每一個都是想自立為王的傢伙，你曹操派使者來表示忠於朝廷，肯定是在耍什麼花招，這個花招我猜不出來，不跟你猜了，但我拒絕你，讓你什麼也玩不成。

這個時候又站出一個幫助曹操的人，黃門侍郎鍾繇，三國最牛的書法家。當然，他最牛的書法這時候派不上什麼用場，但是他帶兵打仗、輔佐朝政，甚至搞農業建設，都是一流的，是個後來對曹操世家都做過不少貢獻的一流人才。

他也看好曹操，對李傕與郭汜說，現在諸侯都想自立爲王，惟獨曹操來表忠心，我覺得這不是什麼花招，是真的，而我們如果拒絕他，那麼以後就把所有歸附者的路子都斷了，是自我孤立、自絕後路的做法。

李傕與郭汜這兩個沒腦袋的一聽，居然聽進去了。把曹操的使者從拘留所裡放出來，接到星級賓館去，關係一下子好得一塌糊塗。於是，曹操和漢獻帝的交往就眉來眼去搞上了。

搞上的結果是，到了西元一九五年曹操收復兗州後，得到獻帝的任命，成爲正式官員。曹操爲此還寫了一份《領兗州牧表》給獻帝，再次表達了忠心。

在漢獻帝從長安逃離的途中，曹操就派曹洪領三千兵馬到安邑地區去迎接，想把他接到許昌來。但是遭到董承和袁術部將萇奴的阻擋，沒法前進，這一招受挫。

這時爭取皇帝身邊的力量很重要，所以曹操派出使者籠絡國舅董承和大將楊奉，而把曹操當成潛力股的董昭又幫了大忙。

這時他已經是皇帝身邊的議郎了，冒充曹操給楊奉寫了一封信，在信中，先把楊奉狠狠地誇了一通，說他護送皇帝回來的功勞超級之大，舉世無雙。在楊奉很受用的時候，信中提出讓楊奉在皇帝身邊保護，自己當外援，將軍有兵，自己有糧，黃金搭檔，生死與共。

楊奉很高興，很開心，很滿意，很快就回報曹操，表薦曹操爲鎮東將軍，封爵費亭侯。這個爵位是他爺爺的，讓他高興得眼淚都往肚子裡滾，還三次裝謙虛，說自己功勞不夠高，讓封，到第三次了才惶恐受封。

曹操爲什麼這麼囉哩囉嗦地做表面工作呢？第一，在讓封與受封之中，把自己的功勞和能力一一擺出來，讓天下人知道；二，充分表示，我是非常非常尊重流亡政府的，對每一個授命是非常謹慎的。

受封是六月，在安邑臨時政府搞的，七月的時候皇帝就被楊奉和韓暹接到洛陽，變成了洛陽廢墟政府，誰要爭取控制皇帝只能進洛陽了。

剛好這個時候，曹操有了個機會，董承和韓暹起矛盾了，韓暹居功自傲，耍牛，董承覺得是個大患，這些軍閥出身的沒一個能讓人安心。董承跟曹操關係這麼好，於是秘密叫曹操帶部隊進駐洛陽。

曹操一聽，眞是好事呀，叫程昱、曹仁守住兗州，自己帶兵潛入司隸地區。韓暹一看壞了，知道禍事來臨，部隊也不要了，騎了一匹馬就跑去投奔楊奉。皇帝念楊奉、韓暹護駕有功，叫董承和曹操就別再追打了。

當時楊奉和張揚的部隊沒有駐紮在洛陽城，曹操的軍隊一枝獨秀，很快掌控了朝廷。曹操大權在握，實現了挾天子的關鍵一步。

曹操在洛陽這個臨時政府爲了樹立權威，也放了幾把火，第一，殺了尙書馮碩、議郎侯祈三人，爲什麼？勾結西涼軍團作亂，有罪。第二，封衛將軍董承爲輔國將軍，伏完等十三人爲列侯，爲什麼？都是護駕有功的人呀，第三；追贈射身校尉沮俊爲弘農太守，因爲他已經死了。

38. 超級綁架

曹操在外人毫無覺察的情況下，把皇帝迅速劫持出洛陽，移駕許都。這個世界上最高級別的綁架活動，讓曹操徹底抓到了一張王牌。被看成是曹操與袁紹政治命運區別的分水嶺。

下一步，曹操要幹的，就是要把皇帝從洛陽遷移到許昌。

爲什麼非要到許昌這個地方，這個也有講究。許昌位於洛陽的東南方，屬於豫州地界，一方面可以擺脫原來洛陽地區的影響，建立全新的政治氣象；另一方面，離曹操的故鄉譙縣近一點，不但是曹操的控制範圍，而且讓曹操有準地頭蛇的感覺，人脈基礎、民心擁護都跟在家一樣。

因此，早先決定這個地點後，曹操就把許昌附近的小軍閥或消滅或收編，整編之後原地駐守，防止袁術及劉表勢力的侵犯。然後叫荀彧把籌備工作做好，並把許昌改名爲許都，萬事俱備，只欠皇帝。

不過，讓皇帝弄到自己的勢力範圍去住，這可不是一件小事，人民群衆誰也不是傻瓜，弄不好會撈回個劫持皇帝的罪名呀，跟董卓成一路貨色。能不能這麼做，怎麼樣才能做得妥當，曹操爲這事也犯愁，把老幫助他的董昭找過來商量。

董昭提出非常果斷的意見說，在洛陽這個地方辦公，人多嘴雜，不服的人很多，非常不方便，這時候，必須把自己當成非常人，做非常事，果斷行動，不要管那麼多事。這個提議使曹操的頭腦清醒起來，也符合曹操敢於冒險的性格。遷移的最大障礙就是楊奉，他手下兵精將廣，駐紮在東邊梁城，況且又是他把皇帝護駕到洛陽，這時候你把皇帝帶走，他可不答應。

董昭又使出一個計說，曹操被封爲鎮東將軍、費亭侯，都是楊奉的推薦，那麼曹操就派人送了厚禮去答謝，先在情緒上麻痺他，然後跟他說，洛陽現在沒吃的了，暫時讓皇帝到魯陽去住些日子，享受一下溫飽生活。魯陽離許昌很近，楊奉這人勇猛但心思簡單，決計想不到曹操的鬼主意。果然，曹操派使者去楊奉那邊一說，楊奉就相信了，也給曹操吃了顆定心丸。

那麼，還等啥呢，動手吧！

西元一九六年八月，也就在曹操自領司隸校尉的第九天，在外人毫無覺察的情況下，把皇帝迅速劫持出洛陽，移駕許都。

這個世界上最高級別的綁架活動，讓曹操徹底抓到了一張王牌。

這個綁架活動的成功，被看成是曹操與袁紹政治命運區別的分水嶺。

因此，從馬後炮的成敗論來看，曹操做了一個正確的選擇，決定了他的成功；袁紹做了個錯誤的選擇，所以人生失敗。

人生的成敗是由你的選擇決定的。

這個結論看上去很有道理，而且幾乎被世人公認，實際上是屁話。

實際上曹操沒錯，袁紹也沒錯。袁紹認爲把皇帝劫持到自己家裡，不好控制，弄不好引火焚身。確實如此，危險隨時潛伏，要不是曹操很小心，決策正確，命大，就有可能被搞死。如果曹操被搞死，那麼歷史學家就會做出結論，挾天子以令諸侯是個錯誤的策略，沒有可行性。而假如挾天子是袁紹幹的，袁紹也未必能夠控制之後的局面，也許是個不成功的政治舉動。

眞正對兩人的命運扮演關鍵作用的不是這次選擇，而是做出選擇後有沒有能力和毅力去做好後面的事。

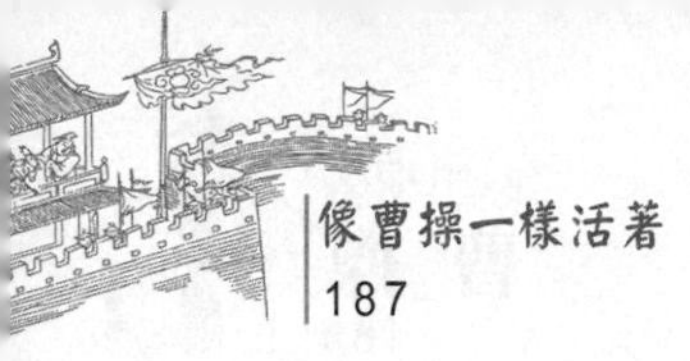

從這個角度而言，選擇無關緊要，關鍵在於能否執著地執行你的選擇。

爲了說明這個被誤解很深的道理，我們權且舉個現代的例子。在中國的貧困家庭裡，很多孩子高中畢業後是要上大學，還是到社會自主發展，這是擺在中國無數家庭面前的問題。實際上，是不是做出其中一項選擇就能夠涇渭分明地決定你的前途呢？不是的。走哪條路不重要，而是你選擇一條路後，能不能堅強地走下去，走出來，這個最重要。有毅力有能力，兩條路都是正確的；沒有毅力沒有能力，兩條路都走不通。

所以，決定曹操和袁紹的命運的，是他們之後的能力和策略問題，而挾天子的選擇不是關鍵。假如後面官渡之戰勝負顚倒，曹操的挾天子就變成毫無意義引火焚身的可笑舉動。現在曹操只不過做了一次冒險行動，等待他的將是重重的威脅！

39. 許都殺雞

曹操找了一個罪名，把楊彪弄監獄裡去，連楊彪這麼功高權大的大臣都能被曹操這麼修理，很多人都害怕了，這是曹操要達到的目的，殺雞給猴看，不對，也許應該是殺猴給雞看了。

皇帝被劫持到許都，進入曹操的如來神掌，還能幹嘛呢？只能收攏曹操，抓住這棵大樹了。他親自到曹操軍營裡，封曹操爲大將軍，武平侯。比原來的侯又高一個級別了。曹操又很謙虛地讓了幾次，然後收入囊中。

在許都這個地方，沒有其他軍事力量的威脅，但是隨皇帝來的大臣公卿們，對曹操掌握大權不時很感冒，這讓曹操很沒有安全感。要是大臣和皇帝合夥搞個鴻門宴什麼的，很難逃過暗算呀，董卓就是差不多這樣被幹死的，也是當時最流行的殺掌權者的圈套。

曹操決定來個下馬威，先拿太尉楊彪下手。楊彪是四世太尉，跟袁紹家族一樣的名望，從董卓之亂起，跟著皇帝從洛陽到長安，從長安到洛陽，再從洛陽到許都，寸步不離，要說比功勞比忠心只怕在曹操之上了。

新遷許都後，皇帝大臣舉行宴會，曹操一進來，看見楊彪的臉色不太好看，以自己的多疑和敏感的神經，覺得危險。趕緊跟各位打個招呼，說，今天人來得很茂盛呀，你們先落座，我肚子疼，上個廁所先。進了廁所，沒拉下一丁點大便和小便，就直接回軍營了。

大家看到曹操一去不返，知道這事鬧大了。楊彪知道自己很危險了，趕緊以病爲由，要求退休。曹操不讓了，想溜，沒門，找了一個罪名，把楊彪弄監獄裡去，要求判死刑。這個罪名是什麼？就是楊彪家和袁術家有聯姻關係，以袁術叛亂的罪名來看，楊彪是可以連坐治罪的，雖然地球人都知道很勉強很沒情理。

連楊彪這麼功高權大的大臣都能被曹操這麼修理，很多人都害怕了，這是曹操要達到的目的，殺雞給猴看，不對，也許應該是殺猴給雞看了。

這時冒出個不怕死的來救楊彪了。他就是孔融，孔老二的二十世孫，小時候吃梨的時候老是把大的讓給哥哥，自己吃小的，別人問他爲什麼呀，他說我人小就該吃小的呀。哎呀，眞是好孩子，這個「孔融讓梨」是歷代用來教育小孩子的典範。在他十六歲的時候，由於窩藏清流黨人，被朝廷治罪，結果他和哥哥爭著進監獄，名氣大振，成爲士人典範。他的文章很牛，被列爲「建安七子」之首，也就是說在文學上他領袖曹操才對。不過，由於他性格剛直、出口率性，不滿曹操的奸詐作風，常對著幹，最終死在自己的性格上。

這時候他的官叫將作大將，他聽說楊彪下監獄了，來不及穿好官服，就跑來見曹操說，楊公四世政治清白，這誰都知道，以袁術的罪名來牽連他，這不是欺負天下人沒長耳朵眼睛全瞎了嗎？

曹操狡辯說，這不是我的意思，這是國家的意志，皇帝的命令。孔融只好運用自己淵博的知識，列舉了一些古代的例子，告訴曹操這種行爲是不得人心的，朝廷會解散的，如果殺了楊彪，明天我就離開這裡，不用上班了。

曹操居然被他說動，而且既然已經達到了威懾群臣的效果，就饒了楊彪不死。但也給孔融自己留了下禍根。

曹操還以類似的手段，罷免了司空張喜，殺了喜歡提意見的議郎趙彥，反正這時候的曹操，跟所有專權者沒什麼兩樣，排除異己，在重要職位上安插自己的人。

朝廷上的潛在地雷被這樣解除，那麼爲了許都的安全，需要把離許都最近的敵對軍事力量搞掉，首當其衝就是兵力最強的楊奉。楊奉當初相信了生死與共的曹操的麻痹手段，回過神來後，才發現曹操劫持天子，想追已經來不及了。

這年十月，曹操沒等楊奉動手，就率軍攻打駐守梁城的楊奉。前幾個月還結爲聯盟生死與共呢，所以在政治面前，所有柔情蜜意肝膽相照都有可能成爲鏡中花水中月，騙子手中的刀具。楊奉打不過曹操，投奔袁術去了，曹操收服了楊奉軍團的猛將徐晃，非常厲害。

解決了楊奉，擺在曹操頭上的是袁紹的力量。現在自己掌握了王牌，不過袁紹的力量又比自己強，眞不知道袁紹有什麼想法。曹操於是發出試探的一招，以皇帝的名義發出詔書，譴責袁紹地廣兵多，只顧相互掐架而沒有勤王舉動。袁紹一下就慌了，寫了很長的辯解信，反覆表白。

曹操一看這樣子就樂了，嘿，奉天子令諸侯還眞有用，連袁紹都聽話了。於是，他使出第二招，以皇帝名義讓袁紹爲太尉，封鄴侯。

這下袁紹急了，拒不接受。爲什麼呢？因爲這時候曹操是大將軍了，自己官在曹操之下，這讓心高氣傲的袁紹怎麼受得了！他罵道，媽個逼的，要不是我，曹操早就死了幾回了，現在居然忘恩負義，挾天子令我！

曹操怕袁紹一發怒，翻臉不認人，這時候打起來可不行。於是就把大將軍的職位讓給袁紹，先把這隻老虎穩住，不讓發威。袁紹是注重名分的人，虛榮心一滿足，就開始過開心日子了。

這麼一試探，可以肯定，袁紹還是不敢背離朝廷的，只要不惹他，就沒什麼事。這下讓曹操大可放心了。

為了補償曹操丟掉的大將軍之位，獻帝在十一月又讓曹操當了司空，授權車騎將軍。也可以說，曹操是為了進一步專權，而要了這些頭銜的。這時候傀儡皇帝授權的官銜，跟開出支票一樣，具體數目由曹操自己塡。

當然，凡是專權者，都必然跟皇帝及其親黨發生矛盾，所以在四年之後，皇帝身邊的董承和曹操的矛盾激化，策劃了一次謀殺曹操的活動，這是後話。

咱們先看看曹操專權後都幹了些什麼！

40. 狂招人才

曹操雖然手下文武已經很多了，但是人才不嫌多，到處找人推薦，擺出一副求賢若渴的架勢，恨不得有一技之長的都到這打工。

曹操在集權後不是去享受奢靡無邊的生活，而是開始政治改革、軍事積累，給皇帝提出十四項改革建議，爲統一中國做準備。這是他和董卓等匹夫的不同之處，境界上高了不只一大截。

歷史上諸多的英雄，特別是農民起義的首領，在取了一些成果，猴子當大王後，都迫不及待地開始享受。更高的目標是什麼，不知道，當皇帝享受三宮六院七十二妃光宗耀祖成爲頂點。

這種人承載不了歷史的使命，沒文化導致的，覺悟沒到那一層。曹操比這些人文化層次要高點，覺悟要高點，因爲他懂得破壞，也懂得建設！

此刻曹操進行的一個重要活動是招募人才，雖然手下文武已經很多了，但是人才不嫌多呀，到處找人推薦，擺出一副求賢若渴的架勢，恨不得有一技之長的都到這打工。荀彧就給他推薦了十幾個人，其中有兩個謀士不能不介紹。

一個是荀攸，一看這名字就知道跟荀彧有關係，沒錯，是荀彧的侄子，可樂的是，年齡居然比荀彧大。他曾經當過黃門侍郎，謀劃刺殺董卓被捕入獄，後來平反，隱退在家。曹操很早就聽過荀攸名字，寫信召見，跟荀攸聊了一通，算是面試吧，開心得不得了，對荀彧和鍾繇說，這個人不一般呀，跟他一起來商討大事，眞的就不用我操心了。於是推薦荀攸出任尙書，拜爲軍師。

還有一個更厲害了，叫郭嘉，是個聰明絕頂的傢伙，智商絕對超群，屬於創造性的思維，這種人玩什麼都是冒尖型的。他本來投在袁紹門下，袁紹也非常看中他。不過，他跟袁紹相處一段時間之後，馬上就看出袁紹的弱點。

他說，袁紹雖然也禮賢下士，但是卻不懂得怎麼利用別人的才能；雖然也喜歡用計，卻沒法做出果斷選擇。他優柔寡斷，唯一能做的就是白白浪費人才，這種人在亂世中想稱霸一方都不容易，更別提說天下了。像我們這種謀士，靠腦細胞吃飯，最要緊的是懂得選擇良主，然後全力以赴，發揮自己的能力，建功立業！我必須馬上離開袁紹，去找值得我奉獻才智的人！

可見他多麼聰明、多麼果斷、多麼富於行動力和創造力。上面這話是他對袁紹的兩大謀士辛評和郭圖說的。

這兩個謀士說，現在袁紹威望無邊，獲得北方各大州郡的擁護，是天下第一大的諸侯，這是毋庸置疑的，哪裡有比他更值得扶助的人嗎？

郭嘉知道這兩人的思維跟自己不是同個檔次的，無法溝通，算了，你們不走我走了，拜拜。

曹操當時剛死了一個謀士，估計也是一牛人，叫戲志才，讓曹操很懷念呀。他給荀彧寫信，說志才死後，身邊就沒人能跟我謀劃的，給我推薦一人代替志才吧！荀彧就推薦了郭嘉。

曹操和郭嘉面談一番後，興高采烈地說，能讓我成就大業的，就是這個人了！而郭嘉，對曹操評價也高得不得了，說，這才是我要輔佐的人呀！

郭嘉一來呢，馬上就給曹操注射一劑強心針，先把他的一塊心病治好。

不是說曹操天不怕地不怕嗎？其實還是有怵的，就是目前頭號強人袁紹。這哥們仗著自己兵多將廣，給曹操寫信的時候，言語傲慢無禮，你小子來你小子去的，把曹操當孫子。

曹操跟郭嘉訴苦說，媽的，要不是現在他強我弱，眞想跟他幹一架，我眞受不了他這侮辱，怎麼辦呀老兄？

郭嘉說，怕什麼呀，袁紹其實不是你對手！曹操說，不會吧兄弟，你是不是發燒了說胡話呀？不是我對手，我早就打他姥姥家去了！

郭嘉說，袁紹有十敗，曹公你有十勝，他怎麼會是你對手呢？

曹操說，靠，還有什麼十敗十勝的，趕緊說來聽聽！說得好晚上請你吃飯！

郭嘉說，袁紹爲人講究門第形式，務虛多於務實，讓想施展才華的人受不了；曹公你待人眞誠自然，不計背景門第，這是「道」勝。

袁紹割地稱雄，最多也就一諸侯；你奉戴天子，順應民心，這是「義」勝。

袁紹做事喜歡佔便宜，不講究制度和公信力；你能在亂世中建立制度，重建公共準則，這是「治」勝。

袁紹表面寬宏內心狹隘，用人時疑心重重，實際上管事的都是他親戚子弟；你能夠接納他人，判斷明確，用人不疑，唯才是舉，這是「度」勝。

袁紹長於計謀而短於決斷，事情往往一拖再拖然後就沒了；你隨機應變，能有效處理變化局勢，這是「謀」勝。

袁紹注重虛名，可以裝成禮賢下士的樣子，重視那些講大話好表現的人；而你作風務實，能用忠誠實力的人才，這是「德」勝。

袁紹看到有人疾苦，便急於表達個人同情，卻看不到人民的痛苦，甚至想像不到；而你不受眼前的小事影響，著眼於天下，也能心懷天下疾苦，這是「仁」勝。

袁紹集團中大臣爭權，明爭暗鬥，小報告滿天飛；而你對部下有自己的看法，任何讒言也不能發揮作用，這是「明」勝。

袁紹常常耽於人情世故，是非不分；而你能辨別好壞，正確處置，這是「文」勝。袁紹喜歡虛張聲勢，不懂用兵的關鍵；你經常能以少勝多，用兵如神，士兵信賴你，敵人畏懼你，這是「武」勝。

眞是不說不知道，一說嚇一跳。

曹操被誇得都不好意思了，靠，我眞的有這麼牛呀！

41. 劉備找死來了

劉備是來找死的。他一到曹操陣營，馬上很多人建議，把這哥們砍了得了，一看他那樣子就知道不甘於寄人籬下，將來肯定成為稱霸對手，不如先下手為強。

並非所有的人都像郭嘉這麼簡單，來了就是爲曹操服務，當鐵桿心腹。有的人來了，你用也不能用，趕走也不是，殺了更不行，像一堆鼻涕黏在你身上，讓曹操想破頭皮。

比如劉備。

劉備怎麼會跑來投奔曹操呢？都是他當上徐州牧後惹的禍。原來徐州牧陶謙病重臨終之時，拉著首席謀士糜竺的手說，統治徐州非劉備不可呀！陶謙死後，糜竺就迎接劉備來接替州牧位子。

劉備嚇一跳，說，不行不行，我一點資歷都沒有，鎮不住，袁術的資格好像不錯，不如讓他來當。

這確實是劉備的自知之明而非謙虛，他就那幾桿槍，特長是打敗仗，不過值得稱讚的是有哥們義氣，誰讓他幫助打仗，他就飛蛾撲火般興沖沖去助人爲樂。公孫瓚和陶謙都是免費叫他幫忙的，他也不計報酬，打起來還一副不怕死的樣子，打輸了也不當回事，這一點曹操在徐州戰役就見識過，跟曹操也有點像。也眞不知道陶謙是看中他那一點，也許看中他哥們義氣吧！

陶謙手下的陳登就來勸劉備說，徐州富裕，戶口百萬，部隊也有十萬，你來坐這個位子，做大了可以爭霸天下，做小了也可以割據一方，是個好時機呀，袁術那廝驕橫無比，不是這塊料子。

當時，北海相孔融也勸告他，袁術不是能爲國家解憂的人，別看他現在活著，其實完全可能把他當成墓中枯骨。你不一樣，這是老天給你的一次機會，不然要後悔一輩子！

既然這麼多人勸了，劉備就領了這個爛攤子。

劉備就這樣坐在一個火山口上，等待火山爆發。

這時候呂布投奔過來了。他在兗州被曹操打得屁滾尿流，又成了喪家之犬，到劉備這裡，劉備對他很客氣，他反而驕傲起來了，經常把劉備當鄉巴佬對待。他說，關東諸侯起兵的時候，我正在董卓那邊，所以成爲敵人。即使我殺了董卓，關東諸侯也不能容我，都想搞我死呀，我是沒辦法了，才來投靠你老弟呀！

劉備爲人寬厚，對呂布的無禮不太在乎，可是他兄弟關羽和張飛可不能容忍，一直想對付這傻逼，出現了明爭暗鬥的局面。

沒等這邊矛盾激化，袁術就打過來了，這是西元一九六年六月。劉備讓張飛守住下邳，自己率領軍隊在盱眙以及淮陰間與袁術周旋，劉備雖然是常敗將軍，但袁術也不怎樣，僵持了一個月，互有輸贏。

誰知這時候張飛在下邳鬧出事來了。

原來，陶謙原部下曹豹對劉備一直不服，現在趁機煽動徐州舊臣，批評劉備無能。張飛本來對曹豹就看不順眼，這下急了，率領手下直奔曹豹府邸，把他殺了。曹豹的支持者便公開擁兵和張飛作對，下邳陷於混亂。

袁術跟他哥哥一樣善於用詭計，一看下邳亂了，有機可趁，馬上聯繫呂布，勸他襲擊下邳，許諾會送他大量糧草。呂布是有奶吃便忘了娘的傢伙，駐紮小沛本來就嫌棄地盤太小，所以馬上殺往下邳，曹豹的部下許耽給他開門，張飛在這裡已經眾叛親離，只好逃跑了。

劉備的妻兒家屬都落到呂布手裡，劉備對呂布那麼好，呂布當然不敢把他家屬怎樣，以禮相待看護起來。

劉備前後受到夾攻，退軍過程中又受到袁術部隊的打擊，退到海西的時候，已經糧盡彈絕，軍隊揭不開鍋了，士兵們只好吃餓死的人肉。好在糜竺是商業世家，家產豐厚，散盡家財，才讓部隊勉強度過難關。

打不過人家，又沒吃的，怎麼辦？只好反過來投降呂布。呂布接受了劉備的投降，還給他家小，自封爲徐州牧後，讓劉備屯軍小沛，與原來自己投奔劉備的情景調了個兒。

這邊袁術和呂布結盟，還提供呂布糧草，兩人關係正是蜜月期，現在看見劉備投降呂布了，袁術想嘗試一下自己跟呂布的關係會蜜到什麼地步，派大將紀靈率大軍來打劉備，看看呂布會幫誰。

這可是擺在呂布面前的一道難題呀，幫一個就得得罪另一個。

大部分人都認爲應該消滅劉備，統一徐州；但呂布不贊同，消滅劉備後，袁術和北方青州的小軍閥聯繫起來，就可以夾攻呂布了，因此呂布想保持平衡牽制的局面，於是親自出馬去調解。

紀靈看見盟軍首領來和解，不能不給面子，只好坐下來說話。

呂布說，你們兩邊都是我的朋友，我幫誰都不是，這樣吧，今天我們玩個遊戲，如果我的箭能射中一五〇步遠的畫戟的小枝，你們就罷兵；如果射不中，那你們打吧，我就不管了。紀靈想，這個距離你能射中，早就去奧運會拿金牌了，還在三國世界裡瞎混，便同意了。哪知道呂布是蒙古漢子，射箭是他的長項，一箭如流星穿過，正中目標。呂布哈哈大笑，拉著紀靈和劉備的手，這是天意要你們罷兵呀，來，喝酒，一笑泯恩仇！

轅門射戟為呂布在歷史上贏得很多的偶像分。

不過，劉備並不為呂布的射箭相助有多感恩，徐州被他搶走，讓關羽、張飛十分憤怒；另外也擔心呂布和袁術蜜著，遲早他們會同穿一條褲子踩死自己的。於是和在小沛召集軍隊，準備發展力量脫離呂布的控制。這事讓呂布給知道了，呂布又想出兵消滅劉備。

這回劉備沒地兒走了，投靠曹操去吧。

劉備是來找死的。他一到曹操陣營，馬上很多人建議，把這哥們砍了得了，一看他那樣子就知道不甘於寄人籬下，將來肯定成爲稱霸對手，不如先下手爲強。但是曹操這個正在招聘人才呢，不同意，說殺了他一人，還有誰敢投奔我這邊來呀，不能因爲他而拒絕天下人。

後來給他建議的人多了，他就問郭嘉。郭嘉說，這個人將來肯定會成爲後患，但是他有一定美譽度，殺了他會落個害賢之名，那麼你手下的人就會人人自危，懷疑是不是投錯了主，這樣靠誰打天下呢？兩方面權衡利弊，還是不要殺爲好。這一番話，救了劉備一條小命呀！

曹操於是招待劉備，給他個豫州牧的頭銜，支持他軍糧和收復兵馬，以對抗呂布，這是後話，暫先打住。

第 7 章

氣死袁術

猴急地穿龍袍的偽皇帝袁術想了半天，思考了一下自己的人生，居然沒想通，大叫一聲，我操，我怎麼會混到這個地步呀！吐出一斗血，一頭倒在床下死去。

42. 變態憤青禰衡

禰衡走到曹操面前，把外衣內衣都脫掉，裸站了一會兒，可以表面蔑視吧，然後慢慢把新衣裳穿上，曹操大笑，對賓客們說，我本來想羞辱禰衡一番，卻反被禰衡給羞辱了！

再回到曹操招聘人才這個話題，這是個很複雜的工程呀。因爲還有人才，比劉備更難對付，簡直不是來就業，是來玩命！

孔融給曹操推薦一人，說這人牛死了，簡直誇成一朵花，叫禰衡。此人是什麼來頭呢？他是山東平原人，小時候就很雄辯，但是非常驕傲自負，品評人物，話說得非常偏激，跟發神經似的，讓人眞受不了。

他給自己準備了一張名片，準備晉見人的時候用，可是名片上的字都模糊了，還不知道給誰呢。有人問他，你覺得許都哪個人物不錯？他說，只有兩個人，大的是孔融，小的是楊修。又問他，那麼曹操、荀彧、趙稚長又怎麼樣呢？他對曹操還說了幾句正常的評價，對後兩人嗤之以鼻，說，荀彧只不過長得好看點，倒是可以借他小白臉去弔喪；趙稚長呢，肚子大，只是個吃貨！

可見是個嘴巴極端尖刻的憤青。

孔融三番五次地推薦，曹操便有了接見的慾望，可這哥們倒擺起臭架子來了，說生病，不去，還關不住嘴巴說了不少難聽話。曹操很不高興，想羞辱他一下，殺殺他的傲氣。聽說禰衡善於打鼓，便直接把他錄用爲鼓吏，在大擺筵席的時候請他來擊鼓，意思就是你不是很牛嗎？有虛名嗎？在我這兒只不過是個打鼓的。

擊鼓之前本來是要換上專門的衣裳，但禰衡不換衣裳，直接跑過去，打起很有名的《漁陽》的鼓曲，據說是節拍悲壯，很有感染力，聽的人都慷慨動容，確實有一手。但是他沒有換衣裳，不合規矩，鼓吏負責人責備了他。

禰衡便走到曹操面前，把外衣內衣都脫掉，裸站了一會兒，可以表面蔑視吧，然後慢慢把新衣裳穿上，又表演一番擊鼓。曹操大笑，對賓客們說，我本來想羞辱禰衡一番，卻反被禰衡給羞辱了！

大庭廣衆之下裸體，這個行爲別說在當時，就是現在也是很神經質的，連推薦他的孔融都覺得很過分，把禰衡批評了一通。禰衡答應要給曹操道歉，曹操很高興，通知門衛早上禰衡要是來了即時通報。可是早上根本就沒人影，到了傍晚，才看見禰衡穿著單衣，於十月瑟瑟冷風中站在門口，拿著木杖捶地，破口大罵曹操。

門衛來報，外面有一瘋子，言語悖逆，可以捉拿歸罪。曹操這回真是生氣了，但他強壓怒火，叫了兩個騎兵，把禰衡送到劉表那邊去。他對孔融說，禰衡這傻逼，敢這樣對我，我殺他跟滅一隻老鼠差不多。這小子有點虛名，我如殺他會讓人誤會我不容人，現在我把他送到劉表那邊，看劉表怎麼處置！

到了劉表這邊，因爲畢竟是個知名人士，劉表對他很客氣，以貴賓對待，初期相處得不錯。過陣子又原形畢露，對劉表傲慢侮辱，實在讓劉表受不了。劉表也不能殺他呀，道理跟曹操一樣呀，沒辦法，只好學曹操吧。這樣劉表當了二傳手，把他送給江夏太守黃祖。

有一次黃祖大會賓客，禰衡又管不住尖酸刻薄的舌頭，對黃祖出言不遜，還瞪著眼睛大罵黃祖。黃祖可沒曹操、劉表這麼文明，叫人拖出去打，哪知道這人跟生下來就欠揍似的，越打罵得越凶，黃祖大怒，下令殺了。禰衡二十六歲的青春年華壯烈犧牲在自己的舌頭上。

怎麼理解禰衡這種極端憤怒青年的所爲呢？我想除了禰衡自己神經質的刺頭個性外，這種憤怒跟當時社會習氣有關。漢末儒學雖然還盛行，但是社會混亂，禮教崩潰，讀書人的理想與現實差距很大，覺得自己很牛又覺得報國無門社會黑暗的情況下，憤怒青年就會應運而生，一腔熱血在心頭轉化成了異端言行，用憤世疾俗、蔑視權貴、裸奔等衝破正規禮教，藉以發洩。禰衡算是典型的代表。

這一支憤青文人習統到了隨後的魏晉更流行，在「建安七子」之後成名的「竹林七賢」便是代表。比如其中的劉伶，跟禰衡是一個德性，他在司馬氏統治的時期，也是很混亂很黑暗的年代，爲了避免政治迫害，天天喝酒買醉裝糊塗，在家裡搞全裸。客人來了，問他怎麼不穿衣褲。他說，誰說我裸體呀，我以天地爲住宅，以房屋爲衣褲，你鑽到我褲襠裡幹什麼呀！

理解憤青有時候就能理解一個時代，憤怒之中隱含著時代的矛盾。因爲人，特別是心懷祖國的文化人，是不會無事憤怒的，敏感的心一定感受到了什麼！而那些嘲笑憤青的人，要嘛是這個社會的既得利益者，要嘛就是社會閒人：人世間潛藏的危機、貧富的分化、底層人民的權益誰來保護，關我屁事！

43. 吃飯問題

曹操部隊裡的青州軍，原來基本上都是農民，肚子餓壞了才去參加黃巾軍，所以在打仗上不太內行，種地水平比打仗要高出一籌，成了建設兵團的主力，為軍屯做了很大貢獻。

回到曹操這邊來。透過對這幾種人才的態度，可以看到曹操非常注重愛惜人才的形象，他寬容待士的名聲很快傳開。

雖然當時沒有新聞媒介和廣告，但人民群眾的口耳相傳和政策傳達力量是非常大的，賢士四方雲集，形勢大好。

曹操深深懂得事業是靠人才幹出來的這個道理。

但是，當時擺在曹操面前最大的一個危險，不是人才，也不是袁紹這樣的強豪力量，那是什麼呢？是饑餓。

常年戰亂，糧食匱乏，上至皇帝，下至死人，都嘗過餓肚子的滋味了。

袁紹的軍隊要靠吃桑椹來維持生活，袁術的軍隊要靠吃河裡貝殼來塡肚子，你說慘到什麼地步了。

曹操的軍隊好不到哪裡去，別看平時還有點餘糧來宴請賓客，要是不馬上解決糧食問題，軍隊崩潰近在咫尺。

軍事家、政治家和文學家曹操同志，這時候露出了經濟建設的才能，推行屯田制。這是個大手筆，簡直是救了軍隊救了許都，也爲日後的爭霸贏得了最大的資本。

像曹操這麼高級別的領導人，如果不懂得經濟，其他再牛也是白搭。

當時也有人向曹操建議井田制，就是把耕作者當奴隸來使，這種倒退歷史的做法被曹操否定了。

屯田分爲軍屯和民屯。

軍屯就是由部隊不打仗的時候來耕種，相當於建設兵團。曹操部隊裡的青州軍，原來基本上都是農民，肚子餓壞了才去參加黃巾軍，所以在打仗上不太內行，種地水平比打仗要高出一籌，成了建設兵團的主力，爲軍屯做了很大貢獻。

民屯是更重要的部分，招募流亡的難民和當地的老百姓來耕種。按照老辦法，你租了政府的耕牛，政府根據耕牛的數量來收租。但是把標準放在牛身上的方法並不牛，實施之後，屯田都尉農業部長棗祗看出弊端。這樣做，豐收了政府並不能多征，遇到水旱之災，政府還要減免，對國庫很不利。

棗祗提出承包土地的方式，把土地分給個人，按照收成的總量跟政府來分。具體就是你租用政府耕牛的，政府征你總量的六成；你用自己家耕牛的，政府跟你對半分。這個稅率看起來很苛刻，但是在兵荒馬亂的年代，老百姓連起碼的生活條件都沒有，現在政府能夠維護他們的生產環境，已經高興得不得了了。

棗祗的建議是對屯田制的一項改革，改革總是沒那麼順利的，帶來的利弊很多，具體方案討論得空前激烈，經常爭執，甚至連荀彧都提出不同想法。棗祗堅持己見，逐一反駁別人的想法，不這樣做死不甘休。曹操被棗祗的熱情和執著感動，給予極大的改革試驗的支持！

在許都附近的屯田區，棗祗第一年試驗便收穫一百萬斛，獲得空前成功。隨後在各州郡推廣，糧食問題不再成爲問題。

屯田制度同時也帶動了水利建設。在諸侯爭霸之際，能夠騰出手來搞這個，曹操可算唯一的一個。

可以看到，曹操團隊中人才的務實、專業、執著、敬業精神。而作爲團隊的首領，曹操在工作上不以自己喜好爲標準，基本上能做出正確判斷，隨機應變，給予手下充分的發展和發揮的空間。這樣素質的工作團隊，可以媲美於現代的成功企業，實力才能迅速增長！

對屯田貢獻最大的棗祇，在西元二〇一年就死了，其後由任峻主管屯田工作，又過了三年，任峻也死了。

曹操對這兩個人的死非常悲痛，痛哭流涕，他們對曹操事業做出的貢獻，絕對比打幾個大勝仗要多得多。

44. 找雞歷險記

曹操和鄒小姐在帳內邊喝酒邊玩節目，張繡叛變了，在兒子、侄子戰死的代價下，曹操總算撿回一條命。這次泡妞付出的代價之大真是前無古人後無來者呀。

挾天子後最主要的工作還是令諸侯，軍事擴充還是最迫切的。

曹操本來想先打徐州的呂布，但呂布正跟袁術兩狗相爭呢，而且還向曹操表示臣服的態度。這時剛好豫州的張繡駐紮宛城，得，這個地方離許都近，威脅更大，先把張繡搞掉再說吧。

張繡的來頭不小，他是西涼大將張濟的侄子。

張濟，是董卓的部下大將，當初和李傕、郭汜一起攻進長安，後者兩人內訌，張濟調解無效，得，不管了。由於饑荒，士兵肚子餓壞了，張濟帶著部隊離開長安地區，找吃的去，侵入荊州北部。

荊州是劉表的地盤，兩軍混戰，很不幸，張濟同志中了流箭，很不壯烈地犧牲了。張繡在叔叔的軍隊裡是建忠將軍，叔叔死後部隊自然由他來繼承率領。

這時候跑來一個很重要的人給張繡當謀士，他就是賈詡。原來說服李傕、郭汜進攻打回長安的就是他，但是李傕是個混混，不値得輔佐，賈詡也就到處瞎混，找不到合適的主，這時候主動聯繫張繡，張繡這裡也缺策劃謀士，就把賈詡請過來，以後張繡就不用動腦筋了，直接聽賈詡的。

賈詡過來第一件事促成張繡和劉表的和解。劉表這個人非常懂得仁義禮貌這一套。張濟一死，他手下的人都很高興，向劉表同志祝賀。劉表說，大家不要這麼高興，張濟同志是沒飯吃才過來，而我方的同志對他並不太禮貌，以至於交鋒打仗，這根本不是我的本意，所以各位可以來這裡弔孝，不能來祝賀呀！於是派人去問候，表示願意接納張濟的人馬。這是劉表治理荊州的一貫手段，主和不主戰，所以荊州的老百姓過得舒服點。

賈詡同志親自跑劉表這裡，促談和平，雙方達成諒解備忘錄。兩軍聯盟，讓張繡部隊駐紮宛城，也成爲劉表的北邊防禦。

宛城這個兵家之地，讓劉表舒服了，讓曹操卻很難受。它在許都西南不遠，像一把尖刀架在曹操屁股上。假如曹操往東去打徐州，那麼張繡隨手一捅，就可以把曹操的屎都捅出來。不行，必須先拔掉。

西元一九七年，曹操率領八萬兵馬，征討豫州，首當其衝就是張繡的宛城。這個氣勢比較嚇人，如果不聯合劉表，根本擋不住。可劉表是個討厭打仗的人，敵人沒把刀架脖子上，他是不會出手的。賈詡看到劉表沒有動手的意思，想出了一個世界上對付戰爭最好的辦法，投降。

曹操覺得很爽，把大軍紮營城外，帶領中軍人馬進城受降。張繡和賈詡很熱情，每天設宴招待，商量交接事宜，讓曹操一見如故，覺得不是來打仗，是來走親訪友喝酒吃肉來了。

這心情一放鬆，不免春心蕩漾，引起一段軍中風流事。

這個女主角是張濟的老婆鄒氏鄒小姐，張濟不是死了嗎？她成了年輕的小寡婦，但是這個小寡婦可不安靜，她姿色可人，據說是羌族美女，有異族情調，況且生活習慣又不是漢人提倡的三從四德，而是喜歡拋頭露面，在太太團裡騷名遠揚。

曹操有一天晚上喝醉了，色心大發，問左右，城裡有雞嗎？叫個過來！侄子曹安民說，昨天我看見一個女人晃來晃去，性感美艷，問了才知道是張濟的老婆。曹操說，那把她弄過來看看。

帶了過來，一看，靠，太漂亮了。曹操說，妳知道我是誰吧！鄒小姐說，知道，你就是大名鼎鼎、威名遠揚、我的景仰如綿綿江水滔滔不絕的曹丞相！

曹操耍流氓道，我就是因爲要妳，所以才接受張繡投降，不然肯定要滅妳九族的。今天晚上我們做些身體方面的交流，交流得好呢，我就帶妳回許都去過幸福而浪漫的生活。鄒小姐說，謝謝丞相，我已經好久沒有浪漫了。

鄒小姐大概覺得被這麼牛的人搞也是一件很幸福的事情，第二天就提醒曹操，在城裡搞很容易被張繡發現，會被人議論的。曹操就轉移戰場，弄到城外的營寨，每天晚上和鄒小姐切磋床上技戰術。

這事很快被張繡的家人知道了。張繡是個剛直嚴謹的將領，自己的兵馬投降了，還要附贈叔叔的老婆，怎麼對得起九泉之下的張濟呢？這是任何一個男人不能容忍的。張繡便跟賈詡說想背叛曹操，要不然嚥不下這口氣。

另外還有一件事，也讓張繡有殺曹操之心。張繡有個手下叫胡車兒，非常勇猛軍中第一，曹操很喜歡他，給予重金賞賜，讓張繡認爲曹操已經發覺自己不滿，想利用胡車兒來害自己，那還不如自己先下手爲強。

賈詡一想，也行，那就索性把曹操殺了吧，也許還可以鹹魚翻身，控制豫州乃至反攻兗州。

張繡跟曹操報告說，自己的部隊裡有人對投降行動不服，需要重新整編，曹操就叫侍衛長典韋協助工作。張繡開始偷偷調動反叛的人馬，並且在當晚設宴招待典韋，典韋喝得爛醉，睡在曹操帳外。二更時分，曹操和鄒小姐還在帳內邊喝酒邊玩節目呢，只聽得營帳外喊聲四起，曹操敏銳的頭腦在三秒之內就斷定張繡叛變了，趕緊高叫典韋快來救我。

典韋從醉夢中驚醒，來不及穿上盔甲，便率領侍衛軍，守住寨門。曹操大兒子曹昂和侄兒曹安民護送曹操，從後面倉皇逃走。

典韋實在是太勇猛了，張繡兵馬雖多，卻突破不了寨門。但他畢竟不是機器人，由於沒穿盔甲，身上被砍了十幾處傷口，終於沒力氣再揮舞他的八十斤重的雙戟，只好以短刀迎戰。

這時候他手下的士兵全部戰死，只剩下他一光桿司令，用短刀把刀刃都砍捲了之後，又夾起兩個敵人當工具使。此刻，筋疲力盡，動作遲緩，背上中了一槍後，大叫數聲，倒地而死。死得壯烈呀，叫人心驚膽顫，過了半晌沒動靜了，張繡士兵才敢上前，砍下他的首級，不砍下來還眞怕他復活！

曹操一行好不容易逃出，坐騎又中箭，差點摔一跟頭。曹昂是個好孩子呀，立刻把坐騎讓給父親，和曹安民組成敢死隊，和追兵浴血奮戰，好讓父親脫險。在兒子、侄子戰死的代價下，曹操總算撿回一條命。這次泡妞付出的代價之大眞是前無古人後無來者呀。

愛子慘死，而且是因爲老色鬼的好色，使得丁夫人悲痛欲絕，和曹操翻臉，自己回故鄉去住。曹昂不是丁夫人生了，而是二太太劉夫人生的，但劉夫人早死，丁夫人把他當成自己的兒子看待，對曹操非常不原諒。

丁夫人性格比較剛強賢慧，不時曹操就蠻怕她的，幾次去把她請回來都不行，死心跟老色鬼斷了夫妻緣分了。曹操沒辦法，只好把曹丕的生母卞氏立爲夫人，因爲一個男人家裡沒有大老婆就跟買了套房子沒有客廳一樣，名分上說不過去了。這也導致了後面的繼承問題，以後再說。

曹操逃回舞陰城，聽說典韋戰死，放聲大哭，知道是典韋的命換回自己的命，趕緊派人跟張繡談條件，換回典韋屍體，隆重安葬！

這下子根本就鬥志垮了，趕緊回家吧。

張繡聽說曹操要撤回許都，立即追擊到舞陰城。好在這時于禁等將領已經趕到，構築好防禦工事，奮力抵擋。曹操軍馬也從舞陰城裡殺出，把張繡打得一點便宜都沒占就大敗而回。

曹操在第一次討伐張繡失敗的總結會上，並沒有指出是自己好色的原因，細節決定成敗；而是說，這次失敗的原因是沒有取得張繡的人質，大家相信我，以後再也不會犯這樣的錯誤了。

可見他的性格，狡猾又不服輸，不願意讓自己的性格弱點被下屬抓在手裡。

45. 討張繡

曹操那顆巨大的野心克服了家庭的仇恨。他的政治家胸懷很快得到回報，張繡在官渡之戰中立下赫赫戰功，而賈詡，也在隨後屢獻佳計，立功無數。

這次征討張繡失敗，讓曹操丟了大部分的豫州領地。同年十一月第二次討伐，也沒有攻打下來，只是收復了舞陰城等，恢復到第一次討伐前的狀態。

第二年，也就是西元一九八年三月，四十四歲的曹操第三次征討張繡，不攻下來心病難除，心頭之恨更難消呀。由於宛城過於突出，這次張鏽把陣線退到西南八十里的穰城，這樣延長了曹操的軍糧補給線。

那麼戰鬥之前，先講講在路上曹操想自殺的一件事。這個時節麥子成熟了，不過老百姓看見又來軍隊，肯定又要踐踏一番，都逃之夭夭，不敢收割呀。

曹操這時候正式實行屯田，很重視農業，有感於老百姓的耕種連年被戰禍糟蹋，因此下命令，現在是麥子成熟時節，我們不得已出兵討逆賊，爲民除害，凡是過麥田，有人踐踏的，斬。

這下子大家都小心翼翼了。曹操正得意的時候，偏偏麥田裡飛出一隻什麼愛情鳥，把曹操的坐騎嚇了一跳，竄入麥田，踐踏了一大片呀！得，自己剛說要砍頭呢，總不能說我前幾天下的命令不算，應該從明天開始執行吧！

曹操把負責執行破壞紀律的主簿叫來，說我犯錯誤了，砍了我吧。

這可讓主簿爲難了，說這個軍令怎麼可以用在丞相身上呢？曹操說，我自己下的命令，我不遵守，怎麼能讓別人服氣呢？別廢話了，把刀給我，說著就要自殺。

這時還好腦袋絕頂聰明的郭嘉找到了台階，他攔住曹操說，我熟讀春秋，知道上面有說，法不加於尊，你是丞相，而且還統領大軍，當然是尊者，所以不能自殺，這不是我說的，是古代聖賢這麼規定的呀！

曹操說，既然古代聖賢這麼說了，我就不自殺了。雖然可以暫免死刑，但是我然後要割掉頭髮來代替。

於是他割下頭髮，傳達給軍營，說丞相踐踏了麥子，本來要砍頭，現在割髮來代替。全軍悚然，部隊紀律一下子提升了一大截，可見曹操治軍上的手段！

回到征討張繡上。張繡戰鬥力很強，加上又有劉表的幫助，骨頭難啃。隨軍的荀攸給曹操制定了長期對峙、伺機而動的保守戰略。荀攸想，張繡是寄居軍，糧草都要劉表供應，時間一長呀，劉表肯定無法忍受張繡軍隊的飯來張口，註定要有矛盾產生。而如果速戰，劉表肯定幫忙。

曹操也想保守戰略，但一方面自己的糧草供應也有問題，另一方面張繡耀武揚威的挑釁實在讓他受不了，不可忍受了，派許褚率領精兵，把穰城圍起來猛攻。這一猛攻，是讓張繡軍隊受到嚴重損失，卻把劉表的援軍吸引來了。劉表軍隊把曹操後路切斷，讓曹軍腹背受敵。這時候曹操才後悔不聽荀攸的話，人家當你謀士拿一你份工資可不是白吃飯的。

禍不單行，這時候老巢許都有危險了。危險來自何處？來自袁紹。袁紹這哥們看見曹操奉天子這一招還蠻成功，心裡有點後悔當初沒有早動手。現在曹操去打張繡了，謀士田豐趕緊跟袁紹說，我們趕緊去襲擊許都，把皇帝弄到自己手裡，平定天下就順理成章了。

曹操一聽到袁紹有這個想法，一身冷汗呀，畢竟有過老巢被人端掉的經歷。別忙乎了，趕緊回家吧。

不過，撤退可是一門戰爭藝術呀，曹操知道自己一撤軍，張繡和劉表肯定來追，所以要好好表現一下撤退的藝術，以顯示自己軍事才能很全面。

因此，他先給鎮守許都的荀彧寫了一封信說，我要撤退了，慢慢撤，一天就幾里，不過到了安衆，我肯定要讓張繡大敗一回。

張繡和劉表追到安衆這個地方，佔據險要之處，對曹操前後夾攻，逼入險境。曹操在夜裡偷偷地挖地道，讓輜重車輛先通過，然後將軍隊埋伏起來。第二天起來，張繡見曹營空空如也，又見地上車輛，料定從地道逃走，率全軍猛追，因爲打敵人屁股是最好打的姿勢。卻不料，側面埋伏騎兵如天兵來臨，打得張繡劉表措手不及，地道裡曹軍步兵又掩殺過來，大破張繡劉表！

後來荀彧問曹操，說你怎麼會料到必然大破敵軍！曹操說，他們兩股力量將我逼如絕境，我方士兵只有戰勝才有出路，這時候肯定能打勝仗！

張繡大敗回來，對賈詡說，眞後悔不聽你的話！原來之前賈詡叫他別追曹操，追必失敗，現在被賈詡說中了，不能不服呀。

賈詡說，那你現在再追一次，一定能勝利。張繡道，老兄，你不是發燒吧？我不聽你的話亂追，追出一場失敗，現在還讓我追，不會是玩我吧！

賈詡說，你追了就知道了。有神機妙算在前，張繡不能不聽，又收拾殘兵追趕，嘿，神了，居然在曹操屁股後打了一場勝仗，挽回了點面子。張繡很高興地回來，說，我用精兵追趕曹操，被打個措手不及，我用敗兵再追趕，結果就贏了，這是怎麼回事，快揭開謎底，讀者都等來不及了。

賈詡回道，這很容易理解，曹操跟你打仗，並沒有失策卻撤退，肯定是老巢有敵人，他必定親自斷後，不會全力撤退；你雖然很勇猛，卻不是曹操的對手。而他打敗你之後，必定快速回家，留其他將領斷後，其他的將領就不是你的對手了，所以才會被你打屁股！張繡稱讚道，你牛，偶像！

三次征討張繡，互有勝負，並沒有把張繡打垮，雙方在豫州地區就這麼僵著。又過了一年，也就是西元一九九年十一月，曹操要和袁紹進行官渡大戰，決定誰是天下第一的前夕，情況發生了變化，張繡居然投降曹操了。

這是不共戴天的仇人呀，怎麼會和平聯盟呢？

這又是賈詡的一次重要策劃。官渡大戰前夕，袁紹也想把張繡拉到自己一邊，便派使者來拉攏張繡賈詡。賈詡當著使者的面子說，袁紹連自己的兄弟都不容，如何能容天下之士呀！表示嚴重拒絕。

張繡嚇了一跳，趕緊打圓場，說賈老兄今天脾氣不太好，請原諒呀。使者走了以後，張繡問，不跟袁紹，那跟誰呀？賈詡說，不如跟曹操！

張繡說，不會吧？老兄，我手上有曹操的血債呀，況且現在袁紹比曹操要強很多，眼睛瞎了也能看出來呀！

賈詡分析道，曹操奉天子以令諸侯，有道義優勢，這是理由一；袁紹勢力強盛，我們這麼少兵力歸順他，他也不當回事；曹操勢力弱，必然會看重我們的力量，這是理由二；曹操有霸王之志，如果歸順他，必然不計個人恩怨，天下都知道他這個人心胸廣大，對他也是個廣告，他一貫喜歡這麼做，這是理由三！

賈詡馬上去做調和事宜，工作很順利。一九九年十一月，張繡第二次投降曹操，曹操非常歡迎，拉著張繡的手，根本不提過去的事，拜爲揚武將軍，讓自己兒子娶張繡女兒做老婆。他還拉著賈詡的手說，是你，讓我信義傳遍天下呀！推薦賈詡當執金吾，封都亭侯。

曹操那顆巨大的野心克服了家庭的仇恨。他的政治家胸懷很快得到回報，張繡在官渡之戰中立下赫赫戰功，而賈詡，也在隨後屢獻佳計，立功無數。

46. 袁術鬱悶死

猴急地穿龍袍的偽皇帝袁術想了半天，思考了一下自己的人生，居然沒想通，大叫一聲，我操，我操，我怎麼會混到這個地步呀！吐出一斗血，一頭倒在床下死去。

在征討張繡的過程中，曹操也沒忘記收拾袁術和呂布，這些都是他要往北對抗袁紹的時候，在屁股後面搗亂的力量，計劃中必須先消滅。

但是沒等曹操動手，袁術先發飆了。

西元一九七年，袁術居然在壽春稱帝了，設了文武百官，還搞了祭祀天地的儀式，很像那麼回事，與許都政權分庭抗禮。這哥們想當皇帝不是一天兩天了，爲什麼選在這個時候來搞呢？因爲此時正是第一次征討張繡失敗，曹操形象大跌，讓袁術覺得他不過爾爾，所以敢當出頭鳥。

袁術雖然成爲衆矢之的，但打袁術的任務第一個落到曹操頭上，因爲你奉戴天子，還身爲丞相，打擊僞政府不靠你還靠誰呀？曹操決定在打擊之前先孤立袁術的力量。呂布不是跟袁術結盟嗎？先分化他們。

先給呂布一個榮譽稱號，左將軍，給了一塊金印，附上言辭懇切的親筆信。呂布這種好大喜功的人怎麼會不接受呢？

他雖然跟袁術有姻親關係，但對於袁術稱帝，大逆不道的事，也不敢支援呀！很快就投到曹操這邊，叫陳登代他去許都謝恩。

陳登這個人必須交代一下，他是沛縣相陳圭的兒子。父子倆有智謀，在徐州也很有聲望，都是劉備的死黨，當年劉備能接過徐州牧，他們功勞很大。現在徐州被呂布奪取，他們表面爲呂布服務，實際上都想幫助劉備。

他正想去曹操那邊商量怎麼除掉呂布，剛好呂布派他去答謝曹操，搭了一趟巨順風的車。

陳登來到曹操這邊，對曹操說，呂布這種人反覆無常，早該除掉了。曹操說，我知道，呂布那邊的事情，就委託你們父子了。意思是他現在忙著搞袁術，呂布那邊叫陳登父子盯著，找機會幹掉。

曹操給陳圭加薪俸二千石，拜陳登爲廣陵太守，而呂布本來想得到正式的徐州牧稱號，卻沒有。呂布發怒了，說，他娘的，你父親勸我斷了和袁術的關係，結盟曹操，現在你們父子升官加薪了，我卻一個子兒也沒撈著，你們是不是出賣我了？

陳登不慌不忙地說，我去見曹公，對他說，對待呂將軍就得跟養老虎一樣，必須拿肉來餵飽，要不然會咬人的。曹公卻認爲我的比喻不恰當，說養將軍如同養鷹，必須時時餓著，才能爲我效力，什麼都滿足他，他就會飛跑了。

這個話意思是曹操故意沒有正式任命，卻非常重視他，呂布就相信了。

袁術一見呂布跟曹操搞在一起，還把自己派去結親的使者處理了，鼻子都氣歪了。原來袁術早先爲了拉攏呂布，替自己的兒子跟呂布的女兒提親，自己稱帝後，派使者去把他女兒娶過來，說可以來當王妃了。

這事被陳圭阻擋住了，他勸呂布別跟袁術混在一起遺臭萬年，把女兒從半道上追回來，把使者送到許都，被曹操殺了。

心高氣傲的袁術哪容得了這般屈辱，派遣大將張勳、橋蕤，率領數萬兵馬，兵分七路，直攻呂布。這個部隊呢，還聯合了楊奉、韓暹的部隊，這兩人原來被曹操打敗後投靠了袁術，駐紮在淮南。

呂布一看陣勢，頭疼了，因為他只有兵三千，馬匹四百，光被人踩就可以踩死。好在陳圭足智多謀，看出袁術部隊看似強大，實際上散沙一盤，有機可乘的。他用計成功地策反楊奉、韓暹，使他們掉轉方向，配合呂布來打張勳。這一加一減，楊勳大敗，落荒而逃。呂布聯合楊奉、韓暹，水陸並進，直搗袁術老巢。袁術自己帶著五千兵馬，退守淮水南岸，與呂布軍隊隔水對峙。這一仗，先讓袁術實力大減，當皇帝的老本差點丟光。

這個時候，曹操開始打袁術了，西元一九七年九月，也即是第二次討伐張繡的前夕，曹操率軍過來了。袁術見識過曹操的厲害，上次被狂追猛打還記憶猶新，這次都被呂布打虛脫的情況下怎麼還敢跟曹操拼呢？三十六計走為上，率領主力往東南方向跑了，只留下橋蕤據守蘄陽，應付曹操。

橋蕤等袁術一走，也採取逃跑政策，主動放棄蘄陽，率軍往南邊跑，但一方面他跑得沒袁術快，另一方面曹操追打敵人很有一手，都是以世界紀錄的速度追，很快趕上橋蕤軍團並迅速擊潰，橋蕤同志一命嗚呼，臨死前他懂得了一個眞理：逃命的時候不追求速度是很要命的。

袁術這一敗走，又遇旱災土地歉收，加上大逆不道衆叛親離，基本上達到永久性陽痿的地步。其後雖然還有跟呂布再聯合，乃至想投靠袁紹，基本上都是小打小鬧，不成氣候。兩年之後，也就是一九九年的夏天，他自己覺得戴著皇帝的帽子過著乞丐的日子，實在是沒意思，也知道皇帝的位子肯定是保不住了，但是他腦袋一根筋就認爲袁氏就是應該出皇帝，所以他曾寫信給他哥哥袁紹，希望把帝號轉讓給他，不需要轉讓費。

他說，天下亂到這個地步，跟戰國七雄那個時代無異，只有強者才能改朝換代，獨尊爲王，我們袁家是理所當然得到這個位子的。現在你擁有四個州郡，人口百萬，沒有人能跟你一爭長短，而曹操奉戴天子，想讓衰微的漢家王朝再起死回生，這是不可能的。這個偉大的任務，就交給你啦！

這時的袁紹，雖然不可能像他弟弟一樣猴急地穿龍袍，但心裡也默認這個想法，等待時機吧！

此時袁術就燒了宮殿，投奔他的部下雷薄、陳蘭，可是連部下也拒絕接納他了，眞是不要命的狼狽。僞皇帝袁術無家可歸，想到北邊去投靠他的侄子袁譚，要經過徐州的下邳，曹操派劉備和朱靈去阻擋，留下買路錢也不讓過。

袁術沒轍，只好又回到壽春，路上沒剩下幾個人，糧盡彈絕，到了江亭，也就是還有八十里達到壽春的地方，肚子餓了，問廚師，什麼東西弄點給我吃。

廚師說，沒什麼可吃的，只剩下麥屑三十斛了。這時候是盛暑，既然沒吃的了，袁術想點飲料，說，那就給我泡杯蜜水吧，再擱兩冰塊！廚師說，白開水都沒有了，哪裡還有蜜水！

這時候如果改行當乞丐也許日子還能過得下去，可是袁術想了半天，思考了一下自己的人生，居然沒想通，大叫一聲，我操，我怎麼會混到這個地步呀！吐出一斗血，一頭倒在床下死去。

是的，一個王侯貴族怎麼會混到這步田地呢？他到死沒想明白，自己死在自負上，把自己的一廂情願當成上天的旨意，一頭鑽進牛角尖悶死！

47. 陳登賣呂布

曹操與呂布決戰！這個時候，被曹操安插在呂布身邊的地雷陳登大顯身手了。呂布肺都氣炸了，姓陳的，我抓到你非把舌頭割下來給狗吃！

再說曹操打完了袁術，就去第二次征討張繡了。這時候，呂布卻來騷擾了，進犯豫州曹操的地盤。

呂布不是跟曹操同穿一條褲子的嗎？同穿褲子根本沒用！玩政治，玩的就是變臉。原來袁術被曹操打敗後，又一次疏通呂布，說你看曹操把我打敗了，沒有我的牽制，你也危險了，咱們還是合夥搞曹操吧！

呂布一看地圖，是呀，曹操擺平南邊袁術，再擺平西邊張繡，下一步肯定就收拾東邊呂布了。袁術呂布兩哥們跟小孩子過家家一樣，前面打了一架，現在又蜜在一起。呂布在袁術的慫恿下，派兩個大將高順和張遼，去攻打沛縣。沛縣是劉備把守，他投奔曹操後，曹操安排他駐守在這裡，牽制呂布的行動。曹操派夏侯惇過來救援，被高順打敗了，都說了，劉備的特長是打敗仗，所以只好棄城撤退，往豫州西北重新部署防線。

曹操第二次出征剛剛打敗張繡和劉表，但並沒有打垮，回到許都，一看形勢不妙。爲什麼？這個時候居然四面都有敵人在威脅呀。東邊的呂布，以及東北邊青州小軍團臧霸、孫觀等在響應呂布號召，兗州危險。南邊袁術要是有便宜可佔肯定也來湊熱鬧，西邊劉表、張繡壓根就沒修理乾淨，背面袁紹虎視眈眈，靜觀其變。這種形勢，讓人怎麼活呀！

趕緊召開緊急軍事會議，是你們展示戰略才華的時候了。幾乎所有的將領都提出守的戰略，四面分別派重兵把守，哪邊來犯哪邊擋住。這時荀攸展現了他深刻的形勢判斷，主張反攻爲守，聯合劉備，重點打擊呂布，一舉消滅。

爲什麼呢？第一，袁紹在北方，對袁術和呂布一向沒什麼好感，絕對不會配合夾擊我們；第二，劉表和張繡剛剛被打敗，即使他們主動進攻，我們只要在邊境守住就行；第三，呂布和袁術反覆無常，沒有眞正的哥們義氣，他們的結盟只會打順風仗，如果讓他們造勢成功，那麼青州、徐州、揚州三股力量可能會擰成一股繩威脅我們，這樣比較危險，那麼應該趁他們沒有形成連勢的時候，全力打死呂布，其他兩股力量也就無所作爲了。

曹操說，有道理，就這麼幹。留下曹洪在西邊防止張繡，率領荀攸、郭嘉等謀士往東，和劉備、夏侯惇軍隊會合，在彭城與呂布決戰！

曹操總是喜歡在決戰前搞些偷襲的把戲，這次也不例外。他讓劉備和曹仁僞裝成主力部隊，在彭城裝作攻擊沛縣的樣子，自己偷偷帶領主力，快速去東北面先撈一票，把青州來犯的孫觀、尹禮的軍團給擊潰，這樣避免了東北面跟呂布的合攻之勢。這事幹得眞快，呂布發覺的時候，曹操已經回來了，大舉進攻沛縣。

而袁術看到三面包抄的形勢已經被打破，也就不太有熱情湊份子了。這一切都在荀攸的預料之中。

這個時候，被曹操安插在呂布身邊的地雷陳登大顯身手了。

當初他從曹操那邊回來時，曹操曾經對他說，兄弟呀，東邊的事情就看你的了，陳登滿口答應。而他隨呂布出軍時，他老爹陳圭也提醒他，曹操曾經跟你說東邊之事盡託付給你，現在時機到了，你可要把握機會呀！

陳登說，你放心吧，外邊的事情我都能搞定，你這邊只要和糜竺守住徐州城，如果呂布敗退，你不要放他進來就可以。

陳圭說，可是呂布的妻小以及近衛軍在徐州城，我們要反呂布也不容易呀。陳登說，你放心吧，我自有安排。

他先跟呂布說，曹操這次來得很凶，徐州城很危險，不如把妻小錢糧轉到下邳去，安全一點。呂布碰到陳登這種頭腦靈活的人，相當於被人賣了還替人數錢，他一聽，有道理呀，把老婆藏好很重要，那麼漂亮的老婆被曹操看見了肯定被佔便宜的，就派親信宋憲、魏續把妻小包括保護家屬的近衛軍都轉移到下邳。這一招用來幹嘛？讓隨後陳圭很容易就掌控徐州城背叛呂布。

當時呂布那邊的防守形勢是，陳宮守東北邊的蕭關；高順和張遼守住沛縣，呂布率領主力軍前來支援；陳圭守徐州城。陳登就是要使一個計謀，讓呂布把這三個地方都丟掉，退回到他的基地下邳。

在呂布軍隊往沛縣的路上，陳登使出第二招詭計。他向呂布建議，由他去通知陳宮和高順，在呂布部隊達到時候，舉火爲號，內外同時反攻，打敗曹操。呂布就放慢行軍速度，派陳登去聯繫工作。

陳登這時候腳快，一溜煙先跑到曹操陣營，約定一看到火起就襲擊蕭關。曹操這邊佈置完了，他就來騙陳宮了，傍晚十分，他到蕭關跟陳宮說，曹操抄小路直接攻打徐州城了，呂布已經率領主力退守徐州城，蕭關已經成爲孤城，守著沒用了，趕緊去徐州城幫助呂布吧！

因爲陳登手上有呂布的軍令，陳宮不能不信，慌亂中只好連夜放棄蕭關，引軍往徐州城方向撤退。

陳登同志沒走，他在蕭關上放了一把火，呂布一看火起，馬上向蕭關進攻，黑暗之中剛好跟陳宮的部隊碰上，大水沖了龍王廟，一場自相殘殺，死傷不計其數。駐守附近的曹軍沒有跟著去戰鬥，而是跑上來佔領了蕭關。

呂布打著打著，不對，碰到陳宮同志，娘的，原來是自己人。再一看，蕭關已經被曹軍佔領了。兩個難兄難弟只好率領打剩的部隊回徐州城，開門，老子回來了！但是城門不開，已經被糜竺接管了。

呂布叫道，陳圭，你出來！糜竺在城頭回道，別叫了，陳圭已經被我殺了，徐州城現在歸奉朝廷，呂將軍你就到別的地兒去吧！呂布這時候急忙找陳登，嘿，人影都沒見著，才知道被這詭計多端的父子給賣了。

陳宮建議，我們就合兵去守住沛縣吧！於是率領部隊又往沛縣走，半道上，卻碰見高順和張遼率領部隊匆匆而來。

呂布驚問，怎麼啦你們，不守沛縣跑這邊來幹嘛呀？高順說，陳登拿著你的軍令說徐州城危機，叫我們趕緊過來救援呀！

呂布肺都氣炸了，姓陳的，我抓到你非把舌頭割下來給狗吃！急忙回沛縣一看，城頭已經插上了曹仁的旗子。正在上火想反攻的時候，曹操率領大軍過來了，呂布一看，打不過，跑吧，火速撤退到下邳！

48. 白門樓殺呂布

曹操問劉備，劉備說，你不記得丁原、董卓的下場嗎？曹操一下子醒悟，說，那還是拉下去勒死吧！呂布被拉走時大罵劉備，你他媽的是天下最沒有信義的小人！

前面說過，陳圭父子在徐州很有聲望，在他們的忽悠下，所有郡縣幾乎都倒戈，呂布把守的下邳成爲孤城，同時也聚集著呂布的所有力量。呂布率兵幾次來對拼，都被曹操打回去。

那麼，如何攻打下邳城，是個問題。程昱提出誘降的方針，爲什麼呢？因爲如果逼得太急的話，呂布勢必會死戰突圍，投奔袁術，如果讓他們聯合起來，死灰復燃，到時候平定東南又是一大麻煩！如果誘降戰術，讓他們意志鬆懈，再派遣有獨立作戰能力的部隊切斷他和袁術的聯繫，這樣拿下的可行性比較大。

曹操馬上派劉備部隊駐守淮泗間，切斷了和袁術來往的路線。然後送招降書給呂布，歡迎投降。呂布是個機會主義，覺得投降也蠻有前途的，便想和曹操談判。但是陳宮堅決反對，他當初背叛曹操很徹底，根本就沒有想過吃回頭草。

他給呂布出主意，說，曹操遠道而來，這時候寒冬快到了，糧草必然不能供應太久，將軍你引軍在下邳城外佈陣，我和高順守城，互爲犄角救應，這樣堅持十天，曹操就會知難而退了。

呂布覺得有道理，結果跟老婆告別的時候，老婆不同意了。他的老婆嚴氏擔心呂布一去，把自己丟了完蛋了，她勸誡呂布道，陳宮和高順一向關係不好，能不能守得住城是個問題，萬一守不住，你出城容易進城可就難了，這是其一。其二呢，曹操當初對待陳宮，是骨肉之情，可是陳宮卻背叛了他；將軍你跟陳宮的關係，不會比曹操跟他的關係深吧？你把我託付給他們，只怕一旦有變化，我就不可能是將軍你的老婆了！

呂布這顆豬腦袋又覺得老婆的話蠻有道理。陳宮又想一計策，說曹操軍糧很少了，正派人去許都取呢，你出去截斷他的糧道，肯定讓曹軍崩潰。

但是這個主意又被呂布老婆擋住，不敢出去。陳宮感歎道，跟著呂布這種畜生，我要死無葬身之地了。

呂布放棄了出城的計劃，也不投降，那只好派人向袁術求救。

袁術本來對他就一肚子氣，再說也打不過曹操，怎麼肯來送死呢？只是看在結盟的份上，整頓兵馬，遙做呼應而已。

呂布豬腦袋想，這小子不來幫我，肯定是氣我當初不把女兒嫁過去，於是仗著自己武功好，趁著夜色把女兒綁在身後，決定突圍出去，用女兒換救兵。曹軍可不憐香惜玉，一陣亂箭，又把呂布射了回來。

曹操這邊久攻不下，糧草缺乏，士氣也相當低落，心想先回兗州等春暖花開再來攻打。但是郭嘉和荀攸極力反對，郭嘉是這麼認爲的，呂布有勇無謀，陳宮謀略遲疑，目前呂布已經被打得全無鬥志，趁著陳宮的計謀還沒有定，應該全力猛攻，可以把他們擊潰。這時候拼的是誰能扛，要是自己扛不下去，只能失去機會，以後要除掉就更麻煩了。

曹操下令，把泗水引到下邳城。下邳對外交通完全斷絕，被困幾個月後，人心渙散，呂布也意志消沉，整天跟老婆一起廝混澆愁。下邳城完全成爲空中樓閣，此時雙方已經在拼餓肚子的耐力了。呂布聽從陳宮建議，下令全軍勒緊褲腰帶，不准再擺酒席開派對，等待曹操扛不住了撤軍。

此時發生了一件細節決定成敗的事。守城將領侯成被偷盜了十五匹馬，後來追回來了，很高興，朋友們帶了禮物來祝賀。侯成想擺個酒席答謝一下，但又怕違反禁酒令，就先送了幾瓶給呂布。

呂布正煩著呢，說，你有病呀，我剛下禁令，你就拿酒給我，不是跟我對著幹嗎？斬了！好在侯成的哥們還挺講義氣的，宋憲、魏續等人聯名苦苦求情，才死罪免過，活罪難饒，重打五十杖，打得像個殘疾人！

從閻王爺那邊逃回來的侯成躺在家裡，衆朋友前來探視，都說呂布這鳥人，就聽老婆的話，把手下太不當人了。我們在這裡也是等死，不如把他抓了獻給曹公得了。探病變成叛變會議。

十二月初，侯成首先反叛，宋憲、魏續回應，西門和北門被曹軍攻破，陳宮和高順被逮住。呂布和部下退到南門，也就是白門樓，和曹軍巷戰肉搏，眼看扛不住，呂布對左右說，算了算了，你們砍了我頭去向曹操請功吧！左右不忍，帶著呂布大步投降而來，被曹軍捆成一團，帶給曹操處置。

白門樓上，一干敗將被押過來，呂布一見到曹操，就說，老兄，綁太緊了，鬆點兒！曹操笑道，綁老虎不能不緊點呀！呂布看見侯成、宋憲等叛將站在曹操身邊，責問道，你們幾個，我平時對你們不錯呀，怎麼忍心叛變我！宋憲說，整天聽老婆話，不聽將領計謀，怎麼叫不錯？呂布一時啞口無言！

這時高順被押過來，曹操問，你有什麼可說的。

高順不說話，曹操一怒之下下令殺了。

下一個，陳宮被押過來。曹操諷刺道，兄台別來無恙！陳宮說，少來這一套，你心術不正，所以我當初才背棄你！曹操問，我心術不正，你又怎麼幫上呂布啦？陳宮說，呂布無謀，但不像你那麼奸詐狡猾！曹操問，你號稱足智多謀，現在又怎麼樣！陳宮回道，恨呂布不聽我話，早聽我的，未必能被抓！

曹操說，那你就說今天怎麼辦吧！陳宮回道，沒什麼可說的，今天就死吧！曹操說，允許你死，那麼你老母妻兒我該怎麼處置呢？陳宮臨死倒出一堆理論說，我聽說以孝道治理天下的不殺人親屬，以仁政施行於天下的不斷人子孫，我老母妻兒的性命，全在曹先生你的手上。我既然被抓了，就想馬上死，拜拜！自己跑下樓去，奔向斷頭台，攔都攔不住。

曹操起身，跟在後面送他，眼淚都流下來呀，眞的很想留住這人的性命，可是他頭也不回，脖子伸到鍘刀下，堅決地走向鬼門關，閻王爺都沒辦法呀！

曹操吩咐左右，那陳宮妻兒老母送回許都養老，給予優厚待遇；把陳宮屍體帶回許都，給予厚葬！

曹操送陳宮下樓時，呂布對劉備說，你現在是座上客，我是階下囚，怎麼都不吭一聲幫幫呀！劉備點了點頭，意思是說知道了，一會兒就幫你一把。

呂布這下底氣很足，見曹操回來，馬上對著曹操吹牛皮道，你老人家最擔心的不就是我呂布嗎？現在我已經服你了，如果當你的副手，天下很快就可以搞定啦！

曹操覺得蠻有道理的，轉頭問劉備，你覺得這哥們說得怎麼樣？劉備說，你不記得丁原、董卓的下場嗎？

曹操一下子醒悟，說，那還是拉下去勒死吧！呂布被拉走時大罵劉備，你他媽的是天下最沒有信義的小人！

呂布此人最大特點是反覆無常，忘恩負義，最後就死在這個人格缺陷上。所謂性格決定命運之典型。

後人感歎劉備，既然知道呂布是傷人餓虎，爲什麼不把他放在曹操身邊，免得以後曹操成爲大敵？可是此刻，三國鼎立之局勢八字還沒一撇，劉備又怎麼會料到呢？他如果有這樣神機妙算，又借刀殺人，這倒眞可以當天下最奸之人了。

反過來，如果曹操知道劉備日後這麼牛，又怎麼會放過他呢？所謂世事如棋局，變化無窮，從結果來推想，基本上水中撈月、杞人憂天。

呂布的部將張遼，曹操珍惜他的勇敢忠義，收服了他，拜爲中郎將，成爲帳下一名驍將。又讓他找青州軍臧霸來投降。臧霸見呂布已死，張遼已降，投誠曹操顯然是最好的出路，他自己又招降了尹禮、孫觀等人，並守住青州。

臧霸手下有徐翕、毛暉二人，是當年背叛曹操投靠呂布的兩個傢伙，曹操心裡還有恨呢，要臧霸取這兩人的首級過來。這事他叫劉備去辦，臧霸就跟劉備說，我之所以能在混山東，全靠遵守信義呀，本來曹公的命令我不該違抗，可是這麼做我違背信義，無法在這個地方立足，請你代我好言推辭吧！

劉備回來報告給曹操，曹操感歎臧霸是個講究信用的人，不再追究，眞是與呂布的性格相反呀！

後來，曹操與袁紹的對抗中，臧霸守住青州防線，阻擋了袁紹大軍入侵。

曹操用人之際，允許投降是一項政策，屬於諸侯之間的跳槽。但是投降的人靠譜不靠譜，得有一個忠誠度來考核，像臧霸、張遼等，從平時表現來看，忠誠度是比較高的，對他們招降是正常跳槽的一種方式；而呂布這種人，忠誠度在及格線以下，雖然技術含量高，但是很有可能變成害群之馬，能量越大，將來反目的時候破壞性更強，所以不允許投降。在曹操這樣的領袖心裡，應該要有本帳，是將來分配任務的一個依據。

在攻打下邳期間有個小插曲，大概可改變世人對關羽的印象。關羽曾經對曹操有個小小的請求，就是希望下邳城攻打下來後，允許曹操把秦宜祿的老婆杜氏發給自己做女人。秦宜祿是何人？是呂布手下的官，呂布派他去袁術那邊聯絡，結果他被袁術留下來，還把漢宗室的女兒嫁給他，他的原配夫人杜氏留在下邳。

也不知道關羽從什麼渠道瞭解到這個女人，一心一意想得到。曹操想，不就是一女人，是別人的老婆又不是我的老婆，借花獻佛，小菜一碟，便答應了。

偏偏關羽特別上心，在即將攻打下下邳時，屢次提醒曹操這個事。這下讓曹操這個色鬼警覺了，是什麼貨色讓關羽這麼著迷呀？結果破了下邳城之後，在給關羽之前先把杜氏叫過來看看，一看，太漂亮了，名不虛傳，收到自己床上去了。關羽當然相當的失望。

這件事跟本書中所有的情節一樣，都是根據可信的史書來的，絕非為了譁衆取寵而從野史怪談中信手拈來。這個細節說明，關羽不是神，也是人，是完整的男人，有爲情所困的一面。關於關羽的愛情與婚姻，在史書上再無記載，不過可以肯定的是，在女色上，他還是比較專情，絕非像曹操那樣見到漂亮的就往床上搬。

至於秦宜祿這個人，不久就歸順曹操，曹操任他爲銍縣令（今安徽宿縣西）。後來，劉備跟曹操掰了，佔領徐州，殺了車冑，張飛隨劉備到小沛，經過銍縣，張飛對秦宜祿說，曹操占了你的老婆，你還有臉做他的縣長，還是跟我走吧！秦宜祿跟張飛走了一程，後悔想回去，就讓張飛殺了。

秦宜祿的兒子秦朗後來一直養在曹操身邊，很受寵愛。曹操常對人說，世界上沒有人愛乾兒子能愛到我這個地步。後來秦朗一直官運亨通，做了很大的官，託乾爹的福，比親爹要有出息多了。

第8章 巔峰決戰

曹操很快就進入亢奮狀態，為大家鼓舞士氣，說明了袁紹的劣勢和自己的優勢，結果把大家都忽悠得興奮了。要是信心問題沒有解決，相當於帶著一群縮頭縮腦的烏龜那還怎麼玩呀？

49. 煮酒論嚇破膽英雄

劉備身懷秘密任務，有一天種菜的時候，突然曹操請他去相府一坐。劉備一驚，我靠，難道裝農民裝得不像，被發現了?沒有辦法，只好惶恐不安地過去，不知道曹操耍什麼花招呀！

曹操從征戰的歷險中撿回一條老命，回到許都，一場巨大的謀殺等待著他。發起這個陰謀的人，是漢獻帝。

漢獻帝餓著肚子剛到許都的時候，從窮困潦倒到有吃有喝，那時候跟曹操關係還不錯。不過，隨著曹操越來越霸道，自己表面上受到百官朝拜，私底卻受曹操的牽制，心裡越來越不平衡了，畢竟這時候他十幾快二十了，自我意識加強，個性逐漸形成，也有一定的行動力。這種情況也被官員們看在眼裡，記在心上，曹操集團和朝廷官員的矛盾也在逐步升級。

如此漢獻帝身邊就圍了一圈反曹派，反曹派的領袖是伏皇后的父親國丈伏完，不過他沒有兵權，獻帝要把任務安排給一個有實權的人，這個人就是國舅董承。建安四年，也就是一九九年，獻帝爲了削弱曹操的權力，封董承爲車騎將軍，本來這個位子的權力是曹操兼著的，這樣兩派的矛盾更加升級。曹操咄咄逼人，獻帝終於受不了了，發給董承一份自己親手寫的密令，讓他聯合意氣相投的人，謀殺曹操！

董承開始拉人了，先是自己軍團裡的實力派將軍王服，兩人商量了一下，又拉了長水校尉种輯、和議郎吳碩，形成一個秘密恐怖小組。不過，這個恐怖小組不太恐怖，都是自己人，跟曹操集團沒什麼聯繫，要實施暗殺，難度係數相當大。必須拉一個跟曹操混在一塊但又不是曹操心腹的人，這樣有利於佈置行動。

於是，他們盯上了劉備。

且說劉備跟著曹操殺了呂布佔領徐州，也算立了功勞，徐州人民希望劉備重新當徐州第一把手，但曹操說，劉備先跟我回朝廷去領賞吧，派車胄當了徐州刺史。爲什麼這樣做？因爲劉備雖然和曹操關係還不錯，但基本屬於表面關係，把一個州的統治權給他絕對不可能的。其次呢，把劉備帶回去，可以控制，可以拉攏，曹操還是很想把他變成自己的棋子。

劉備跟著曹操回來，見了漢獻帝，會了會遠親，居然是叔侄輩，劉備就有了劉皇叔之稱。這個稱號可以爲他對抗曹操做很好的心理暗示。

董承試探了劉備幾次，然後把皇帝的血淚詔給他看，裡面痛訴了曹操專權欺君的罪惡、皇帝的痛苦，以及搞掉曹操的決心。帶著痛苦寫出來的文章，感染力一定不錯，劉皇叔同志一看，情緒也相當激動，行，我也湊一份子，於是加入了暗殺小組，儘管這時候曹操同志還蠻關照他的。

劉備身懷秘密任務，所以行動上要更隱密，每天就在自己的後院種菜，好像當個專業農民才是他的遠大志向。有一天種菜的時候，突然曹操請他去相府一坐。劉備一驚，我靠，難道裝農民裝得不像，被發現了？沒有辦法，只好惶恐不安地過去，不知道曹操耍什麼花招呀！

曹操一見劉備，就笑著說，你躲在家裡幹大事呀！劉備覺得胸口一動，一看，心臟已經跳出來了。還好曹操沒有叫左右，把這個叛賊給拿下，而是很熱情，拉著劉備的手進入後花園，問，聽說你最近迷上了種菜，修練到這個境界不容易呀！

劉備眞不知道他葫蘆裡賣什麼藥，只好把心臟放回原處，回答道，也不是修練什麼啦，就是沒事打發時間而已。

曹操很得意地說道，剛才看見樹上梅子青青，想起當年長途追襲袁術，士兵們口乾舌燥，要走不動了，我靈機一動，用馬鞭指著遠方說，前方有梅子林，一個個頓時大流口水，精神大振。能把袁術打得哭爹喊娘，還多虧我當年的妙計，今天看到這些梅子，又煮了些好酒，所以請你過來喝酒侃大山呀！

劉備也不知是眞是假，在亭子裡很開心地和曹操哥倆好呀六六順，心裡可緊張著呢。喝了一半，天色驟變，烏雲翻滾，形狀萬千，或像獅虎，或像龍蛇，或像馬克思，或像魯迅。

曹操指著龍形烏雲問劉備，你知道龍的變化嗎？劉備說，還眞不知道。曹操說，龍能大能小，能升能隱。大的時候呑雲吐霧鋪天蓋地，小的時候跟精子一樣小看不見，升的時候像太空梭呼嘯在宇宙之間，隱的時候潛伏在雲海之中跟孫子似的。現在暮春，正是龍要威能的時候，變化多端，就跟人志滿躊躇時縱橫四海一樣。龍這個東西呀，可比人類的英雄呀。劉兄你走江湖也走了不少地方了，必然知道當世誰是英雄，請舉例給我聽聽！

劉備裝傻道，我眼神很一般呀，還眞看不出誰是英雄！

曹操道，不要那麼謙虛！

劉備說，現在你庇護著我，在朝廷當了個官，天下的英雄，實在是沒有交往呀！

曹操說，沒吃過豬肉也見過豬跑，沒見過豬跑也聽說過豬八戒，你沒見過英雄，就把聽說的列出來聽聽！

劉備繼續裝傻道，聽說淮南袁術兵多糧廣，算是個英雄吧！曹操搖頭笑道，半個身子都在棺材裡了，遲早要被我捉住餵狗吃。

劉備說，河北袁紹三公四世，盤踞冀州，手下能幹的人很多，應該算是英雄吧！曹操笑道，袁紹好謀無斷，想幹大事又怕磕破頭皮，見一點小利倒會捨身搏命，這樣的人怎麼算英雄？

劉備說，有個人不錯，外號八俊，威鎮九州，荊州的劉表，可以算英雄嗎？曹操說，劉表有名無實，不算英雄。

劉備說，那麼有一個人血氣方剛英勇無敵，他是江東領袖孫策，可算英雄吧！曹操說，孫策是借他老爹孫堅的名望，不算英雄！

劉備絞盡腦汁道，那麼益州劉璋算嗎？曹操道，劉璋雖然是皇帝宗親，但只能算看門狗，跟英雄不搭軋。

劉備的頭皮要想破了，只好打包列舉，說，那張繡、張魯、韓遂等人呢？曹操

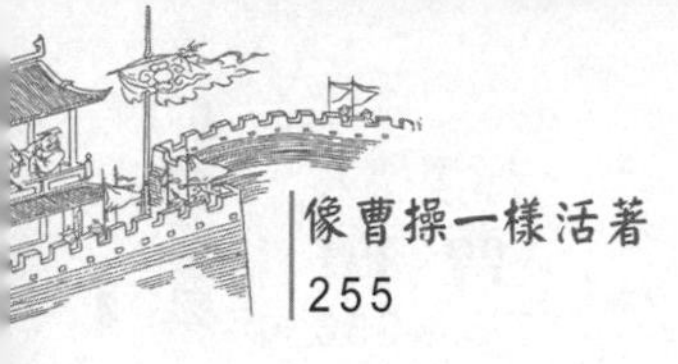

說，哎呀，這些碌碌無爲之輩，不值一提！

劉備說，這可難辦了，這些人都不是，我實在是想不出來了！曹操啓發道，這個英雄呀，要胸懷大志，腹有良謀，要有把天下當成自留地的野心，要有把地球跟皮球一樣玩轉的志向！

劉備說，靠，那麼牛呀，那誰能當英雄呢？曹操用手指著劉備，然後又指自己，說，天下的英雄，就兩個人，你，和我！

劉備一聽，第一反應就是曹操有所指，話裡有話呀，心臟再次跳出來。都說心臟是血液的發動機呀，發動機下崗，血液也就罷工了，劉備手指供血不足，卡啦一聲，筷子勺子都掉地上了。

還好劉備也是狡猾之徒，剛好天上驚雷滾過，他從容俯身拾筷子後自我解嘲道，這個雷聲一響，就把我震成這個樣子啦！曹操笑道，男子漢大丈夫也怕雷聲嗎？劉備說，有得怕的，聖人說，迅雷風烈必變，我怎麼會不怕呢？

一場虛驚就這樣被劉備文謅謅躲過！反正古人沒招的時候都會用聖人的話來做擋箭牌，而且非常有效的，所以熟讀聖賢書能夠鍛鍊狡辯能力。

那麼，曹操請劉備過來小聚是爲何意呢？就是聯絡感情拉攏人才而已。劉備還算可用之才，第一，作爲將領戰鬥力不錯，作風頑強，不怕死，雖然能力上沒法跟此時已超一流的軍事家曹操對比，但有潛力；第二，劉備在待過的地方都深得民心，特別是徐州一帶，有政治前途。曹操知道他有野心，難馴服，但還是努力要把他培養成自家的走狗，私人小聚籠絡感情也算是一手段。

而且他在吸收人才方面很有耐心，作風相當謙遜，比如有個名士叫宗世林，也是一狂人，看不起曹操，拒絕和他混一塊。曹操官拜司空以後，還沒死心，說，現在可以做朋友了嗎？宗世林很高傲地回答，不行，我像松柏一樣的志氣依然挺立！被拒絕後的曹操雖然不高興，但還是很敬重他，拜他爲漢中太守。窺豹而知一斑，可見他壯年用人之際，胸懷何其寬廣！

50. 劉備出逃

劉備在曹操身邊的處境就像籠中的鳥兒網中的魚呀，這一出去，就像魚入大海鳥上青天，再不走就來不及了，跑得比猴子還快。

劉備這一嚇可不輕，得了植物神經功能紊亂症，一碰到雷響就反射念叨：迅雷風烈必變。

在許都待著遲早被曹操發覺殺掉，沒殺掉之前心臟也受不了。爲了這個可憐的心臟，還是走人吧，隨便到哪裡混口飯吃都比這裡踏實。剛好來了個機會，袁術孤軍無援，想投靠北方的袁紹，不過必須經過徐州，因此劉備主動要求率軍去攔住去路，理由是他對徐州非常瞭解。

曹操對二袁會師這個事情比較重視，也信任劉備，就滿口答應了，給劉備五萬人馬，派朱靈相隨，這件事在前面已經提到過。劉備一接到命令後，本來是明天早上出發，結果他連夜就動身了。爲什麼呀？不是熱愛工作，是怕好事多磨，逃命要緊呀！臨走時董承來送別，跟劉備說，哥們，你別忘了咱們暗殺的行動。劉備吹牛應承道，你等著吧，就是以命相搏也不會辜負皇帝的。

張飛和關羽兩兄弟見劉備這次出征神情慌亂，緊張兮兮的，問怎麼回事呀。劉備說，兄弟呀，你不知道，我在曹操身邊的處境就像籠中的鳥兒網中的魚呀，這一出去，就像魚入大海鳥上青天，再不走就來不及了！

果然，劉備剛走，程昱和郭嘉出差回來了，聽說劉備走了，趕緊阻止，說這是放虎歸山，後果不堪設想，趕緊追回來。曹操醒悟，馬上派許褚領兵五百去追趕，可是劉備跑得比猴子還快，追不回來。曹操想有朱靈、路昭在劉備身邊，也就罷了。

劉備來到徐州，確實完成了曹操佈置的任務，數次擋住袁術北上，走投無路的袁術不久就吐血死了。按說任務完成了就應該率兵回去，劉備可不回，不但自己不回，而且留下兵馬，待在徐州，叫朱靈、路昭回去彙報。

曹操這下生氣了，這小子太不上道，眞是反了。馬上發了份電報，不對，是密報給徐州刺史車冑，找機會幹掉劉備。對車冑來說，這個任務還是有難度的，不說劉備自己，就他身邊兩個如狼似虎的兄弟，都不好對付。車冑把智多星陳登叫來商量，陳登說，這有什麼難的，現在劉備出去招聘人馬，過幾天回來，佈置人馬裝作熱烈歡迎，然後一刀砍了。車冑說，哎呀，好計策。

車冑壓根不知道自己找錯了對象，陳圭陳登父子是劉備的鐵桿粉絲，怎麼會害劉備呢？所以陳登回去跟父親一說這事，父親馬上派他去通知劉備。趕巧先碰到關羽和張飛，關羽也有點小聰明，在夜裡扮成曹操兵馬，引車冑出城，在車冑半信半疑之間，一刀砍了。

劉備回來，嚇得哇哇大叫，說這下完蛋了，曹操肯定要打過來了，怎麼辦呢？現在曹操打仗的水平一流，沒法對抗呀！陳登說，這麼著，現在能和曹操對抗的是袁紹，只有跟袁紹聯盟，才能找到保護傘。劉備一聽，有道理，趕緊請名士鄭玄寫了言辭懇切的信件，希望袁紹同志不記前嫌，收下小弟！劉備欺負了他弟弟袁術，袁紹本來不想搭理，但看在鄭玄的份上，就收下吧，反正自己也剛好準備要打曹操！為什麼要看鄭玄的面子呢？因為鄭玄跟袁家是世交呀！

劉備找到靠山的同時，也重新得到了徐州，畢竟他在這裡原來混得很有人緣，於是他讓關羽守下邳，自己守小沛，等待曹操同志的報復！

51. 謀殺風波

漢獻帝是幕後主謀，曹操當然不能把他也砍了，否則就亂套了。其他的曹操也不追究，帳就算到一個人頭上，此人就是劉備。粉碎陰謀之後，曹操馬上就要消滅劉備。

再說董承暗殺曹操的計劃，密謀了一年還沒下手機會，這事擱誰心裡誰上火呀，把董承急病了。叫太醫吉平來看病，結果也把吉平拉進了暗殺小組。吉平說，殺曹操太容易，我是他私人醫生，隨便給他吃一毒藥，不就解決了嗎？董承那個高興呀，所謂踏破鐵鞋無處覓，得來全不費功夫！曹操同志這些年南征北戰，在刀口上過日子，偏頭疼病更厲害了，吉平成爲他的常客，下手的機會大大的有。

但是曹操命大，命大了誰也沒辦法。在吉平尚未下手之際，這個夜長夢多的謀殺計劃終於洩漏，主動權轉到曹操手上。曹操果斷下手，董承、王服、种輯等主謀，不但人頭落地，而且連襟三族都遭到誅殺。所以這幾個人的遠房親戚是最倒楣的了，沾光的好處未必能撈到，殺頭這樣的事一定會不遠千里跑來。

漢獻帝是幕後主謀，曹操當然不能把他也砍了，否則就亂套了。周邊軍團也有參與的人，比如有西涼馬騰，但其他的曹操也不追究，帳就算到一個人頭上，此人就是劉備。即便他沒有參與謀殺案，曹操也是要打他的。所以在粉碎陰謀之後，曹操馬上就要消滅劉備。但是這個決定並沒有得到大部分手下的同意。不是同情劉備，而是此時北方的袁紹已經蠢蠢欲動，隨時準備對曹操下手。這個眞正的大敵你不顧，卻花費精力去對付劉備，倘若袁紹突發奇兵進攻許都，曹操全盤皆輸。

但是曹操有曹操的想法，也許他有點後悔劉備在身邊時沒有除掉。他說，劉備是人中龍，現在剛剛冒頭，如果不除掉，將來是大害！而且呢，他如果在軍事上聯合袁紹，他從東面，袁紹從北面進攻我們，那就更危險了。

郭嘉這時候做進一步的分析，支持曹操的意見。他說，袁紹這個人的特點就是慢，做事遲疑，他就是一樹懶，懶洋洋的。像龍捲風似的一夜就掃過來，這不是他的作風，短時間內不用擔心。而劉備呢，剛剛得到徐州，一攤子還沒收拾妥當，這時候打他很容易就打敗。這個時候關鍵在於打時間差，所以先對付劉備，再對付袁紹，這是非常正確英明偉大的方針！

說幹就幹，曹操很快就起兵十萬，分成五路，以迅雷不及掩耳之勢，說來就來了。就在劉備抬頭的瞬間，只聽見煙塵滾滾，來勢洶洶，壓根兒就沒想曹操來這麼快。他趕緊吃了兩顆速效救心丸，一面派人去請袁紹幫忙，一面準備螳臂擋車。

曹操在沛縣郊外紮營，夜裡勾引劉備、張飛來劫寨。劉備此刻的作戰經驗基本上跟曹操差了N個檔次，很快就中了圈套，被曹操伏兵迎頭痛擊，打得哭爹喊娘都來不及。還好這時候腦袋還沒糊塗，知道逃命是大事，辨別了一下方向，往青州方向逃跑。這個地方是袁紹的兒子袁譚的地盤，還好事先跟袁紹搞好關係了，袁譚把他送到袁紹那邊，總算到了保護傘下！

這一仗打得張飛也不知道跑哪裡去了，等他自己冒出來吧。這麼一來，關羽把守的下邳，成為孤城，在曹操的重兵威脅下，最終命運肯定是被打下來。比較麻煩的是，劉備的妻小都在這裡呀，你不能一人跑呀，沒辦法，關羽只好投降，這是保護眾多生命的最好辦法。

陳登把守的徐州城在曹操來進攻時保持中立，劉備一走就歸曹操了，其他的郡縣，本來也就沒什麼立場，誰做大王就是歸誰管了。從頭到尾，只十來天，曹操就把徐州收拾乾淨了，速度之快，效率之高，完全可以列入西點軍校教材案例。

曹操出兵的時候，袁紹集團就得到消息了。謀士田豐喜歡驚喜，趕緊跑去和袁紹提議，曹操東征了，我們趕緊出兵，從屁股後面夾擊他，很快可以搞定呀，這個打敗曹操的機會，千載難逢，花大錢都買不到的！

可是，袁紹同志並不興奮，而是一臉愁苦，爲什麼，原來他的疼愛的小兒子，不知道是屁股長雞眼，還是腳底長痔瘡，反正病重得很厲害，激發出袁紹的舔犢情深，他的心都碎了。他對田豐說，我也知道這個機會不錯，可是我兒子病得這麼厲害，可能會死掉的，我根本沒心思想打仗的事呀，過些日子再說吧！

田豐心裡那個鬱悶，簡直要把人逼死，他用拐杖敲打著地面，說，爲了小孩子的病而失去這麼好的機會，完蛋了，絕對要完蛋呀！

這一切居然被郭嘉算得那麼準，不能不佩服命運的造化。乃至於袁紹見了來投奔的劉備，說眞不好意思呀老兄，本來應該去幫忙你，可是小孩子病得太厲害，走不開呀！這種性格跟兒子被打死也能不計前嫌的曹操形成鮮明的對比。

可見，如果作爲一個居家男人，袁紹比曹操要有良心；如果作爲一個政治家，那麼袁紹就沒那麼敬業了。

52. 袁紹出手

袁紹這一生氣，當場對田豐撤職，別跟著去前線了，到監獄去，等我勝利回師了，你吐出來的話要你吃進去！於是總參謀部的保守派再沒人敢反對了。

那麼，現在可以屯兵官渡，放心跟袁紹對抗了。

其實，在放心跟袁紹放手一搏之前，曹操還擺平了幾個人，比如對西北韓遂和馬騰，採用安撫政策，並且讓兩人的兒子到首都當官，實際上是人質，這樣保證他們不會反叛，更不會幫助袁紹。東南面揚州的孫策，也採用安撫政策，封爲明漢將軍。西南荊州的劉表，不是個好戰分子，基本不會主動出手，採取中立態度。這樣才可以一心一意來玩轉袁紹。

而袁紹呢，在曹操安撫周圍力量的時候，要解決後顧之患，主要就是公孫瓚。

他跟北部幽州的公孫瓚打了很長時間，在西元一九五年的時候，聯合了原幽州刺史劉虞的舊部鮮于輔，在鮑丘，也就是現在北京密雲縣的潮白河，打敗了公孫瓚，公孫瓚退到更北的地方。

袁紹對公孫瓚最致命的打擊是在西元一九八年，率領大軍狂打，西元一九九年春天，公孫瓚終於崩潰，自焚而死。這樣，袁紹擁有并州、幽州、冀州、青州的完整領土，也是一手好牌。

在軍事統治上，袁紹自己當冀州牧、大兒子袁譚當青州刺史，二兒子袁熙當幽州刺史，外甥高幹當并州刺史，形成自己統領中心全局，三州相依相護的局面。

神經質的袁紹在曹操打劉備的時候沒有出手，等打完劉備，曹操防守嚴陣以待的時候，卻開始想主動出擊，消滅曹操力量。

原來，準備征討曹操的籌備，已經有好幾個月了。如同每一次戰爭一樣，陣營內部也出現兩種不同的意見。

第一種是保守戰派，主要代表是謀士沮授和田豐。如何保守法，其實就是長期作戰的、逐步蠶食的戰略。原因何在？

曹操現在實力強大，更何況手上握張王牌，不是一口能吃掉的，而我們連年和公孫瓚對抗，百姓疲憊不堪，倉庫裡只剩下老鼠了，所以應該先休養生息，恢復自己的實力，這是第一步要做的。

第二，對付曹操，我們可以先派使者表示效忠皇上，證明曹操有挾持獻帝的嫌疑，然後有名正言順攻打他的理由。

第三，具體做法，先派兵黃河渡口孟津和黎陽津，這是東西戰線的兩個要害，準備渡船，讓它成爲攻擊兗州的橋頭堡，以後再派騎兵隊，從騷擾性的戰鬥開始，步步爲營，蠶食作戰！

顯然，這是一種持久戰論，充分尊重曹操的實力，雖然沒有驚人之處，但不失爲一種穩妥、等待機會的基礎戰略。

這個主張遭到了主戰派的反對，代表是軍中實力派郭圖和審配。這兩個人是老母牛騎摩托車——牛哄哄地說，袁紹這麼英明神武，疆域廣闊部隊衆多，消滅曹操易如反掌，哪裡需要這麼鄭重其事地商討什麼呀？

沮授顯然看到這個牛哄哄論調後面隱藏著巨大的危機，據理力爭，說曹操眞不是坐著等死的公孫瓚可比，我們現在興兵也沒有名分，甚至可以被人認爲是和皇帝對抗，難呀難！

其實，在曹操軍團裡，每次也都有這樣的意見紛爭，問題是曹操分析了雙方的意見後，基本上都能找到要害，做出可行性比較強的判斷。袁紹找到要害的判斷力差點，做出的決定比較籠統，隨自己的性子來，所以袁紹相對支持主戰派的意見。

第一次討論後，最後沒有形成非常統一的意見，但整編軍隊的籌備工作已經開始，畢竟這次出征是一決輸贏的戰爭，而不是去野炊，所以籌備工作進行了八個多月。這時候劉備一來，袁紹馬上聘請他爲軍事顧問。這個顧問雖然打仗不怎麼樣，但卻滔滔不絕地跟袁紹介紹了曹操的軍事狀況，以顯示自己配得上顧問這一頭銜。這下子把袁紹說興奮了，便要馬上開始進攻曹操。

這可急壞了總參謀長田豐。原來沮授是總參謀長，因爲不主張出戰，所以這個位子被讓給田豐。田豐也是保守派代表，所以強烈反對說，原先曹操攻打劉備的時候，是出戰的最好時機，現在時機已過，曹操士氣很盛，又善用兵，不能輕敵，想賭一勝負是不可能的。

在又一番爭辯中，對於田豐的固執己見，袁紹非常生氣，說你這麼做是弄文輕武，根本不懂戰爭大義！

田豐情急之下，沒法辯論了，只好說出結局，大叫道，要是不聽我的話，肯定出師不利呀！

袁紹這一生氣，後果眞是非常嚴重，當場對田豐撤職，別跟著去前線了，到監獄去，匡噹一聲關了進去。袁紹說，等我勝利回師了再放你出去，到時候你吐出來的話要你吃進去！什麼罪名？烏鴉嘴，「沮衆」，擾亂士氣！於是總參謀部的保守派再沒人敢反對了。

主戰派戰勝愼戰派，袁紹組織十幾萬兵馬，浩浩蕩蕩開往黎陽津前線。從人數和氣勢上說，確實是天下無敵！但是前軍司令沮授在臨走前卻把自己的財產分散給親戚。爲什麼？他對弟弟說，以曹操的英武，加上手上還有天子，我們這驕傲之軍實在是打不過，失敗是肯定的。這是保守派的看法，不過主戰派郭圖、審配包括袁紹，信心還是很足，他們的目的只有一個，就是攻到許都。

這是西元二〇〇年。這一年曹操四十六歲，因爲袁紹的出生年月無法考證，所以沒法知道年齡，只知道他離死沒有幾年了。

53. 罵人名帖

這篇很長的檄文看得袁紹很高興，因為裡面把他誇成一朵花，把曹操罵成一堆屎，點擊率世界第一。就文采和罵人的惡毒程度來看，也是世界第一。

袁紹是個做事講究形式的人，在開戰之前叫主簿陳琳寫了一篇聲討曹操的《檄豫州文》，列舉曹操的罪惡，捏造討伐的理由，張貼各處，鼓舞士氣。

這是歷史上很著名的罵人帖子，雖然列舉的有事實依據，但是透過誇張、煽動、攻擊，非常有感染力而惡毒。放到現在，以誹謗或者人身侮辱的罪名來起訴，是可以成立的。

文中從曹操的祖父開始罵，說這個太監，在宮中作亂，是個妖孽；繼而罵到曹操的老爹，本來是個小乞丐，被太監收養後靠貪贓發財，盜竊國家文物，用錢換官，品格低下；繼而轉入正題，把曹操拎出來，說這個宦官遺留下來的小丑，本來就是個沒有道德的混混，知恩不報，現在高高在上，欺負皇帝，對朝廷專政，什麼東西自己說了算，喜歡的人祖宗十八代都雞犬升天，討厭的人就滅他三宗六族，包藏禍心，實際上想篡位。

結論是，根據考證古今中外所有的歷史書籍，發現曹操是最殘虐無道的奸臣，排行榜絕對第一。我袁紹這邊現在起四州的大軍，維持正義，除掉這個傢伙，是早晚的事。各國各地的人，只要有正義感的，都可以一起來打擊曹操。誰如果能夠砍到曹操的頭，封五千戶侯，賞金五千萬。如果曹軍部下將領，有投誠想法的，都可以過來，既往不咎……等等等等。

這篇很長的檄文看得袁紹很高興，因爲裡面把他誇成一朵花，把曹操罵成一堆屎，非常符合袁紹出身的優越感、統率天下的政治理想。馬上下令複印出版，以百萬級暢銷書的數量張貼全國各處。那時候，沒有一個人的文章有這麼廣泛的讀者，是全國第一，也是世界第一。就文采和罵人的惡毒程度來看，也是世界第一，導致對政治不熟悉的讀者一看，曹操肯定是個壞蛋嘛，跟現在網路上衆多的小白癡一樣，沒有辨別能力，是褒義詞的就說好，是貶義詞的就說壞。

這篇罵帖的感染力有多強？

他治好了曹操的病。當時曹操因爲感冒，引發了偏頭疼，每次感冒來都至少要一周以上才能痊癒，很影響正常工作，正犯愁呢。情報人員給他送來檄文，曹操戴上老花鏡，一念下來，居然毛骨悚然，一身冷汗跌出來呀！說時遲，那時快，感冒病毒竟然隨著那身汗排出，就連頭疼忘掉了！

什麼人居然能夠把我老家老底寫到這份上，讓我覺得被挖了祖墳一樣，但是讀起來又暢快淋漓入木三分呢！趕緊問，誰寫的？

手下回答，主簿陳琳！

這個陳琳原來在朝廷是何進的主簿，後來跟隨了袁紹。曹操知道是他以後，也就放心下來，因爲他只是個文人呀，曹操怕就怕袁紹陣營中有這麼一個文武雙全的，那就太難對付了。

所以，曹操對手下說，陳琳在文事方面雖然出衆，但是袁紹的武略還是不能和他匹配！因此曹操忘記了被罵的屈辱後，心想，這種人才，要是在我這邊給他當個宣傳部長什麼的多好呀，他說什麼，老百姓肯定就信什麼呀，只可惜呀！

因爲有這個想法，官渡大戰後，陳琳被曹操抓住，並沒有給予任何處罰，而是直接任用他。後來，陳琳也成爲「建安七子」之一，成爲曹操的文學同行，雖然他是罵帖的鼻祖，但後來眞正寫文學的時候就不怎麼罵人了。只是，有一天曹操心血來潮，隨口跟說他，靠，你當年文章寫得那麼棒，罵我罵得挺爽的，不過也不要罵到我祖父父親上去呀！陳琳愧疚地說，當初是給袁紹工作，箭在弦上，不得不發，混口飯嘛老兄。

曹操當然知道靠文字混飯吃不容易了，以他的胸懷，是不會計較這些的。

只可惜，陳琳在西元二一七年冬天，洛陽流行的一場「非典」（非常典型的瘟疫）中感染死去。不過，他的誇張罵派文學卻一直流傳下來，一直延續至今，在網路寫手中大行其道！

54. 玩藝術

曹操很快就進入亢奮狀態，為大家鼓舞士氣，說明了袁紹的劣勢和自己的優勢，結果把大家都忽悠得興奮了。要是信心問題沒有解決，相當於帶著一群縮頭縮腦的烏龜那還怎麼玩呀？

面對袁紹十來萬兵馬逼近黃河，曹操這邊的兩萬兵力怎麼應付？官渡之戰是全面發揮曹操軍事藝術的舞台，讓我們來品味曹操婀娜多姿、靈活妖氣的舞姿吧！

敵強我弱，正面對決必敗無疑，光那麼多人就可以把你踩死。對於軍力的懸殊，以及袁紹幾個月來的軍事籌備，曹操集團曾經出現一種恐懼的氣氛。

恐懼則產生悲觀，悲觀派以北海相孔融爲代表，他對荀彧說，袁紹統率四個州，地廣兵強，人才方面，田豐、許攸是算計的高手，做軍事參謀；審配、逢紀是死黨忠臣，工作盡心盡力；顏良，文醜是天王級的猛將，統帥兵馬，這種黃金組合，要打敗簡直太難啦！

樂觀派的荀彧對此話一一辯駁，說袁紹兵雖多，但組織紀律性太差；田豐雖然謀略好，但性格太硬，很容易冒犯袁紹；許攸貪心不太敬業，審配喜歡獨斷但沒有腦子，逢紀剛愎自用，顏良、文醜都是有勇無謀之輩，一戰就可以擒獲！

樂觀派以荀彧、郭嘉為代表，這兩個人都是從袁紹陣營裡出來的，對兩邊都知根知底，特別是郭嘉的曹操十勝袁紹十敗理論，大大鼓舞了曹操的信心，曹操這個把戰爭當飯吃的人，很快就進入亢奮狀態，為大家鼓舞士氣，說明了袁紹的劣勢和自己的優勢，結果把大家都忽悠得興奮了。

這個非常重要，要是信心這個問題沒有解決，相當於你帶著一群縮頭縮腦的烏龜上前面，那還怎麼玩呀？有了信心，烏龜就變成兔子，撒歡兒跑吧！

雖然是樂觀派，但工作是緊張的，在袁紹調兵的八九個月時間裡，曹操也在積極備戰，佔據黃河要塞，在重點建立防禦工事。

漢朝的黃河下游比現在偏北，剛好在他們領土的邊界上，成為一條水上戰線。這個戰線比較長，分為東線、中線和西線。

三月，戰爭開始，袁紹這邊的如意算盤是，先從東線進攻，取得突破後，與中路軍隊呼應，從側面合攻曹操中線。

東部的獨立軍團是袁譚的青州軍團，曹操方面呢，臧霸投降後一直叫他防守青州一線。前面已經說過，臧霸是個講信義的靠譜的將軍，用游擊戰法一直牽制著袁譚，再加上袁譚的軍事能力有問題，一直無法突破消滅臧霸。消滅不了，他不敢出來呀！也就是說，作戰方案第一步就受到阻撓。

這裡提示一下，由於總參謀田豐已經進入監獄，任前軍司令的沮授也在臨戰時期和袁紹發生了衝突，被囚禁在部隊監獄，所以實際上已經沒有參謀部，相當於沒有大腦，一切行動都聽命於袁紹個人的決定，因此原計劃受阻時也找不到相應的補救措施，這是很要命的。

那麼先講下西線，西線有袁紹的外甥高幹率領并州軍團攻打，這個高幹倒挺有本事，是袁紹軍營中難得的將才，可惜他碰上了河內太守魏種，還有機動部隊曹仁的幫助，所以也打不過來。

魏種這個人原來是曹操特信任的人，張邈反叛時，曹操說，魏種肯定不會反叛我，但沒有想到恰恰反叛了。後來抓到魏種時，曹操沒有殺掉，爲什麼？太可惜了，因爲他是特有責任心的那種，擅長堅守戰，只要歸順肯定很有用。再說了，張邈叛變時，是因為曹操有很多不對，叛變他是正常的，因此曹操不但沒殺他，而且派他做河內太守，這不，用上派場了！

那麼中線呢？袁紹的黎陽主力部隊看到東線還沒有突破，那些好戰分子心氣又高，性子又急，恨不得明天就直接打許都去，所以決定中線開始進攻，等袁譚來配合，黃花菜都涼了。

中線東部的鄄城，是曹軍前哨，袁紹主力一動兵，很有可能先拿這個開刀。而這個地方由智勇雙全的程昱防守，手下士兵有多少，說出來嚇你一跳，七〇〇來人，讓袁紹當點心還不夠。曹操蠻擔心的，派人問要不要增援，程昱居然說，不用！難道他有法術不成？

程昱的理由是，袁紹主力部隊集結十萬人，要是眞打過來的話，你增援多少人都沒用，把全部家當都搬來，也擋不住十萬人。袁紹一向自視甚高，看到我的兵馬很少，就會覺得這個地方是碟小菜，不重要，必不放在眼裡；你派人來增援了，他反而重視了，很可能引狼入室！

果然，袁紹看見鄄城由程昱把守，要打下來相當費勁，而且在戰略上不太重要，既然曹操都不重視它了，自己還管它做什麼！所以決定不進攻鄄城，直接渡河往南。

曹操得知這個結果後，感歎道，有程昱這種的膽量和遠見的人，還真找不出幾個！

這裡我們先享受一下曹操的用人藝術。臧霸和魏種是雖然是叛將，但通過考驗，忠誠度比較高，能力上可以獨當一面，所以可獨立作戰。而程昱是根本不用你擔心的那種，把他放在最前線，春江水暖鴨先知。

張遼、關羽、徐晃、樂進、張繡，這些直屬軍團的將領歸自己指揮，要嘛就是新投降的，要嘛就是勇猛有餘智謀不足，不能夠放在外面獨當一面；許褚是忠誠勇猛型的，跟死掉的典韋差不多，當禁衛隊長，保護自己。

比這些更有獨立戰鬥能力的，像曹洪，當官渡行營的指揮，像曹仁，當司隸區軍團的指揮。而比這些更高一籌，又能獨當一面又可靠的，是我們下面重點要講的于禁，他是前線延津行營的指揮。

55. 于禁帥才

青州軍告于禁造反，曹操知道事情的經過非常高興，為什麼呀？發現這樣一個有大局觀、處理事情如此理智而忠誠的帥才，比撿了一袋錢還值得呀！

三月底，袁紹終於忍不住，不理會程昱把守的鄄城，直接從黎陽渡過黃河，攻打于禁指揮的延津陣營。于禁馬上向曹操告急，在兗州指揮總部的曹操，馬上派樂進，率領五千精兵前去援助，並且吩咐，指揮調度的權力，必須都交給于禁！

也就是說，在曹操心中，于禁是帥才，樂進只是個將才。爲何對于禁這麼信任，比別的將領要高一層次呢？且先聽一段往事。

且說曹操第一次征討張繡，張繡投降後又偷襲曹操，把曹操打得鬼哭狼嚎退到舞陰城，李典、樂進、曹洪等趕緊組織軍隊在舞陰城嚴陣以待。這時有人報告曹操，于禁造反了，曹操一邊防禦，一邊派偵察兵去打聽情況。只看到于禁率軍匆忙趕到舞陰城下，馬上先佈陣，建立防禦工事。片刻之間，張繡的追兵就到了，于禁一馬當先奮力阻擋，曹操的部隊由城裡殺出，大敗張繡，趕了回去。曹操看，不像造反的樣子呀，趕緊問于禁怎麼回事。

原來，各路軍馬在撤退的途中，夏侯惇的青州軍紀律鬆散，不良分子很多，趁機到老百姓家裡搶劫財物。于禁知道了，馬上率兵阻擋，打擊不法分子，安撫百姓。而這些青州軍被打潰散後，回到曹操那邊報告說于禁造反了，在屠殺自己人呢！

當于禁趕到舞陰城，有人跟他說，青州軍告你造反，告到曹操那邊去了，你趕緊去辯白吧！于禁說，張繡馬上就殺過來了，哪有空說這個？辯白事小，拒敵事大，何況曹操是聰明人，是非曲直他自然會明白！

曹操知道事情的經過原來是這樣子，非常高興，苦中有樂呀。爲什麼呀？發現這樣一個有大局觀、處理事情如此理智而忠誠的帥才，比撿了一袋錢還值得呀！所以曹操說，這次戰役我們輸得很慘，不過于禁將軍在一片混亂之中，又能整肅軍隊紀律，又能迅速抵禦強敵，任人誹謗，即便是古代的名將，也未必能做到這份上呀！於是封于禁爲益壽亭侯。這是他看中于禁才能的地方。

既然有如此能力，那麼這次于禁也不會辜負曹操。

于禁知道等待袁紹大軍過來跟他正面對抗肯定不行，於是他跟樂進商量出來一個抓住老虎尾巴的辦法，牽制其大軍。

怎麼抓呢？袁紹大軍是從東北面的黎陽渡河的，而且一貫的作風是速度比較慢。他往黃河南岸來，于禁則相反，從延津秘密渡過黃河，到北岸，而且速度非常快，打延津渡北岸的袁軍營區，放火焚燒，殺了幾千人，還俘虜了何茂等十幾個將領。黃河自東向西有白馬津、延津、杜氏津三個主要渡口，佔領這些渡口過河比較方便，袁紹在軍事籌備的時候建立了不少行營，所以夠于禁殺一陣子的。

袁紹大軍一到南岸，想在延津打于禁，卻連人影都不見，而于禁在北岸打他尾巴，讓他很難受，不消滅掉就會形成腹背受敵的狀況。沒辦法，只好又回到北岸去住于禁。于禁這時候就將軍隊分散，利用地形隱蔽跟敵人打游擊，完全是敵後武工隊的打法，搞得袁紹一開始就遭到重創！

56. 關羽殺顏良

立功心切的關羽根本就不按照套路，一槍直往旄蓋下刺去，措手不及的顏良一命嗚呼，因為沒有裁判，關羽怕曹操不認帳，所以下馬割了顏良同志的頭，把旁邊的士兵看得呆若木雞。

爲了鼓舞士氣，袁紹必須打一個正面的勝仗，於是下令，不管跟泥鰍一樣狡猾的于禁了，讓先鋒大將顏良從東面的白馬津渡河，負責拿下白馬城。白馬城的將領們一聽顏良的名字，幾乎是聞風喪膽，拉小便都拉出搖曳的曲線了。這相當於告訴你明天泰森要來你家裡打架了，打死不償命的，可見顏良的英勇威名。

白馬城由劉延把守，劉延打不過顏良那是肯定的，打不過就守吧！劉延是個相當有責任心的將領，一方面向曹操求救，另一方面準備了一口棺材，守到死爲止！碰到不怕死的，問題就不好解決了。

不能見死不救，曹操同志決定發飆，解救劉延。那麼大家知道，曹操發兵，不會平淡無奇地跑過去打個照面就打，肯定是一出兵必有奇計，展現創造性的軍事才華。按一般推理，如果曹操去解救白馬之圍，那麼袁紹肯定也派兵支援顏良，那還是形成兩軍對壘，對人數少的曹操來說要吃虧的。爲了避免這種情況，這次曹操採用了總參謀長荀攸的計策，聲東擊西，暗渡陳倉。

他率領大軍往白馬城西面的延津走，裝作從延津渡要渡河到北岸，然後攻打袁紹的前線基地黎陽。袁紹這個不動腦筋的人聽到這個情報，馬上把重兵調到延津北岸，自己坐鎮黎陽城，阻止曹操北上。

按照曹操一貫的招數，到達延津南岸的時候，讓夏侯淵的步兵們在渡口擺個POSE，裝作想大舉過河的架勢。自己率領騎兵，以最快的速度趕往白馬城去，救人去了。顏良是超一流戰將，一般人打不過的，曹操這次帶兩個人去對抗他，一個是張遼，一個是關羽。一方面這兩哥們都是以勇猛著稱，看看是不是顏良的對手；另外呢，這兩哥們都是新投降的，都很想表現一下，建立自己地位，求戰慾望很強，高手相爭拼的就是這股勁兒。

顏良久攻白馬城不下，心裡正煩著呢，帶領士兵在距離白馬城十里的地方巡視。

他是天王巨星級別的戰將，出行都坐在旄蓋戰車上，因爲要是坐在光禿禿的馬背上，顯不出身份級別，很丟臉的。突然之間，就碰上關羽和張遼的騎兵隊，雙方都是猝不及防，也沒打聲招呼問個好就打上了。

關羽不屑於跟小魚小蝦打，縱馬直奔旄蓋戰車，那底下肯定有大魚呀。顏良同志也許剛打個小盹，腦袋還沒清醒過來，也許是他打仗喜歡按照流程先聽裁判哨子吹響才開始，總之立功心切的關羽根本就不按照套路，一槍直往旄蓋下刺去，措手不及的顏良一命嗚呼，積累起來的一世英名就這樣被關羽踩在腳下！

因爲沒有裁判，關羽怕曹操不認帳，所以下馬割了顏良同志的頭，然後上馬離去，把旁邊的士兵看得呆若木雞，這輩子再也沒有打仗的勇氣了。

其實，顏良的死有一半的責任是在袁紹身上。當初他派顏良當先鋒大將包圍白馬城，前軍司令沮授就勸袁紹，顏良雖然驍勇善戰，但是性子急躁，沒什麼腦子，不能獨當一面的。袁紹根本不聽，他一心一意想借重顏良的威名鎮住對方呀！

由於群龍無首，在張遼和關羽率領的騎兵衝擊下，顏良的人馬很快潰敗，退到北岸去了，白馬之圍迅速解除！效率眞是奇高呀！

顏良之死，讓袁紹痛心又惱怒呀，本來想振奮一下士氣，想不到又是當頭一棒，這讓驕傲的袁紹非常難受。憤怒之下，派出另一先鋒大將文醜，與顏良齊名的傢伙，率領五千部隊，追打在延津南岸擺POSE的曹軍主力。不過，這次謹慎一點，派出軍事顧問劉備跟在屁股後面，第一，希望能給粗魯有餘智謀不足的文醜出點主意，其次呢，如果碰到關羽來殺文醜，就讓他招降了。

曹操解了白馬之圍後，馬上率領騎兵回到延津，與夏侯淵會合後開始撤退。爲什麼不是進攻而是撤退？第一，曹操是來解白馬之圍的，壓根就沒有渡河進攻的意圖，第二，趕緊撤退官渡，等候袁紹從黎陽到許都這一路線的進攻。

這個撤退比較奇怪，步兵在前面，輜重在後面，由曹操率領的騎兵隊指揮轉移，在南阪這個地方，終於被文醜追上了。更奇怪的是，曹操居然在南阪還設立了高高的瞭望台，可以看到袁軍的追趕行動。

瞭望台哨兵報告，前面文醜率領五六百騎兵快速前進，後面有不少騎兵和步兵緊隨其後。

這是怎麼回事？原來文醜心裡著急替顏良報仇，又聽說曹操輜重部隊在後面，便率領五六百騎兵脫離主力部隊，想快速打擊打曹操尾巴；後面五千多部隊速度慢，由劉備帶著跟上來。劉備嘗過曹操用兵的厲害，勸文醜不要貿然行事，文醜根本看不起打了無數敗仗的劉備，苦勸也不聽，私自決定搶頭功去！

曹操對哨兵說，不用彙報了。命令騎兵在山丘高處解下馬鞍休息，故意讓敵人能看見。而巧的是，這時白馬城撤退的輜重部隊，也剛好到南阪，好像等著被袁軍搶劫。大家都很著急，問曹操要不要把這些輜重隊先轉移，曹操同志一點也不著急，微笑著不回答。

總參謀長荀攸看出曹操的鬼主意，跟大家解釋道，輜重隊不早不晚出現在這個地方，是釣敵人的誘餌，當然不能轉移了。

此刻文醜的騎兵看見曹操的騎兵都在解甲下馬休息，一副休閒的樣子，以爲他們沒有防備；恰好又看見了輜重車隊，全都想先捨棄作戰，把輜重搶來再說，於是一齊轉向輜重車隊。

曹操這邊的騎兵們看到了，都著急呀，催促曹操趕緊上馬出擊，曹操叫他們稍安毋躁，擺出眼不見心不煩的樣子。

眼看文醜的騎兵攻入輜重隊，就地搶劫，人人手上都搶到財物，隊伍完全沒有組織了。深知作戰精髓的曹操知道，此刻文醜已經指揮不動這支隊伍了，因爲他們的大腦裡都裝著贓物！

全體上馬，火速出擊。曹操一聲令下，六百多騎兵快速殺去，本來文醜的隊伍就混亂不堪，再加上每個人手上都有財物，面對曹軍，不知道是該保護自己還是保護財產，在來不及選擇的瞬間，已經被攻擊得支離破碎！

可憐英勇無敵的文醜同志，居然在亂戰中被曹軍殺死，不知道誰殺的，反正死定了。隨後劉備的部隊跟上來，一看文醜都死了，你猜劉備怎麼做？跑，向袁紹大本營狂撤退。這顯然是偉大正確英明而極賊的選擇！

曹操在這些局部戰役勝利後，沒有乘勝攻擊，而是撤退回更南的官渡，同時也讓白馬城市的劉延撤退。北面只留下于禁在延津附近打游擊，在袁紹後面做些性騷擾。爲什麼要撤退官渡，答案馬上揭曉。

第 9 章

血腥屠殺

曹操大規模屠殺投降的士兵。多少人？八萬！官渡水、南濟水在流血，屍體成山，山河變色！又是一幕慘劇，又是不計其數的無辜生命，死在曹操與袁紹的巔峰對決之中！

57. 曹操與關羽的不了情

曹操被關羽的忠誠義膽徹底感動了，面對固執的關羽，要是派人殺了，不但毀了自己愛才的口碑，而且留下千古罵名。人海茫茫，就讓他去吧，他總相信，關羽是欠著自己的一份情的。

一系列的失敗讓袁紹同志生氣、憤怒、抓狂，沒有其他辦法，五月份，只有親自率領大軍，從延津進駐陽武，一步步逼近官渡，尋找和曹操決戰的機會。

把袁紹引到官渡來會戰，是曹操的如意算盤。爲什麼呢？一兩年前，曹操對袁紹中線進攻的路線就做過詳細考察，最後確定官渡作爲會戰地點，於是花很長時間在這裡修築了堅固的防禦工事。

官渡這個地方，體現出曹操對戰爭地形的把握藝術，這個渡口南岸，地勢平坦，交通便利，有利於騎兵作戰；而北邊情況就相反，袁紹大軍從黎陽過來的話，要渡過黃河、陰溝水、北渡河、渠水，官渡水。前面已經說過了，行軍渡水是非常麻煩的事，袁紹很難在短時間內把巨大兵力都調過來；一旦打敗了，想撤退都很困難。另外，糧草輜重的運輸也相當麻煩，補給線是一大弱點。總之，這個地方能最大程度損耗北方過來的進攻部隊。

曹操要做的就是把袁紹主力勾引到這個地方來。透過局部破壞性的戰役，被惹急的袁紹急著打陣地仗，一步步往官渡來。直到八月，才正式把袁紹引誘到官渡北岸的原武。

正式開戰一會兒再說。先說五月到八月之間，兩軍會戰之前的對峙期，在這黎明前的平靜中，卻是關羽和劉備大展身手的時候。

關羽殺了顏良的時候，劉備還寄居在袁紹帳下。袁紹見自己愛將被殺，氣得不打一處來，很想把劉備殺了洩恨。

還好手下力勸，說劉備不能殺呀，殺了你的口碑就完蛋了，這輩子再也沒人敢投靠你了。劉備也知道自己很危險，袁紹只要失去理智一秒鐘，自己就會變成屍體，因此他主動跑去跟袁紹吹牛皮道，我這個弟兄關羽呀，是非常重義氣的，他只要知道我在這邊，一定會過來找我的，到時候你得到我的弟兄，跟失去顏良一比，這生意還是比較划算的。

袁紹想想還有划算的事，也就不計較了，說，那你就趕緊招降關羽吧。

殺顏良，是關羽的成名作，一下子使他成爲超級猛將，天王巨星。在這之前他跟著劉備混，挺窩囊的，基本上沒有大手筆。殺顏良，對關羽也有很現實意義。因爲之前他投降曹操是有條件的，第一，他如果知道劉備的消息，一定會回到劉備那邊去；第二，在回劉備那邊去之前，一定要弄一些功勞報答曹操。曹操當時覺得關羽資質不錯，有忠誠之心，先弄過來再說，回頭再慢慢軟化，弄成自己人。於是封他爲漢壽亭侯，待遇很高，極盡拉攏之能事。

現在關羽給曹操建了功勞，而聽到哥哥劉備的下落，決定按照原計劃行動，跟曹操說拜拜！曹操呢，也不知道自己的軟化政策起到什麼效果了，能不能讓他忘了劉備，覺得曹操才是最可愛的人，便不時派張遼過來探聽虛實。

曹操陣營中，張遼是關羽最好的哥兒們，義氣相投，能說知心話。關於也知道曹操的美意，他對張遼說，曹操對我確實是相當不錯，但是我跟劉備交往很長時間，拜過把兄弟的，不能貪圖富貴就忘了盟誓，給曹公建立功勞後，肯定要走人的。

曹操聽了這話，沒有生氣，只有感慨和感動，這種忠心義膽的人，在地球上快絕種啦！但是曹操挽留人才非常執著，在關羽殺顏良之後，就不斷地給關羽賞賜，估計是打聽關羽有什麼愛好就送什麼，實在沒愛好就砸錢財，而且還使出一招，閉門不和關羽見面。

爲什麼？關羽要走肯定要告別，不給他告別的機會，他能走嗎？

關羽在N次想告別未遂的情況下，只好給曹操留下一封信，再把曹操送的東西原封不動留下，單騎保護劉備的家小，往袁紹的陣營而去。

曹操的部下將領可不答應，這時候你往敵人的陣營去，保不準明天就成爲戰場上的禍害了，要追殺阻止。估計曹操已經被關羽的這種忠誠義膽徹底感動了，說，各爲其主呀，別追了吧！

曹操不這樣做，又能怎麼做呢？面對固執的關羽，要是派人殺了，不但毀了自己愛才的口碑，而且留下千古罵名。人海茫茫，就讓他去吧，不管以後還有沒有緣分，他總相信，關羽是欠著自己的一份情的。

在演義和戲劇裡，一路上留下了關羽過五關、斬六將的傳說，這是人們理想中的神話，希望給品質絕好的關羽再插上天下無敵的神勇翅膀，關羽在後世成了神，成爲偶像，成爲庇護老百姓的楷模。

而實際上，如果曹操陣營阻擋的話，以關羽的一個人的能力，是不可能保護著家小到達袁紹陣營的，執行力達不到。所以，過五關、斬六將太過神奇，而曹操的放行政策絕對是有的，既然不想殺關羽，那肯定有讓關羽順利通行的措施。《三國演義》裡，曹操派張遼給關羽贈送通行證，眞假不可考據，但類似的行爲絕對是有的，也是必須的。

袁紹同志看到關羽來了，果然是個忠心到固執的人，算了吧，忘記顏良，不談報仇的事了。還是把他安排在劉備手下，利用起來吧！

58. 後院之火

官渡決戰的一個多月前，汝南黃巾黨劉辟叛離曹操，袁紹覺得這把火不容易，要幫助他燒大，能把曹操後院燒個大窟窿，就派劉備率軍去支持劉辟，開闢敵後戰場。

在官渡決戰前夕，也就是七月份的時候，曹操的後院起火了。

這把火當然是袁紹放的。

在陳琳寫的討伐曹操的檄文裡，就忽悠大家一塊起來搞曹操，這並不是只有口號，是有行動的，也是袁紹一向擅長的花招。比如，豫州不少郡縣就在袁紹的煽動下，公開反對曹操。

這事發生在許都周邊，鬧大了連皇帝都有危險，留守許都的荀彧和首都防衛區總司令李通負責處理這個事。李通採用寬容政策，儘量不使矛盾激化，以免征棉絹稅的方式爭取豫州民眾的支持；另一方面叫夏侯惇和李典加強軍事警戒，給要造反的人一些壓力，但只要他們不行動，就睜一隻眼閉一隻眼。

這個辦法取得了很好的效果，結果只是一些雷聲大雨點小的騷動，沒有進一步行動，袁紹在豫州的策反不算成功。

而荊州劉表，也是袁紹爭取的對象，本來也答應袁紹要出兵騷擾曹操後方，但是荀彧採用重金收買政策，派人賄賂了劉表的重要官員，以及荊州長江一帶的郡守。這一招也馬上起效。劉表準備打曹操的時候，遭到了妻舅蔡瑁和名士蒯通的全力反對，這些哥們收了錢，所以反對起來蠻帶勁的。再加上長沙、桂陽、武郡等地方向曹操倒戈，劉表自顧不暇，只好跟袁紹說對不起，領軍先到自己地盤上平叛去了。

這幾把火袁紹都沒有點著，就被曹操扼殺在萌芽狀態。

火燒得最猛的是袁紹的故鄉汝南郡，在許都的南邊，也算是命門要害。袁紹本是這裡的地頭蛇，所以人脈特紮實，門生故吏鄉黨賓客，袁紹在北邊一呼籲，全都起義來幫袁紹了。

曹操早就料到會是這個樣子，所以安排有謀略、執行力又強的滿寵當這個太守。滿寵沒有辜負曹操，他靠招募五百名部隊，深入鄉間，號召農民保護自己的土地，和起義作亂的袁紹同黨對抗。跟滾雪球似的，呼應的農民越來越多，攻破了起義份子的二十多個營寨，作亂者很快就瓦解，有很多立場不堅定又投降到曹操這邊來。這第一把火被滿寵治住了。

可是，到了七月，也就是官渡決戰的一個多月前，汝南黃巾黨劉辟叛離曹操，支援袁紹。袁紹覺得這把火不容易，要幫助他燒大，能把曹操後院燒個大窟窿，就派劉備率軍去支持劉辟，開闢敵後戰場。

劉備繞了一圈南下，二劉會合，這個搭檔居然成功把許都以南地區搞得亂哄哄的。曹操不能不管了，派曹仁率領騎兵去消滅，二劉大大的狡猾，往南邊退，退到豫州西南去與另外的黃巾黨人龔都等會合。曹操派大將蔡陽率領幾千人去消滅，劉備這時候打仗也有長進了，居然一不小心就把蔡陽給殺了。

他一高興，就不管袁紹和曹操的主戰場了，官渡之戰期間，他一直在這邊玩，也就是如此，曹操一直沒能收復豫州南區。還好劉備的能力就那樣，局部性騷擾的規模，也打不到許都。

59. 高科技武器

袁紹叫人堆土山，修高樓，可以俯瞰曹營，士兵們用箭往下射。曹操開會鼓勵，馬上有能工巧匠建造出發石車，可以把石頭射到高樓土山上，把弓箭手打得頭破血流，袁紹軍隊裡的人管這車叫霹靂車。

在決戰前夕，沮授再一次向袁紹提出，不著急打，應該以持久戰對付曹操，因爲袁紹那邊兵多，但戰鬥力不如曹軍，而曹操那邊呢，軍資儲備不及袁紹；曹操的條件適合速戰，袁紹的條件適合持久戰，通過考量，建議袁紹不著急動，把對方糧食消耗差不多了再說。校尉張郃，是個名將，也不同意速戰，他認爲重點應該抄曹操後方，等他亂了再打。

前面說了，心高氣傲的袁紹已經被前面的敗仗搞抓狂了，再不打，面子過不去，心裡也著急，根本不聽這兩個人的意見，八月份把大軍推進在官渡北岸的原武，佈置起十里長的戰線，恨不得把曹操一口吞了。

作爲一個智囊人物，跟著一個糊塗蟲是最倒楣的事情，除非你也變成一個白癡，跟著混飯吃就是。作爲軍中最有眼光的沮授，袁紹一是對他成見已深，二是剛愎自用，隨性子做決定，導致一點都沒把沮授派上用場。他派文醜追擊曹操時，沮授就提出異議，但袁紹把他的意見當成狗屁。沮授那個難受呀，眼睜睜看著白癡把肉餵到曹操的嘴裡，是一種割自己肉的痛苦，只好辭去前軍總司令的職務，眼不見心不煩。官渡之戰，我們從結果來看，好像是曹操必勝的樣子，實際上，不到關鍵那一戰，只要袁紹能聽一下部下的正確意見，勝負都可以顚倒，因爲袁紹的優勢實在是太大了。

曹操一看對方架勢蠻大的，自己人數還眞太少了，趕緊將在打游擊的于禁叫回來，形勢危急，多一人是一人。

偷襲是曹操的一貫招數，特上癮，那麼在九月一日的時候，發生了個奇異的天文現象，日全蝕。曹操不懂科學，一看，可能是老天幫助我來了，趁著這白天的黑夜去殺殺袁紹的銳氣吧。於是，發生了第一次接觸戰。

可是這時候袁紹的軍隊可沒悠閒著，都嚴陣以待呢，估計日蝕也沒多長時間，起不了掩護作用，在接觸戰中，曹操兵力太少了，打不過，只好撤退到防禦工事後，烏龜不出頭，全拿硬殼頂。

袁紹想，小王八，你終於不敢出頭了，猛攻！但是曹操花了一兩年時間修建的堡壘，建築質量達到國際認證，一點水分都沒有，硬攻根本沒辦法。這時，兩邊的陣營開始了鬥志鬥勇的工程戰。袁紹叫人堆土山，修高樓，可以俯瞰曹營，士兵們用箭往下射。這一招可厲害，搞得曹營裡下起了箭雨，每個人出來小便都要用盾牌當傘，一不小心小雞雞就被射中。

曹操開會，鼓勵大家有小發明小創造都可以拿出來對付。這不，人才濟濟呀，馬上有能工巧匠建造出發石車，也不知道是用什麼當動力，反正力量特足，也有準頭，可以把石頭射到高樓土山上，把弓箭手打得頭破血流，再也不敢上去亂射箭了。袁紹軍隊裡的人管這車叫霹靂車，後來經常在戰場中使用，可惜在生活中用不著，否則中國就有五大發明了。

一計不成，袁紹又來一計，叫人挖地道，最好直接挖到曹操的辦公室，趁半夜三更鑽出來把曹操殺了。當然，挖到誰的辦公室都沒關係，反正可以用地道奇兵，突破到曹營中去。曹操的偵察兵一回來報告，把曹操嚇壞了，要是半夜床底下鑽出一堆士兵出來，這仗就不用打了。怎麼辦？又有高人想出一計，在營區挖壕溝，把地道截斷，誰也別想偷偷摸摸混過去。袁紹一看曹操挖壕溝了，只好作罷，你地道不可能挖得比壕溝深吧。

這樣僵持了半年，扛下去對曹操非常不利。一方面糧草越來越緊張了，屯田制雖然取得較大成效，但要應付這種規模的戰爭還是不行；另一方面，士兵工作量太大，都筋疲力盡。你想想，戰線這麼長，袁紹的兵力多幾倍，別說對攻，就是値勤都忙不過來。況且這種相持，不知到何年何月，曹操這邊都有不少人投奔袁紹那邊去了；也有部分將領，甚至在許都的官員，都暗中寫信私通袁紹。萬一被袁紹攻破，到時候作爲內奸還是很光榮的，有先見之明呀！

曹操是個富於行動力的人，性子比較急，耗了幾個月之久，想打又沒機會，不知不覺居然自己的信心也動搖了。想放棄官渡，撤退回許都，因此跟許都的荀彧寫信，商量此事。

荀彧一看，知道曹操陷入當局者迷的狀態，立即回信鼓勵，說道，現在我們糧草困難，但艱苦程度還是比不上楚漢戰爭時在滎陽、成皋時的劉邦。那時候劉邦、項羽，誰也不肯先退一步，爲什麼？誰退氣勢上誰就先輸。你以對方十分之一的兵力，平地建立防禦，扼守咽喉要道半年多，讓他前進不了半步。敵人這時候士氣也一定衰竭，隨時都有重大變化，正是有機可乘用奇兵的關鍵時刻，千萬不能放棄！

曹操跟袁紹不一樣的地方，在於他暈頭轉向的時候，部下一提醒，馬上就能醒悟，選擇正確的方向。所以荀彧的信讓他有了信心，也有了方向，趕緊振奮精神，捕捉戰機。

荀攸提議，劫糧吧。當時偵察顯示，袁紹那邊有千輛運糧車送糧草過來了。負責押送的是韓猛，一向對自己的武藝比較自負，過於自信的人一般比較粗心，疏於防備，派游擊隊去突擊，就能取得成功。

那麼派誰呢？一是要武功高強，能治住韓猛，二是要對地形熟悉，能找到韓猛，還能出其不意出擊。這事讓徐晃幹比較拿手，因爲韓猛的運糧路線是從西線司隸區一帶過來，徐晃以前跟著楊奉的時候就待在那邊，而且徐晃武功好又有責任感！

說幹就幹，果然，徐晃的游擊隊很快在武陽找到韓猛，發動突襲，打得韓猛狼狽逃竄，把丟下來的設備全給燒掉。我沒飯吃，你也別想吃飽。

60. 許攸叛變

曹操做出這個殘忍而有創意的舉動，告訴袁紹的士兵們，烏巢已經被我破了，你們沒飯吃了，要是再敢跟我鬥下去，這些鼻子就是你們的下場！

糧食被人燒了，總不能不吃飯吧。十月份的時候，袁紹再從冀州運輸糧食過來。這回小心了，叫大將淳于瓊護送，護送的兵馬規模也比較龐大，一萬多人。糧食運到哪裡呢？放在袁紹本營以北四十里的故市、烏巢。這個糧食倉庫規模很大，防守起來不太容易，沮授是心細之人，直覺知道危險，便提醒袁紹，另派步兵校尉蔣奇在周邊保護，防止偷襲。袁紹跟沮授有仇似的，金玉良言一句聽不進去，基本上把沮授當廢人了。

這時戰局繼續在膠著，袁紹讓大家參謀一下，有什麼辦法可以快速搞定曹操。

副參謀長許攸提出新的戰略：曹操兵少，現在正用全部兵力跟我們僵持還吃緊，那麼許都那邊肯定沒什麼兵力。如果我們派兵繞到許都，他們很難把守。一旦拿下許都，我們就可以奉天子來討伐曹操，必然可以一舉拿下。即便拿不下，他前後受敵，官渡這邊的防線也就比較容易攻打了。

袁紹憤怒道，這說不是跟沒說一樣嗎？我需要的是正面攻破曹操，讓他知道我的厲害，而不是繞到後面去浪費時間！你跟曹操原本就有交情，是不是替他出緩兵之計呀？

許攸沒有辦法，只是心裡想，一個人是傻子倒沒關係，能聽取別人意見的傻子還能牛起來，可要是又傻又自負，那就誰也救不了了。

也就是在這個時間，在鄴城的許攸家人犯法，被審配抓起來處理。前面提到，荀彧評價許攸時，就說他貪心不太敬業。他平時沒少作奸犯科搞貪污腐敗，查清案情肯定要牽涉到他。本來就憋著一肚子氣，現在還要受牽連，一怒之下，破釜沉舟，投降曹操去吧！

許攸跟曹操原來就有交情的，曹操三十四歲辭官在家休息的時候，冀州刺史王芬想造反，就是許攸來勸說曹操一起參與的，說明關係相當不錯。後來被曹操拒絕，兩人沒什麼來往，各爲其主，但曹操對許攸的能力還是瞭解的。

曹操正漱洗準備上床休息呢，聽到手下來報：抓了一個敵人，他說是你的老朋友，叫許攸，專門來找你的。

曹操噗哧一聲笑了出來，連鞋子也來不及穿，光著腳就跑出去迎接。

爲什麼這麼高興？你想從敵方陣營來了一個謀士投靠自己，他不帶個見面禮說得過去嗎？許攸是個有智慧的人，這個見面禮必定是給袁紹致命一擊。

曹操拉住許攸的手說，等你不是一天兩天啦，你一來，成功就在不遠處啦！一副愛才如命的樣子，不能不讓在袁紹那邊受冷遇的許攸，跟喝了雞湯似的，心裡熱呼呼呀！

許攸開始考曹操了，袁紹兵力強盛，你想怎麼對付他？你現在存糧可支撐多久？

曹操不能顯得太寒磣，鄭重其事地說，差不多有一年的糧食吧！

許攸說，這是不可能的，再給你一次機會說。

曹操說，哦，我忘了，應該是半年！

許攸說，你不想讓我幫助你打袁紹嗎？怎麼還對我不老實！曹操賠笑道，剛才跟你開玩笑的，跟你說實話吧，就一個月了，你說該怎麼辦吧！

許攸見曹操露出底牌了，才掏出自己的見面禮，獻上計謀。他說，你孤軍扼守官渡，外無援軍，內缺糧食，現在已經到了存亡的危急時刻了。現在我給你提供一樁好買賣，包你只賺不虧。袁紹目前在故市、烏巢有上萬輛車的糧食，由淳于瓊把守。但是他的防線過長，兵力分散，你如果能夠以騎兵隊，出其不意地發動襲擊，把他糧草全燒掉，不出三天，袁紹就自我滅亡了！

曹操馬上召開緊急軍事會議，討論許攸的主意如何。這個方案當然是可行的，但是很多將領都對許攸的情報懷疑，萬一是袁紹派來下套的，那不是自取滅亡嗎？只有荀攸和賈詡表示，許攸是值得信任的，他沒有理由替袁紹來送死。而曹操以他對許攸的瞭解和直覺，也認爲情報應該不假，當機立斷，可以一試。

曹操是什麼事都喜歡親力親爲的那種，待在軍營裡消磨時光對他是一種折磨。當下興奮之際，留下曹洪、荀攸把守營寨，親自率領五千馬步兵，分成數個小組，趁著月黑風高很適合作賊的天色就上路了。

這支大部隊，還喬裝打扮了一番，用的是袁軍的旗號，每個人嘴上都咬根筷子，馬嘴都包紮上，不讓出聲的，而且呢，每個人都要抱一捆乾柴，因爲主要不是去打架，是去放火的。

部隊繞著小路走，正常行軍要一天半的路程，曹操下令在凌晨一定要趕到。路上還是碰到袁軍查哨的，問幹什麼去了？曹軍領隊就回答，袁將軍擔心烏巢被偷襲，派我們去支援。這些將領學習曹操，說謊話面不改色，還裝作一副很有責任感的樣子，因此都能蒙混過關，這無形中保證了速度。

凌晨時分，曹軍按照原計劃到達烏巢，包圍了糧草軍營。淳于瓊看只是小股敵人來襲擊，並未在意，率軍出戰。

這個淳于瓊得介紹一下，是一個頗有名望的老將，當年與袁紹、曹操一起位列京城八大軍團的總司令之一，平起平坐的，資格老得很。袁紹也十分信任，而他呢，對自己也是非常有信心的，根本無視這些年來少壯的猛將一撥又一撥地成長起來，力道生猛得很呢！

淳于瓊打著打著，發現曹軍來了一批又一批，跟吃流水席似的，覺得大勢不妙，趕緊全軍撤退營寨，一邊派人去報告袁紹。就這樣，陸續到來的曹軍把糧倉營區螞蟻窩似地包圍起來，全力攻打。

袁紹接到消息，召開緊急會議，又是一鍋亂糟糟的意見。剛從青州過來的袁譚呢，這生瓜蛋子剛學了點兵書，估計還沒消化乾淨，又覺得自己比較有文化了，所以他提出很時髦的「圍魏救趙」的主意，直接攻打曹軍官渡營寨，讓曹操回來發現窩已經被人端了，無家可歸。

但大將張郃不同意，雖然圍魏救趙很時髦，看上去很美，實際上未必行得通，曹操敢出門，家裡肯定做好了防守的準備，不會輕易讓小偷登堂入室，所以攻下沒那麼大的把握。而烏巢糧區是我們的全部家當，一旦被攻破，我們沒吃沒喝全軍崩潰，可不是開玩笑的。所以不能玩什麼瀟灑的圍魏救趙！

中軍司令郭圖，也支持袁譚的觀點，他說，淳于瓊將軍經驗豐富德高望重，絕對能守住糧倉，而現在是幾個月來最好的攻破曹營的機會，不能坐失良機，應該是集中全部兵力猛攻的時候了。

兩邊都有道理，袁紹收拾了一下被整暈的腦袋，決定讓張郃、高覽率領主力部隊，全力猛攻曹營，讓少量輕騎兵去支持淳于瓊！

那麼就花開兩朵，各表兩個戰場。曹操這邊正在指揮拚死搏鬥，突然兵報袁紹的輕騎隊援軍快到了，請求分兵抗敵！曹操說，分個屁，大家都聽著，敵人已經從後面打過來，趕緊攻破軍營，不拚命就就死定了！說著，一馬當先親自攻打，一時間，曹軍個個奮勇當先，很快淳于瓊陣腳鬆動，終於被曹軍打散，攻入營區。

曹操下令，放火。一時間火光沖天，一萬車糧草化爲灰燼。袁軍驚慌失措，連趕到的輕騎隊都茫然，淳于瓊根本無法控制場面，群龍無首，士兵互相踐踏。混戰之中，可憐的淳于瓊以及部將當場陣亡，所有糧草化爲烏有，連被俘虜的士兵都心疼得掉眼淚！

再說張郃、高覽攻打官渡曹營，荀攸和曹洪全力防守，加上工事質量過硬，居然撼動不得，離袁譚同志的預期好遠呀！

而此刻，攻下烏巢的曹操做了一個舉世驚詫的舉動，給戰局以致命的影響。他把戰死的袁軍中士兵的鼻子，還有運送糧草的牛馬的唇舌，都割下來，大概有一千來個器官，派人送給袁紹軍營。袁紹軍士一看，那個心驚膽顫啊，你想想，那麼多戰友的鼻子血淋淋的，是個什麼場面，全崩潰了。

曹操做出這個殘忍而有創意的舉動，一方面可能是他堅守這麼久後的一種發洩，另一方面呢，告訴袁紹的士兵們，烏巢已經被我破了，你們沒飯吃了，要是再敢跟我鬥下去，這些鼻子就是你們的下場！

事實證明，袁軍的圍魏救趙策略已經失敗，而且是失敗得一塌塗地。當初力挺這個策略的郭圖爲了推卸責任，就跟袁紹說，張郃心裡怨恨，所以沒有全力攻打，導致貽誤戰機，是這次失敗的罪魁禍首！

還在袁紹遲疑不決之際，早有人把這消息告訴了張郃。張郃和高覽久攻不下，傷亡慘重，本來還在抱怨袁紹的臭主意，一聽這消息，暴跳如雷，得了，不替你賣命做傻事總可以了吧？兩哥們一商量，率領全軍向曹洪投降。

這下把曹洪嚇得不輕，剛才還在拚命打怎麼就投降了，不會這麼客氣吧？這冰火兩重天真讓曹洪受不了，他不知道該怎麼辦了。荀攸是個有頭腦的人，他搜集了一些情報，知道郭圖和張郃之間有過爭執，判斷張郃的投降是真的，這才開門歡迎，熱烈歡迎！

連曹操自己都沒有想到，夜襲烏巢居然是一步手筋，長達八個多月的對峙局面崩盤，導致袁紹無法挽回的敗局。

61. 萬骨枯

曹操大規模屠殺投降的士兵。多少人？八萬！官渡水、南濟水在流血，屍體成山，山河變色！又是一幕慘劇，又是不計其數的無辜生命，死在曹操與袁紹的巔峰對決之中！

袁紹亮出最後的昏招，下令，撤退！

爲什麼要撤退？烏巢被襲，淳于瓊被殺，糧草方面無法堅持下去了；張郃、高覽投降，無大將可用；割鼻子一嚇，心理崩潰，沒法待了。

這十萬人馬一慌張，動起來根本沒法控制，曹洪、張遼、張繡大舉反攻，如虎入羊群，大本營袁軍完全崩潰，根本沒功夫對抗，只希望人群中能生出一條活路。

撤退的袁紹還在路上休息呢，沒想到大本營這麼快就完蛋了，曹軍馬上就殺過來了，這個時候他才顯示出速度，來不及穿上盔甲，只穿了件名牌休閒服，上馬就走，保護他的是兒子袁譚和八百個侍衛騎兵。倉皇之中，那些平時珍愛的圖書資料、機密檔、珠寶玩物，統統扔在岸邊。

這一跑，跑到黃河北岸的黎陽，將軍蔣義接進去，把軍權讓給袁紹，在此重新收留敗退的士兵。帶去十餘萬人馬的龐大陣容，如今回來只剩下八百，那個狼狽、那個羞辱，怎一個慘字了得。

在官渡的敗兵，投降了曹操。可是曹操認定這些人是被迫假投降，要不然沒打敗的時候怎麼不投降呀，下令，殺！居然大規模屠殺投降的士兵。多少人？八萬！官渡水、南濟水在流血，屍體成山，山河變色！又是一幕慘劇，又是不計其數的無辜生命，死在曹操與袁紹的巔峰對決之中！

一將功成萬骨枯！

綜觀曹操殘忍的一面，人的殘酷極限會到什麼地步呢？下令殺了八萬人，望著成堆的同類的屍體，曹操內心是怎樣的感受呢？是勝利的喜悅？對造物主挑釁的興奮？是屠殺的快感？是軍人的本能？他的詩歌中所展現的對生靈塗炭的悲憫此刻又藏在哪裡？人爲什麼會有大屠殺這個愛好？

有請心理學家或者人類學家，給我一個答案。

此刻，也許只有上帝才能叫曹操收回成命。而戰時沒有上帝！

袁紹陣營中有一個人跑不了，就是沮授。他跟袁紹意見不和，辭了前軍總司令後，被袁紹關押在軍隊的拘留所，袁紹逃跑的時候也不管他，所以落到曹操手裡。曹操跟沮授也是舊相識，特意跑去看他。

沮授一見曹操，馬上大聲宣佈，我沮授是不會投降的。

曹操笑著勸慰道，袁紹沒有腦袋，不用你的計謀，你幹嘛還要給他守節呢！如果我早得到你的幫助，平定天下就是小菜一碟啦。

他下令把沮授留在軍隊，以禮厚待，等待回心轉意。沮授同志一根筋，夜裡偷偷跑出來，偷了一匹馬想逃跑，但作賊的技術不靈，結果被哨兵抓住了。敬酒不吃吃罰酒，曹操生氣，只能下令殺了。

沮授死的時候心情平靜，神態安詳，就如去閻王爺那兒串門一樣。這種盡忠之人，曹操是愛惜又遺憾，下令厚葬在黃河邊上，自己親筆在他的墓碑上寫下：忠烈沮君之墓！大概是要自己的手下也學習盡忠之道吧。

那麼作爲人臣，爲什麼有的可以在失敗時候投靠明主，也符合倫理，有的必須盡忠殉職到底呢？

比如沮授作爲後者的代表，袁紹對他如此的壓抑，他是完全有理由投靠曹操的，比許攸之類更有一百倍的理由。

投降與否，本身並無對錯之分，只是每個人對儒家的「忠」理解程度不一樣而已。忠作爲一個道德概念，被用於爲人處世的標準，缺乏明確的細則，顯得過於寬泛。幾千年來中國人在忠這個問題上搖擺不定，每個時代都有盡忠之士，也有叛臣，褒貶的尺寸，沒人能夠掌握那麼清楚。

這是中國所有的道德概念被用於社會標準後的侷限之處。這些概念，說起來都能冠冕堂皇、頭閃金光，做起來往往與自己的生命之本、切身利益衝突。悲哀的中國人，被灌輸得無知的老百姓，就在這一團混沌裡攪和呀攪和，爭來吵去，永遠也不知道應該怎樣程度上去尊重自己的生命！

曹操在袁紹丟棄的文件裡，發現了很多信箋。這個信箋不一般，不是情書，而是曹操這邊的將領、屬臣與袁紹私通的信，表明投降態度，給對方情報的，有的還是許都的官員呢。

這些人聽說這些信箋落到曹操手裡，這下倒楣了，等著殺頭株連九族，只能怪這個世道不好混，投靠誰都沒有把握了！

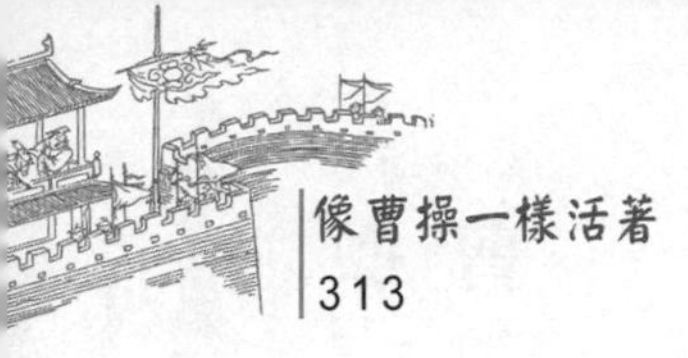

沒想到曹操同志居然很理解他們的心態，連看都不看，把信全燒了，意思是你們放心的，這事就跟沒發生一樣！

曹操說，在你強我弱的情況下，就是連我自己，都想投降呀，更何況是我的部下呢，可以理解！

這下子這些人服了，這輩子不效忠曹操是說不過去了。曹操在此刻，以一場寬容戲取代整肅屠殺的場面，安定人心，這是政治家的策略和寬容。因爲這時候最重要的是安定和團結！

62. 田豐知命

一個活生生的人，已經看到自己完蛋的命，這是多麼悲哀的智慧呀！獄警們痛哭流涕，只見過說錯話做錯事的要殺頭，還沒見到神機妙算對了也要殺頭的。

官渡大戰以戲劇性的結尾收場，曹操給獻帝捷報陳言，吹噓自己如何以十分之一的兵力大敗袁紹，建立豐功偉績，反正這時候怎麼吹都不過分了。

且不說曹操這方面的牛皮，說說袁紹一顆孤傲的心，遭到如此重創，不時吐血，留下了病根。所以說驕橫是一種病，特別是驕橫與自己的能力不太匹配的時候，病就要發作，否則你只能看低自己一些，接受失敗。他在黎陽集結了四散的部隊，也有不少兵力，決定先回鄴城，下一步怎麼樣再做商議吧！

這時候田豐還關在鄴城的監獄裡，本來袁紹想打了勝仗再回去羞辱他一番。此刻戰敗的消息傳到鄴城，獄警聽到了，很高興。爲什麼？他對田豐很尊重很友好，馬上把好消息告訴田豐說，果然跟你說的一樣，袁將軍打敗了，他這一回來呀，肯定會重用你了。

田豐沒有高興，他的眼裡流露出平靜的悲涼，微笑道，謝謝你的好意，不過跟你說的相反，這回我死定了！

獄警很奇怪，問道，怎麼會呢？

田豐耐心地解釋道，袁將軍是什麼樣的人呢？看上去寬容，實際上心地狹窄。而且耳根子軟，你對他忠誠他不會記在心上，讒言誹謗卻很容易聽進去。如果他打了勝仗，也許一高興還會原諒我，如果打了敗仗，內心羞愧根本沒有勇氣見我，一定會找藉口把我殺了。我這條命，已經沒有了。

一個活生生的人，已經看到自己完蛋的命，這是多麼悲哀的智慧呀！

與此同時，在袁紹的部隊裡，各路敗軍相逢，互相哭訴親人戰友的死亡，激動地捶胸痛哭，抱怨道，哎呀，如果田豐在這裡，我們就不會遭此大難啦！

袁紹聽了，心中五味雜陳翻江倒海，愧疚、自尊、後悔、屈辱，酸甜苦辣湧上心頭。恰好這個時候逢紀前來迎接，他對逢紀感歎道，我當初不聽田豐的話，導致這場慘敗，如今回去真是沒臉見他呀！

逢紀這個人比較奸賊，還真怕一回去田豐得到重用，馬上張口說謊道，田豐在監獄裡聽說你大敗，鼓掌大笑，說果然不出我所料呀哈哈哈！

袁紹一聽這話，自尊驕橫把內心的一絲愧疚沖刷得乾乾淨淨，大怒，說道，他媽的一介書生也敢取笑我，我宰了他。派一名使者賜寶劍，先回去把田豐幹掉。

在監獄裡等死的田豐沒等多久，死的機會就來了，使者提著寶劍來監獄取人頭。獄警們痛哭流涕，只見過說錯話做錯事的要殺頭，還沒見到神機妙算對了也要殺頭的。田豐臨死之前叫道，大丈夫生於天地之間，沒有眼光選擇到明主效忠，本是弱智之舉。今天受死，是自作自受，死不足惜，死不足惜呀！

第10章

橫掃北方

與袁紹的鬥爭徹底了結，曹操有一種悲痛從心頭湧出，在生死兩茫茫的際遇裡，個人恩怨又何值一談呢！他在袁紹墓前號啕大哭，最知心的朋友和最匹敵的敵人，給予的懷念都一樣的深！

63. 虎子孫策

孫策打仗太厲害了，再加上孫策本人有領袖氣質，相貌堂堂，性格爽朗，善於用人，偶像與實力兼具，來的人都願意盡心效勞，一時間威震江東。

官渡大捷，並沒有讓曹操高枕無憂，形勢還是繼續逼人。東南孫策，西南劉表，北方袁紹父子雖然力量大大削弱，但是反撲的力量還是有的，前後被夾攻的局面依然存在。況且曹操是個不打仗就覺得日子過得慌的人，那麼，先打哪個呢？

首先考慮的是孫策。且先回顧一下孫策在東南一帶的發展。當年孫堅被黃祖部隊亂箭射死，留下孫策、孫權、孫翊、孫匡四個兒子。孫策十來歲的時候，就按照當時最有修養最時尚的生活方式，結交士人朋友，建立名望。青春時代的朋友是最難忘的朋友，搞不好就影響一生。所以這裡不能不提到周瑜，一個未來的天才軍事家，在這個時候就很孫策廝混一起，兩人同齡，文化程度以及見識理想均在一個水平線上，關係之鐵，跟劉關張三人有得一拚。

孫堅死的時候，孫策才十七歲，嘴上剛長毛，還沒有能力承擔父親撂下的擔子。他把父親埋葬在曲阿，自己帶了母親居住江都，這些地方都在長江三角洲，隸屬袁術統治的揚州。虎父無犬子，孫策志向可不小，可是如何實現，又頗爲彷徨。於是，屢次跑到張紘那裡去請教。

張紘何許人？原來江東有「二張」，一個叫張昭，一個叫張紘，因爲避亂都躲在家裡，可謀略卻名聲在外，也不知道是怎麼搞出去的。孫策心裡有盤算，拿不定主意，請教張紘道，我父親和袁術共破董卓，可是功業未成身先死，我雖然幼稚，可是也想繼承我父親的遺風，有一點小小的打算，你看行不行。我想去袁術那邊要回我父親的兵馬，投靠我舅舅，也就是丹陽太守吳景，會合兵馬去報仇雪恨，然後佔據東吳，當一個朝廷的外藩諸侯，你覺得這個想法怎麼樣？

張紘說，我向來沒有什麼想法，現在老母親剛死，還在戴孝，住在這破屋子裡，眞的沒能力給你出什麼主意！

孫策說，你胸藏萬卷，聲名遠揚，我的計劃，你說行就行，不行就不行，你說了算。如果你能指教我，讓我報仇雪恨，理想得以實現，你的功勞我將一輩子記在心上！說到激動之處，流下男兒之淚，間雜青春熱血！

張紘被他的情緒感染，終於感動了，說道，以你父親的驍勇，你的理想可以放得更大。投靠丹陽吳景，招兵東吳，破荊州和揚州，父仇可報；如果據長江之險，以匡扶漢室的名義誅除其他諸侯，將來能夠達到的，就不只是當個外藩諸侯這個水準了。現在是亂世，你首先要做到應該是交結力量，把南邊地盤先取了。

西元一九四年，孫策把母親和弟弟託付給張紘，懷抱理想，跑到壽春投奔袁術，說，當年我父親和你結盟，不幸遇難，我感念舊恩，來投靠你！袁術看這孩子資質不凡，很驚異也很喜歡他，但是並沒有把他父親的兵馬還給他。

這可不行，將門之後，光桿司令一個也不行，孫策就跟袁術說，我舅舅是丹陽太守，我去那邊招點兵馬過來。去了，得了幾百個人，總算像個將官的樣子了，可是還沒過把癮就被涇縣大帥祖郎襲擊，被打得很危險，又成爲光桿司令。回來見袁術，袁術這下不好意思了，把他父親的一千多人馬還給他，還拜他爲懷義校尉，總算有幾桿槍了。

手下有人馬了，孫策搞得挺像一回事，治軍嚴格得一塌糊塗。有個士兵犯罪了，逃跑，跑到袁術軍營躲到馬槽裡，孫策還是饒不過，派人找出來，砍了，然後感謝袁術！這下子誰也小看不了這初生之牛犢，連袁術的大將橋蕤、張勳都很敬佩他。袁術自己也感歎，如果能生出個像孫策這樣的兒子，這輩子還眞沒什麼遺憾！

但是袁術跟他哥哥一樣，性情反覆，對孫策的承諾老不兌現。比如原來答應孫策當九江太守，結果呢卻讓陳紀來當。但他又會利用孫策，比如他攻打徐州的時候，跟廬江太守陸康有過節，就叫孫策去打陸康。

什麼過節呢？他要求陸康給他三萬斛大米，陸康不給，他就懷恨在心，哄騙孫策說，當初把九江太守給陳紀，我心裡蠻後悔的，這次你要是把陸康打下來呢，那廬江太守這個位子就一定給你。孫策就死命打，很快把陸康搞定，結果袁術又食言，讓老部下劉勳去當廬江太守。

讓袁術耍猴了幾次，孫策非常失望，知道跟在袁術身邊吃不到什麼肉，於是向袁術請求，帶領兵馬去幫助舅舅吳景打劉繇。這個劉繇原來是揚州刺史，後來被袁術趕到江東，駐紮在曲阿，跟袁術大對頭，袁術派吳景跟他對抗，一直打不下來。袁術知道孫策對自己有意見，又想憑他的能力肯定搞不定劉繇，就落個人情，給他千餘人馬，讓他去吧！

這一走，如老虎出籠，因爲孫策口碑很好，路上的人馬居然越來越多，到歷陽這個地方，已經有五六千了。打起仗來，更是有乃父之風，是智勇雙全的行家裡手，一路掃蕩，很快就攻破劉繇，劉繇一個人狼狽逃竄，接著又打敗稱王稱霸的嚴白虎等人，不作細表。

孫策打仗太厲害了，一聽說孫策打過來了，老百姓都失魂落魄，官吏們都竄到山間草叢躲起來，不過他呢，生猛是生猛，但不會侵擾百姓，每攻克一個地方，對老百姓秋毫無犯，紀律嚴明。

佔領了曲阿之後，下令，原來劉繇的舊部來投降的，不用審查盤問，一律接受，願意繼續當軍人的留下來，不願意的不勉強。這下子盛名遠揚，十幾天後四面八方都投軍的，居然有兩萬人，馬匹達到一千匹以上。你想想，曹操官渡之戰人馬也就跟這差不離。再加上孫策本人有領袖氣質，相貌堂堂，性格爽朗，善於用人，偶像與實力兼具，來的人都願意盡心效勞，一時間威震江東。

到了袁術稱帝的時候，他把袁術指責了一通，徹底斷絕關係。這時候剛好曹操想拉攏孫策，讓他別跟袁術混，就表薦他爲討逆將軍，封爲吳侯。

袁術死了以後，部下楊弘、張勳率領士兵準備歸附孫策，但是廬江太守劉勳半路裡殺了出來，把楊弘、張勳全給俘虜了，沒收了珍寶財物回家。孫策可不幹了，人家來投靠我你來阻撓，這算什麼呀。殺他家裡去！

但他沒這麼做，因爲他是個有腦子的人，相反，他跟劉勳還好上了，結爲盟友，稱兄道弟。有一天跟劉勳說，老兄，你去攻打豫章和上繚吧，那邊有大米可吃呀。劉勳哼著老鼠愛大米的小曲兒就眞的去打了。

剛出門，孫策就連夜襲擊廬江，劉勳餘部全部投降。劉勳自己在外邊打了一陣子，最後就剩下幾百個人投奔曹操去了。當時曹操爲了進一步拉攏孫策，還跟孫策建立了一些聯姻關係，極盡親熱之能事。

瞎子都能看出來，這些親熱之事只是政治上的權宜之舉，是該打的時候翻臉不認人了。所以官渡之戰爆發，曹操和袁紹正在進行拔河比賽誰也不能鬆手的時候，孫策出手了，決定襲擊許都，把獻帝這張王牌抓到自己手裡。他秘密糾集好兵馬，整裝待發。說時遲，那時快，就在此刻，一件不幸的事情從天而降。

這事得從吳郡太守許貢說起，當初他給漢獻帝上一份奏章，說什麼呢？說孫策這個梟雄，可與項羽比肩，應該把他召到京城，加以恩寵。現在召他回他不得不回，如果讓他在外邊混，以後一定成大患。而這份文件，卻落到孫策的官員手裡。孫策看了，非常生氣，就把許貢給絞殺了。

許貢的門客有忠誠義膽，一直在找機會為許貢報仇。這機會在哪裡呢？在於孫策打獵的時候，孫策很喜歡這項運動，打獵的時候騎的是最精良的馬匹，呼嘯而去，隨從都趕不上。有一次終於被許貢的三個門客逮住機會了，孫策一馬當先奔在前頭的時候，三個門客下了殺機，結果一個門客被孫策殺死，另外兩個用箭射中孫策，留下重傷，傷得非常厲害。

回來之後，孫策覺得自己不行了，把張昭等叫到跟前，叮囑道，當今正處於亂世，我們以吳越的兵力，憑藉三江的牢固，可以立足於江東以觀天下變化！各位請好好幫助我弟弟呀！然後把孫權叫過來，把印綬交給他，囑咐道，率領江東軍隊征戰南北，與天下諸侯抗衡，你不如我；但是推舉賢能，讓他們盡心盡力來保護我江東，我不如你！囑咐完畢，到了晚上，撒手歸去，父子兩代同樣生猛卻難逃早夭的命運！他的一生如一道煙花，在燦爛中戛然而止。

這一年，孫策二十六歲！

64. 低估劉備

曹操原本覺得劉備小兒力量不大，殺雞不用宰牛刀，派夏侯惇和夏侯淵兄弟去圍剿。不過，劉備也沒那麼好對付，手下有三桿鐵槍，關羽、張飛和趙雲，居然把夏侯兄弟打得落花流水。

曹操從官渡得勝回來，一看孫策死了，是個好機會，趕緊打東吳吧。把大家集中到會議室，問道，大家覺得趁他們還在悲痛之中的時候，以迅雷不及掩耳之勢把他們幹掉怎麼樣？

我反對！站出一個持反對意見的人，一看，原來是張紘。

這個張紘不是孫策的骨幹參謀嗎？怎麼會跑到曹操這邊來？

原來一年前，孫策派張紘到許都來獻奏章。張紘對朝廷報導孫策資質非凡，如割草一樣平定三郡，而且對朝廷是忠心耿耿！曹操便對孫策優厚爵位，遠端拉攏，並且把張紘留在京城重用，推舉為侍御史。

曹操有收藏人才的愛好，不論是誰家的，都想變成自己家的，後來還想讓張紘當九江太守。張紘想著孫家的舊日恩情，覺得為曹操服務還是不妥，所以以生病為由，謝絕曹操的好意，最終跑到孫權那邊去工作。

此刻張紘還在當侍御史，所以有權提出建議，他說，乘著別人辦喪事去打擊人家，不符道義，況且如果攻打不下來，又多了一個敵人；我看不如厚待優撫，搞好關係再說。曹操覺得他說得很有道理，於是表薦孫權為討虜將軍，封為會稽太守，並且封張紘為會稽東部的都尉。

東吳不準備打了，那麼曹操就想掉轉槍口，打西南，荊州劉表，而且也有一個很好的藉口。之前，劉表曾經攻打長沙太守張羨，打了好久沒打下，不過也危險，張羨向曹操求救，那時候曹操在跟袁紹打，自顧不暇，沒有幫助他。張羨同志非常鬱悶，大概心裡太緊張了，居然病死，由他的兒子張擇來把守長沙。兒子不如老子，劉表很快就攻破長沙，然後再接再厲，把零陵、桂陽全搞定。

這些郡縣本來都投靠曹操了，被劉表征服後，劉表同志疆域數千里，兵馬十餘萬，力量大得不得了，因此也驕傲起來，不向朝廷交貢，更要命的是，穿的衣服、乘坐的車輦，飲食起居，居然都有皇帝的做派，稱王的野心暴露無遺。這個疑似皇帝，當然是曹操要打擊的目標了。

不過，荀彧極力反對曹操的想法，他說，我們遠離兗州、豫州根據地，去長江流域打劉表，如果袁紹收拾殘餘力量，從北邊打過來，非常危險。其實，我們最主要的威脅還在袁紹，現在他剛剛失敗，頹得很，對北方的郡縣沒有什麼向心力，應該一鼓作氣將他搞定；如果等他再恢復力量，那麼前面都在做無用功了！

曹操當局者迷，一遇到謀臣點撥，便能站在大局之上，感受到局勢的要害，這是他作為首領的一個致勝優點。聽罷荀彧的意見，有所醒悟，覺得目前要是把劉表惹開了不好收拾，決定還是組織力量，繼續搞袁紹。

大概在官渡之戰結束後半年，也就是西元二〇一年四月，曹操又一次發兵北征。袁紹非常緊張，在各個前沿關口派重兵把守，特別是黎陽，估計曹操要重點打擊的地方，更是大軍集結。自己的軍隊不夠，從幽州、并州和青州，也即是兒子和外甥那邊，調集不少兵力，叫他們親自來助陣。對曹操的惶恐，達到草木皆兵的地步。

曹操呢，打了一個大勝仗之後，更有信心了，戰略調度幾乎到達隨心所欲的地步，選擇倉亭津渡河，這個地方離開鄴城最遠，是袁紹意想不到的地方。袁紹緊急佈防，但是由於部隊機動性不強，軍力一時難以到位，被曹操部隊猛攻之下，傷亡慘重，並且被迫撤出倉亭津。

袁紹同志對這場戰鬥相當重視，親自指揮，由於壓力極大，屢次受到曹操在戰場上的欺凌，又氣又急，在戰場上咳血病倒。敗退，馬上回去養病，叫各州一級戒備，防止曹操入侵。

按照一般出牌順序，這時候應該是乘勝追擊，直搗鄴城老巢。但是曹操又打了一手意想不到的牌，撤軍回家，不跟袁紹玩了。曹操到底怎麼想的呢?第一，他以豐富的經驗感覺到，這時候率領孤軍往北打，袁軍肯定會堅持徹底防守策略，讓你沒辦法用計，這是最難啃的一種骨頭。能不能打下來不好說，但肯定不是打擊的最好時機。第二，瘦死的駱駝比馬大，袁紹糧草豐富，又有審配的謀略策劃，也不是說想拿下就能拿下的。第三，這時候屁股後面也有仗要打，劉備還在騷擾呢，不消滅掉搞得你癢癢的也難受。

劉備在汝南地區跟劉辟的黃巾軍聯合起來，一直在打游擊，甚至還準備趁曹操北上的時候，找機會打到許都把獻帝給接出來呢。曹操原本覺得劉備小兒力量不大，殺雞不用宰牛刀，派夏侯惇和夏侯淵兄弟去圍剿。不過，劉備也沒那麼好對付，手下有三桿鐵槍，關羽、張飛和趙雲，也是一等一的好料，再加上頗得當地老百姓的支持，居然把夏侯兄弟打得落花流水。

夏侯兄弟回來向曹操請罪。曹操說，你們沒有錯，是我的錯，我低估了劉備的力量，這小子長進了！

九月，曹操自己率兵討伐劉備，很給面子。劉備一看曹操動眞格，知道是石頭砸雞蛋來了，打不打結果都一樣，只不過打了要死人，不打可以讓士兵多活命，權衡之下，決定放棄對抗，溜之大吉。

溜到哪裡去呢？現在只能找荊州劉表了。馬上派人去遊說，說我們都姓劉呀，五百年前是一家，我投靠你相當於回家看看呀。劉表也是好客之人，劉備又素有虛名，當下把他接到自己的地盤，躲過了曹操同志的餓虎撲食。

曹操也不著急惹劉表，將部隊帶回去休息，安撫陣亡士兵的家屬，給予他們土地、耕牛等的優惠待遇，加強農業建設，關心三農問題，而自己則在家鄉譙縣修養，靜心思考。從歷史的此處看去，只見曹操同志把拳頭縮了回去，養精蓄銳，不知道什麼時候再出重拳！

65. 難兄難弟

曹軍隨時有攻打過來的跡象，袁譚向袁尚要求派兵增援。袁尚猶豫不決，兵馬是飯票呀，誰手上飯票多誰將來更有希望打倒對方。但此刻共同的敵人是曹操，不發兵也說不過去。

西元二〇二年五月，也就是官渡之戰兩年後，袁紹同志咳血的老毛病再犯，不治身亡。後人感歎袁紹是披著虎皮的羊，長著雞膽的鳳凰，虛有其表難成事！雖然刻薄，卻頗能指出要害。

此時曹操重兵屯於官渡，卻沒有趁此刻發動襲擊。因爲「國喪」期間，通常是最悲憤最團結對外的時候，不算是打擊的最好時機。曹操的拳頭還在緊縮著，還在忍耐，等待著最好時機的到來。

忍耐了四個多月，時機像果子一樣終於成熟了。這個時機就是袁紹的兒子們爲爭奪老爹留下的位子，出手火併的時候。

袁紹有三個兒子，老大袁譚和老二袁熙是原配夫人所生。原配夫人留下兩個兒子後去世了，袁紹又娶了劉夫人，劉夫人給袁紹生了老三袁尚。

同是一個爹生的，這三個兒子如三個活寶，性格各異。老大個性剛硬殘忍，脾氣火爆，是個粗人；老二則相反，性格懦弱，一看就知道難以承擔大任；老三袁尚這可是個寶貝，形體健美，氣宇軒昂，袁紹依稀能看到青春時期的自己，非常喜歡。袁紹在對他的教育上可能也加了把力，因此把禮賢下士、優雅風度的表面一套都學會了，不管實際上會不會這麼做，但肯定是個有禮貌有教養的孩子。因此，袁紹時常想把袁尚作爲自己的繼承人！

正因如此，袁紹才讓袁譚去當青州刺史，把袁尚留在自己身邊，萬一自己撒手西去，袁尚馬上接活。

這個構思非常危險，沮授沒死的時候就提醒袁紹，如果不按照長子爲嫡的標準，一定會成爲禍端的。袁紹是個感性的人，爲人處世很以自己的喜好爲標準，雖然也知道這個道理，但還是一意孤行，敷衍沮授說，其實我就是給每個孩子一個州，讓他們鍛鍊一下自己能力吧！

官渡之戰失敗後，袁紹身體像王小二過年，一年不如一年，看起來離退休的日子不遠，劉夫人趕緊吹枕頭風，勸袁紹把遺囑給寫了，立袁尙繼承自己的位子。

這可是大事，優柔寡斷的袁紹趕緊召集大臣來商量。這時，出現了兩個陣營，審配和逢紀擁護袁尙，他們一向和袁譚關係不好；辛評和郭圖支持袁譚，堅持維護以長爲嫡的傳統。

兩派展開拉鋸式辯論，袁譚粉絲團認爲廢長立幼難服軍心，將來肯定出現兄弟狗咬狗的現象；而袁尙粉絲團認爲袁尙有英雄之資，乃父之風，繼承得十分有道理。兩派把袁紹爭論得心煩意亂，這時候剛好曹操要來打倉亭津了，袁紹說，別爭了，先打仗再說吧！

沒想到過了幾個月，袁紹遺囑還沒有立，就迫不及待地死掉了。按照常規，大臣們當然立袁譚爲繼承人，如果這樣，審配和逢紀可有苦果子吃了，於是與劉夫人組成一個造假集團，僞造了一份遺囑，把袁尙推上正位，封爲大將軍，擔任冀州牧。

袁譚從青州趕來奔喪，本來還指望接過父親的位子，現在一看這個茅坑讓弟弟占著了，一時半會也沒辦法把他趕走，絕望和憤怒之下，自封爲車騎將軍，不回青州了。爲什麼呢？因爲偏安青州，相當於承認弟弟的合法地位了。在郭圖的建議下，出兵坐鎮前線黎陽。

此刻的黎陽前線，曹軍隨時有攻打過來的跡象，袁譚向袁尚要求派兵增援。袁尚猶豫不決，爲什麼，兵馬是飯票呀，誰手上飯票多誰將來更有希望打倒對方。但此刻又是一家人，共同的敵人是曹操，不發兵也說不過去，於是派了很少量的軍隊，讓逢紀送過來，順便隨軍監督。

袁譚看弟弟送過來稀稀拉拉的幾個兵，跟打發叫化子一樣，很不滿意，要求要增援。審配等又聚在一起商量，說這回不能再給他兵，別到時候曹操打不了，打自己倒有可能，於是拒絕發兵。前面說過，袁譚性格殘忍，一怒之下把逢紀給殺了。兄弟倆的矛盾浮出水面，只是大敵當前隱而不發。

二〇二年九月，曹操出兵打黎陽了，想看看袁紹的兒子們打仗能力怎麼樣，是不是可以一口吞了。袁譚趕緊向袁尚告急，袁尚畢竟是大將軍，占著茅坑不拉屎可不行了，於是留審配守鄴城，自己帶著大軍和郭圖一起趕往黎陽，以兄弟連對抗曹操。張遼的軍團渡過黃河，在黎陽城外和袁軍進行幾次小規模對抗，袁軍雖然人數多，但將領素質不高，臨場指揮能力有限，反而被曹軍打敗，退守黎陽城，不敢出來應戰了。曹軍這次來進攻的數量也不多，一時半會也攻打不下來，曹操下命在黎陽城外紮下營寨，做持久戰的準備。

這種被包圍的對峙狀態讓兄弟倆很緊張，趕緊召開軍事會議，請首腦們拿出解圍的方案。郭圖此時成為最大的參謀，拿出一份解圍的計劃。第一，派魏郡太守高蕃將兵馬駐紮在黃河邊，切斷曹操的糧草補給線。這個辦法也是當年曹操搞袁紹的辦法，以其人之道還治其人之身。同時，執行一套補充方案，袁尚任命郭援為河東太守，命他與并州刺史高幹一起聯絡匈奴單于攻掠河東，開闢西線戰場吸引曹操。

先說第一套方案，曹操其實早有預料。他在渡河之前，對負責後勤運輸的李典和程昱說，如果敵人來掐斷水路，不要跟他硬碰硬，用游擊戰術騷擾，陸路補充供給就可以了。

高蕃部隊進駐黃河北岸，李典上前線觀察後，覺得有機可趁，並沒有必要按照曹操的吩咐。因為高蕃的意圖是在水上攔截，那麼陸地作戰的準備不足，士兵們經常沒穿鎧甲，如果渡河到北岸偷襲，可以給予致命打擊。文武雙全的程昱也是果敢之輩，贊成李典的意見。於是趁著高蕃沒有防備，發動突襲，計謀得逞，大敗高蕃，又恢復了水上補給線。這給曹操在黎陽戰場很大的支援。

就這樣一直打了半年，到了西元二〇三年二月，曹操下令加緊攻打黎陽城。三月初外牆終於被攻破，雙方展開血戰，袁家兄弟打不過，只好放棄黎陽，趁著夜色往鄴城逃跑。曹操在後面緊追不捨，四月份追到鄴城，也想一口吞了。

袁家兄弟不敢出城應戰，只通知各地緊急支援。曹軍看一時間也沒法攻下來，而敵人援軍到後可能會受到裡外夾攻，因此都想撤退。

主力將領張遼等反對，主張極力攻城，徹底把袁家兄弟的根挖掉。但是，參謀人員荀攸和郭嘉另有看法。郭嘉說，如果我們急切攻打，這兩兄弟會很團結，到時候鹿死誰手還不知道；如果緩攻，不施加壓力，他們肯定開始內戰，我們坐山觀虎鬥，靜觀其變，等到好時機再一舉進攻，便可以拿下。所以現在不如撤退，假裝把注意力轉到荊州，讓他們兄弟放鬆警惕。

曹操贊成這個想法，於是力排眾議，撤軍回許都，只留下部將賈信鎮守好不容易打下的黎陽城。同年八月，曹操率軍屯兵平西，看上去欲與劉表決一雌雄。

66. 河東之戰

誰都知道渡河的危險性，部下死死相勸，郭援就是不聽。等到軍隊渡了一半的時候，龐德的伏兵殺出，像切西瓜一樣砍人，郭援同志當場被砍死，在河東挑起戰場的計劃宣告失敗。

爲什麼這時候要用兵劉表呢？在談到這個問題之前，不妨先回過頭去，說說郭圖的第二套方案進展如何，也就是曹軍與袁軍在西線戰場的狀況。

西線戰場是并州刺史高幹全面指揮，他讓郭援爲河東太守，強行接管河東地區的郡縣。執行方案呢，一方面說服南匈奴單于呼廚泉率匈奴軍爲前鋒，直接攻打河東各郡縣，另一方面，暗中派人聯繫關中的馬騰和韓遂軍團，出兵攻打曹軍後方，破壞河東的曹軍力量。

計劃一開始實施，這些原來隸屬曹軍的郡縣，沒有提防，只好開門投降。只有一個人，像英雄一樣地站起來，這個人是賈逵。

賈逵這個人本來出身於河東郡的名門，可惜很小的時候就沒了爹，家道中落，名門變成著名的窮門，有段時間窮到大冬天沒有褲子穿的地步，也許這段經歷鍛鍊了他的意志，所以當起官來很有章法。

這時候，他駐守河東郡的絳城，頑強抵擋郭援的進攻。但是郭援的兵力有壓倒性的優勢，在絳城即將守不住的時候，城中父老出去談判，說只要不殺賈逵，我們願意投降。爲什麼呢？因爲賈逵治理很有政績，深得民心呀。

郭援答應了，絳城和平淪陷。郭援得寸進尺，想賈逵這麼有才，要他當自己的部下，賈逵堅決不同意，郭援派士兵強行讓他給自己叩頭。賈逵巨憤怒，說，我是朝廷的命官，哪有向你賊人叩頭的道理！

郭援也生氣了，要斬他。老百姓知道了，全趕過來，說，要是你失信殺了賈逵，我們全跟他一起自殺！連郭援手下都替他求情。郭援覺得這公憤太大，沒辦法，只好把他關押起來再說。

賈逵被關押在地窖裡，感慨了一句，這個地方難道就沒有義士來救我嗎？夜裡，有個叫祝公道的人救出賈逵，賈逵立即逃跑，星夜跑回許都報告河東郡的戰況。後來曹操非常重用賈逵，拜為諫議大夫等等，暫且不表。

曹操接到戰報，派出鎮守洛陽的鍾繇處理河東這一攤子。鍾繇火速派出軍隊，很快找了給敵人打先鋒的南單于的匈奴軍，在平陽郡將他們團團圍住。不過，還沒能消滅的時候，敵人郭援的主力部隊很快到達了。因為對方兵力有壓倒性優勢，鍾繇的部將主張撤退，免得偷雞不成反蝕一把米，但是鍾繇不僅是書法家，還是個硬漢，不同意，說如果一撤退，未戰自敗，以後很難再阻擋他們的威勢。

但鍾繇也不是就這樣當一個頑固的雞蛋去碰石頭，而是去遊說另一支猶豫不定的隊伍來幫助——關中軍團的馬騰，派出的是頗有口才的新豐郡令張既。

張既擺事實，講道理，向他說明了投靠袁軍弊在何處，投靠曹軍利在何處，做人不能做虧本生意。

馬騰一介武夫，看兩邊都有人來拉攏，一個比一個說得天花亂墜，真是拿不定主意。這時參謀傅幹發揮決定性的作用，他跟馬騰說，古代聖人說，順德者昌，逆德者王。曹操現在奉天子之命，討伐暴逆之徒，法治天下，人民歸順，這肯定是順道；袁氏仗著自己強大，背棄王命，驅使匈奴人侵凌河東，肯定是逆德。將軍可是朝廷命官，如果立場不鮮明，坐山觀虎鬥，看曹軍兵敗，將來也有叛亂之罪的嫌疑。

馬騰被這一堂課說清楚了，立即派兒子馬超率領一萬兵馬，以龐德為先鋒，去幫助平陽戰場上的鍾繇。看來聖人的道理就是好使，也可窺見曹操奉天子這一招在道義上的功效。

看到馬超部隊到了，鍾繇這裡士氣大振，堅守在汾水南岸，並且讓龐德軍隊埋伏在河邊。原來，鍾繇料定郭援剛愎自用，曹軍僵在南岸不動，他必定忍耐不住，會主動過河。性格決定行動，郭援為了顯示威風，果然下令分兵渡河，要在南岸紮寨，和曹軍一決雌雄。

誰都知道渡河的危險性呀，部下死死相勸，郭援就是不聽。等到軍隊渡了一半的時候，龐德的伏兵殺出，像切西瓜一樣砍人，郭援同志當場被砍死，部隊也基本潰散。南匈奴單于見到主力部隊都沒了，自己這先鋒能幹嘛，投降吧。就這樣，郭圖在河東挑起戰場的計劃宣告失敗。

轉移戰場，再回頭來說曹操為什麼要對付劉表。原來，劉表趁著曹操與袁家兄弟在黎陽黃河兩岸對峙的時候，又派躲在他家的劉備來騷擾，攻佔了豫州的葉縣。曹操脫不開身，就叫夏侯惇來對付。不過，曹操知道，劉備先打仗的能力是比上不足比下有餘，夏侯惇勇猛但太魯莽了一點，又派了思維能力不錯的于禁和李典來支援。劉備打仗跟老鼠一樣，見軟骨頭就上，見硬骨頭就溜，一看夏侯惇大軍到，立刻燒毀營寨，往西南方向溜吧！

夏侯惇一心想抓老鼠，全力追趕，李典勸他說，還沒開打敵人就跑了，肯定會設伏兵，這是死人都能覺察的，況且這裡往西南的道路，草木叢生路又狹窄，很容易打埋伏的，還是別追了吧！

夏侯惇說，哪有那麼多事呀，你們兩個守葉縣，我去把劉備小兒抓來給你們看看。一路窮追猛打過去，果然中了劉備的埋伏，而且還有火攻伺候。夏侯惇全軍潰敗，就在連自己都快要當俘虜的時候，于禁和李典的軍隊趕到，救了一命。而劉備看到曹軍力量太大，沒便宜可占，也就退回荊州地界去了。

曹操想，自己在北方出差，劉表這鳥人老是這麼來騷擾不行，應該拉攏孫權來牽制。這時候孫權已經接受了朝廷的封號了，表面上也算是朝廷命官，所以曹操對他提出兩個要求，第一，出兵在長江之南打荊州，第二，爲了保證聽話，派弟弟到許都來當人質。

此時才二十歲的孫權被這兩個問題困住了，叫來權臣幕僚商量此事。張昭、秦松等人認爲，這個時候不能得罪曹操，還是服從條件好。

孫權性格不如他老爹和哥哥那麼剛烈，但也有一種不服輸的精神，覺得這個行動太懦弱，心有不甘，於是請周瑜過來商量。商量的人裡面還有一個，孫權的媽媽吳太夫人。孫權十七歲時繼承哥哥的擔子，吳太夫人有攝政之職，大事必須經她同意，況且此事還涉及到她的兒子去當人質。

周瑜很有文化見識，所以從古代開始談這個問題，說，以前楚國最早的封地，方圓都沒有百里，後來擁有廣闊疆域，傳承了九百年，是因爲能夠自主經營，不受中原霸主控制，才取得如此成果。現在將軍你繼承父兄遺志，擁有江東六郡之地，鑄山爲銅，煮海爲鹽，人民富饒，將士聽命，擁有非常好的基礎。如果遣送人質給曹操，必然受他控制，將來最多只能獲得侯爵之位，不可能獨立爲王。不如暫且不管曹操的要求，觀察天下大勢的改變，再做決定。如果曹操能義行天下，終成正果，到時候再服從他也不遲！

吳老太覺得蠻有道理，還能讓兒子不當人質，何樂而不爲呢？孫權於是決定，不答應遣送人質的要求，但可以派領軍隊，在長江以南牽制劉表軍力。

67. 策反

策反跳槽取得了效果，曹操決定加以推廣，爭取用這個辦法拿下鄴城。曹操想找個更大的臥底，就是魏郡太守袁春卿，想不到袁春卿忠心耿耿，連老爹都不管，策反計劃全盤暴露。

曹操從鄴城撤軍，讓袁家兄弟先內訌去，這時候才有時間來對付劉表。他駐兵西平，讓各個軍團做好戰鬥準備，只要一聲令下，西南戰爭就可以爆發。

就在此刻，卻從北邊來了一個人，向曹操求救。

這一下讓曹操不知道該怎麼辦了。

此爲何人？得從袁家兄弟開始說。這兩哥們一看曹操撤軍，對付劉表去了，如郭嘉所預料的那樣，馬上開始幹中國人最擅長的活兒，窩裡鬥。

袁譚一直想趁著打仗，把兵力掌握在自己手上，他對袁尚說，上次在黎陽我兵力不夠，才被曹操打敗，現在趁曹操剛撤走，留守黎陽的兵力不多，我們可以出兵奪回來呀！

袁尚不答應，說我們剛剛被打敗，現在最要緊的是整頓軍隊，收拾好家當。袁譚大怒，帶領自己軍團駐紮在鄴城之外，隨時準備發飆。心腹郭圖和辛評說，你沒有獲得大將軍這個職位，是審配暗中搞的手腳，不是你沒有資格當。現在進攻鄴城，也許可以獲得冀州各個首領的擁護，奪回這個位子未嘗不可。

袁譚一直對這個位子耿耿於懷，馬上下令攻打。袁尚和審配知道袁譚翻臉是遲早的事，早有準備，兄弟倆在城外展開激烈對抗。沒有誰特別有道理，所以冀州的各個郡縣保持中立。袁譚兵少，根本打不過，只好撤退到東北方的南皮。

冀州別駕北海太守王修聽說袁譚部隊少，簡直不像是袁紹的大兒子，就徵集了一些兵馬過來增援。

袁譚一看手上又有兵了，又想去打。王修勸阻道，兄弟打架，就像左右手互搏，沒有人會爲一隻手打殘了另一隻手而高興的，只有兩手恢復和睦，才有力量橫行天下，因此應該把離間你們兄弟的人給殺了，你們團結起來才是！

可是粗人袁譚哪裡聽得進去這個道理？仍然在南皮地區養精蓄銳，聯合冀州和青州的部分郡縣，組成反鄴城政府聯盟，等時機成熟決一雌雄。

袁尚可不安心，在審配的建議下，決定先發制人，通告冀州各個郡縣，大夥一塊攻打南皮。恰好袁譚副將劉詢陣前倒戈，加上不少郡縣都響應袁尚的號召，袁譚根本打不過，被擊退逃到平原郡，困守嬰城。這下弟弟可不手軟，決心把哥哥除掉，以後自己單幹了，所以繼續進攻！

袁譚急了，找援軍吧，可是老爹都死了哪裡找呀？急病亂投醫，居然想到敵人曹操，想請他幫忙，派辛評的弟弟辛毗，來向曹操求救。於是就出現了曹操正想對劉表發動進攻的時候，殺出了辛毗來搬救兵這麼一齣。

曹操當下召開緊急會議，討論是打劉表呢還是幫袁譚。

大部分將領都認為，現在荊州的形勢是箭在弦上，一觸即發，應該堅決執行，解決了劉表以後，再關照袁家兄弟。

但是荀攸有不同意見，他主張往北方打，為什麼呢？因為劉表沒有什麼威脅，什麼時候打都一樣，這麼多年來，別的諸侯都向外擴張，劉表就守著他的江漢之地，根本沒有雄霸天下的野心。而北邊現在兄弟交惡，你死我活的時候，正是平定的好機會，機不可失。

對於荀攸的意見，曹操也有更深入的想法，他想等袁氏兄弟內訌加深，鬥出個你死我活之後，再收拾殘局，一舉消滅，所以不主張馬上出兵。

但是郭嘉覺得曹操的想法比較危險，讓兩兄弟這麼搞下去，只有兩種結果，一是袁譚被袁尚消滅，二是袁譚打不過，只好投降袁尚。這兩個結果都會造成北方重新統一，這時候再想啃下來，可就是硬碰硬，沒有現在自相殘殺的機會可利用了。

曹操同志撓著頭，最後從南北大局衡量之後，決定聽從這兩個大參謀的意見，去助人爲樂。在這年十月，曹操率領軍隊又朝鄴城撲去，袁尚接到審配的報告，放棄對哥哥的進攻，回到鄴城防守。

此時，袁尚的兩個將領，鎮守陽平的呂曠和高翔投降了曹操，使得袁尚更加孤立。袁譚這時候倒過上好日子了，坐在一邊看戲，光看戲還不過癮，還暗中勾結呂曠和高翔，把自己的將軍印給他們，企圖當自己的臥底，到時候可以撈一大票。可惜，這兩哥們是眞投降，所以把官印交給曹操。

曹操早知道袁譚是白眼狼，不過這時候還不是打狼的時候，所以聽從郭嘉的建議，和袁譚結了親家關係，讓兒子曹整聘娶袁譚的女兒。安撫好袁譚，離間兩兄弟後，曹操就回許都了，讓兄弟倆繼續鬥爭吧。

到了第二年，也就是西元二〇四年正月，曹操開始長期北伐的準備，兵馬未動，糧草先行，截斷淇水，注入白溝（今衛河），作為水上運糧通道。

三月，袁尚留審配、蘇由守鄴城，自己率領大軍再去攻打袁譚的平原郡，想把這顆牙先拔了。審配是老大，蘇由是副司令，但是這兩人湊在一塊不靈，老發生矛盾。蘇由同志很受氣，有一天一衝動，決定不幹了，跳槽，給曹操密報，說自己準備投降，獻給城池，你們快點來接手吧。

曹操一看，嘿，天上掉餡餅，這時候大軍離鄴城還有五十里呢，馬上叫前面的夏侯惇部隊快速前進，接餡餅去。不過，好事多磨，不知怎麼搞了，蘇由想跳槽的消息暴露，只好率領自己人跟審配的部隊在城裡打了起來。人馬太少，根本打不過，蘇由只好逃出城來，先投奔了曹軍。

曹操沒吃著餡餅，餡餅變成了硬骨頭，下令三軍全力猛啃，啃它一塊是一塊。但是鄴城建築品質很好，可見當時包工頭個個都很敬業，所以想把哪一塊砸下來還眞不容易。曹操想起當年官渡袁紹的攻城手段，不如借鑑一下先，於是叫人挖地道進去。審配想，小樣，你以爲你懂得對付我就不懂啦！叫人挖了鴻溝來阻擋，哪個龜頭冒出來就砍了。

曹操又築土山，用箭陣往裡面射。雖然審配沒有製造霹靂滾石車來對付，不過人家城裡防禦設備也頗齊全，搞了一兩個月，沒有見什麼功效！

進攻無效的情況下，曹操先在外邊幹了兩件事。第一，把鄴城的糧草補給線給切斷。鄴城的補給來自上黨，負責人是駐紮在毛城的尹楷。曹操親自率領一支隊伍，繞過鄴城，把尹楷同志打得往西北逃竄。獲勝回來後，還順道撈了一把，把沮授的兒子沮鵠鎮守的邯鄲也給打了下來。上黨和毛城的陷落，不僅掐斷了敵人的糧草通道，而且還切斷并州方面可能的支援，使得鄴城相當孤獨。

第二件事呢，爲了讓鄴城更加孤獨，把冀州觀望的郡縣都遊說到曹軍陣營來。最初有易陽縣令韓范和涉縣縣令梁歧，這兩人跟徐晃是老朋友，在徐晃忽悠下，舉縣投降，非常順利。

徐晃嘗到甜頭後，進一步建議，重賞這兩哥們，作爲勞動模範給予表揚，號召其他的縣令學習他們投降的作風，這樣多省力呀！曹操覺得主意不錯，封兩個人爲關內侯，還眞發揮了榜樣的作用，西北郡縣紛紛跳槽啦。

策反跳槽取得了效果，曹操決定加以推廣，爭取用這個辦法拿下鄴城。各位同志，你們有沒有老朋友、老親戚什麼的在鄴城裡當官，有的話去遊說他們裡應外合，大大有賞。許攸和張郃是從袁紹陣營裡過來的，肯定有老同事在鄴城呢，通過努力，聯繫上審配的部將馮禮，這哥們答應做臥底。

曹操想找個更大的臥底，就是魏郡太守袁春卿，現在正在鄴城裡面。有什麼辦法呢，把他老父親袁之長從揚州大老遠請過來，有點人質的意思，然後讓董昭給他寫了一封勸降信，秘密送進去。想不到袁春卿忠心耿耿，連老爹都不管，直接把信給了審配，策反計劃全盤暴露。

曹操弄巧成拙的後遺症還在後邊，正牌臥底馮禮出手的時候，審配已經加強防範了。馮禮私自打開突門，放曹軍進去，不過剛進來一小隊，就被守軍發現。守軍由城上砸下石頭，打中柵門，柵門封死，曹軍進退兩難，馮禮和三百多名士兵為投降舉動獻出生命。

68. 搞定鄴城

袁尚以為自己是這齣戲的總導演，沒想到老奸巨猾的曹操把導演權力握在自己手裡，使得袁尚成為不折不扣的演員，鄴城宣告陷落。

五月，曹操再出一計。

他把原來挖的地道和築的土山全清理掉，在鄴城四周挖一條溝，長四十里，把鄴城圍起來。這個溝挖得很淺，是個人都可以跳躍過去。審配在城上看著，覺得可笑，說，這傻逼，腦子進水了吧，挖這個能幹嘛用！於是沒有阻撓。

但是只過了一個晚上，第二天一看，這條溝的深度度和寬度都達到兩丈。審配想阻擋已經來不及了，這才知道曹操把自己當猴子耍了。曹操下令，把漳河的水引到溝裡，灌城嘍。江淮一帶的老百姓大都受過水災的痛苦，知道內澇的生活如何不便，再加上古代都是平房，沒有鋼筋水泥的高層建築，這下可苦了，鄴城大半浸在水裡，老百姓要串門子都得先游泳，生活設施一律完蛋。浸水時間從五月維持到破城的八月，餓死的軍民超過半數，怎一個慘字了得。

七月底，袁尚帶著攻打平原郡的萬餘人馬，回來救援。曹操召開軍事會議，問大家怎麼對付袁尚。謀士將領大多有軍事文化，打開兵書找了找，找到了對應的一條，叫「歸師勿遏」。什麼意思？就是相當與你聽說你家裡遭搶劫了，立馬趕回去，恨不得把劫匪砍了，這時候你必定很勇敢，以一當十。同樣道理，曹操把袁尚老窩整成這樣，袁尚的歸師必定十分勇猛，因此大家商量暫時避開他的鋒芒。

曹操的戰爭嗅覺比兵書理論更敏銳，所以不會拿教條對號入座，直覺告訴他，袁尚的部隊算不算傳說中的「歸師」得打個問號，他有一個判斷的方法，說，如果袁尚的大軍從大路趕回，就說明有決一死戰的鬥志，我們可以避其鋒芒；如果從西山小路探頭探腦地回來，說明戰鬥慾望不強烈，我們就迎頭痛擊。

得到的情報是，袁尚果然從西山小路回來，駐紮在陽平城。

袁尚這回懂得用計了，他派主簿李孚化裝人曹軍人馬，潛入曹營，然後再偷偷進城聯繫審配。這事被曹操的情報人員發覺了，但曹操沒有抓李孚，讓他進城，只是讓情報人員注意他們的勾當。不久，就得知消息，袁尚要趁夜點火為號，審配也以點火為應，內外夾攻曹操。

袁尚以為自己是這齣戲的總導演，沒想到老奸巨猾的曹操把導演權力握在自己手裡，使得袁尚成為不折不扣的演員。袁尚舉火為號，曹操親自率領率軍迎戰，審配一看好戲開始了，也點火呼應，率軍出城。早有準備的曹洪軍隊卻守到城外，一陣狂風箭雨，把審配擋回城裡。

袁尚一看夾攻戰術失敗，慌了，根本無心與曹操會戰，退回漳水河岸的營寨，據險而守。曹操咬住青山不放鬆，圍住一陣猛攻。袁尚畢竟是個雛兒，心慌之下，派陳琳和陰夔請求投降。

曹操不同意，攻得更猛。袁尚只好在夜裡逃跑出來，遭到曹操的狂追，部將張顗、馬延臨陣投降，最後帶領少數親信逃往中山郡（河北定縣），留下的印綬以及輜重財產被曹操打包收回。

此刻鄴城搖搖欲墜，為了減少傷亡，曹操決定不硬打，用心理戰術把它搞下來。他把袁尚留下的印綬、節鉞等在城下示衆，自己經常穿著休閒服，在城下遛彎，一副鄴城遲早拿下的架勢。鄴城軍民果然人心浮動，被朝不保夕的情緒籠罩著，審配不得不每天做勵志工作，說幽州刺史袁熙很快就會來幫我們，扛住是硬道理，過幾天曹操累了就會回去的。

審配看曹操老來遛彎，就叫弓箭手埋伏在城頭，想把他一箭搞死得了。偏偏這些弓箭手的技術離世界冠軍差一點，箭從曹操頭上掠過，僅僅嚇出一身冷汗。但曹操並沒有抱頭鼠竄，而是朝城頭叫了一聲，鎮定自若地大笑而去，好像自己是命中註定死不了的神人。

這番大膽的表演把鄴城軍民徹底搞崩潰了。最先繃不住的居然是審配的侄子審榮，他想曹操打進來肯定要拿審家滿門開刀呀，不如給自己找條活路吧。他做了鄴城的最後一個臥底，偷偷打開他負責防守的東門，曹軍蜂擁而入，審配奮勇反抗，直到被俘，鄴城宣告陷落。

辛評此刻在曹操陣營，鄴城一陷落，他馬上去去監獄找親屬。爲什麼呢？因爲他策劃袁譚和袁尚翻臉的時候，家屬全在鄴城，被審配關到監獄裡了。哪知到監獄一看，家人早就被審配解決掉了，不禁悲憤異常，看見曹兵捆綁審配過來，用馬鞭抽打他的頭，咬牙切齒道，奴才，你這次死定了！

審配反罵道，就是你們這些狗賊亂搞，曹操才會攻破冀州，我恨不得殺死你。

如今看你怎麼殺我！

曹操過來了，對審配笑道，那天我在城外溜達，哪裡來那麼多亂箭呀！

審配道，只恨太少了些！

曹操覺得審配是人才，想招降他，便給他一個台階下，說，其實我也知道你只是盡職而已，不怪你啦。

審配呢，根本不下台階，只求壯烈一死，再加上辛評在一邊痛哭流涕，要求爲他家人報仇，曹操沒轍，只能下令殺了審配。

佔領了袁紹老巢，算是與袁紹的鬥爭有個徹底的了結，但袁紹已死，此刻的曹操，有一種悲痛從心頭湧出，眼前浮現出一幕幕景象：自小與袁紹飛鷹走狗，青春作伴；其後一起在京城爲將，同反董卓，有患難投靠的經歷；乃至最後成爲勢不兩立的敵人，如今一死一生，在生死兩茫茫的際遇裡，個人恩怨又何值一談呢！

他在袁紹墓前號啕大哭，親自祭奠，最知心的朋友和最匹敵的敵人，給予的懷念都一樣的深！他下令，厚待袁紹家屬，以後給予高級的公務員待遇。

69. 姑娘漂亮，色鬼都想上

甄氏來到曹家後，曾引發了一段三角戀。曹丕的弟弟，小色鬼曹植，被嫂子的婦人氣質打動，深深迷戀。兄弟倆展開情戰，最終曹丕把曹植趕走，不讓他接近甄氏，死了這條心。

袁紹的兒子們遭殃了，曹操的兒子曹丕艷福來了。

曹丕跟隨父親來前線實習，攻下鄴城之後，到袁紹的府邸裡溜達，東看看，西看看，渾水摸魚來了。到人家臥室裡看到袁紹的老婆劉夫人戰戰兢兢，她的兒媳婦甄氏把頭埋在劉夫人雙膝上。曹丕裝模作樣道，劉夫人不要害怕，我一向對女同志比較友好，讓妳媳婦兒把頭抬起來看看。

一這抬頭，把曹丕驚呆了。此時的曹丕十八歲，女色這門專業的功課基本學全了，當時驚歎甄氏姿色非凡，讚不絕口，一副很有品味的少年老流氓的樣子。這個甄氏呢，雖然史書沒有對她容貌進行仔細描摹，但可以肯定是三國幾大頂尖美人之一。她不是袁譚也不是袁尙的老婆，而是老二袁熙的老婆，袁熙去青州當刺史，沒帶她去，留在鄴城伺候婆婆。這個決定讓曹丕占了大便宜。

曹操一看兒子先瞄上，不好意思搶過來，只能裝作很高興的樣子，說我們家小色鬼長大成人了，審美到達乃父之水準，懂得撈美女了，可喜可賀。於是乎，就把甄氏娶給兒子做老婆了。後來曹丕當了皇帝，甄夫人就成了皇后，所以《三國志》裡有專門爲她立傳，把她成長中的事情也挖出來。到此刻我們只知道她的容貌超一流，實際上她的才華和品德更在容貌之上。

很小的時候，著名的看相專家劉良就說，這個小妞日後前途不可估量。她三歲父親就去世了，八、九歲的時候，就表現得其跟其他姐妹有不同之處，比如說，有一天門外有馬戲團來表演，姐妹們都趴在窗戶上看，惟獨她不動。她的四個姐妹們很好奇，問，這麼好看的把戲妳不看呀，太缺少娛樂精神了吧？她一本正經地說，這種東西是女人應該看的嗎？

放到現在，我們可以說她裝淑女；放在古代，這是相當有品位的才女舉止。她特喜歡讀書寫字，常常把哥哥的筆墨紙硯拿來練習，典型的文藝女青年，在當時相當另類，哥哥就對她說，妳應該學習刺繡針線女工的活兒，現在成天讀書練字，難道想當女博士？她跟知識份子一樣回道，古代的賢女，沒有不學習前世的成敗經驗，引以爲鑑的，我不讀書，哪裡去找經驗呢？

可見，她從小就想當才女而不僅是美女。

甄宓的才華在十幾歲的時候暴露無遺。她的家族，算是一個官僚家庭，祖父是二千石的官，父親做過上蔡縣令，父親死後，她的家庭基本上是個商業家庭。在古代成爲商人家庭後，有吃有喝，但是名望有所下跌，被士人家庭看不起。因此，這個時候天下大亂，百姓皆流離失所，食不果腹，甄家卻頗爲富裕，家裡儲存有不少穀物。老百姓紛紛把藏家寶拿出來換米吃。

甄氏當時對母親說：現在這個世道，這些寶貝跟垃圾一樣沒什麼用，而且還會招來禍事，咱們不如把米拿出來分散給鄉鄰們，廣做善事。

全家人就數她文化程度最高，都覺得有道理，就照她說的這麼做了。這一招重新讓她的家族在當地有很大的聲望，而且讓她自己的名聲遠揚，人們都說，有這種胸懷的女人，應該是當皇后的料子！

所以說，甄氏是有姿色有理想有道德有文化的女人，心地善良知名度又高，前來求婚的人排到大馬路上。她眼光極高，放在現在是屬於嫁不出去的女明星，人世間長得兩條腿的動物多了去了，可是哪裡有匹配的呢？甄氏望著長龍隊伍，人山人海，孤獨求敗呀！後來直到袁熙來求婚，以袁紹的聲望和地位，她隱約覺得自己當賢女的理想可以實現了，這是全國政治地位最高的家庭，最有前途的官僚家庭呀！

很遺憾的是，她跟袁熙在一起的生活並不快樂，可能是因爲袁熙這個人比較平庸，不論是政治理想、文化水平、言談舉止甚至床上功夫，都很難跟甄小姐的期望值相匹配。因此，袁熙去青州上任，想帶她去，她不去，要伺候婆婆。

這個理由，不是托詞，倒是眞心的，因爲她待人確實非常好。比如她沒嫁出的時候，哥哥甄儼去世了，留下少妻小兒，甄氏是眞心對待。她母親對兒媳婦又很嚴格，因此她屢次勸告母親說，哥哥不幸早去世，嫂子年紀輕輕就守寡，爲了撫養孩子堅守貞潔，這是非常不容易的，妳不應該把她當外人，應該當她是自己的女兒呀！母親終於被感動，便讓她和寡嫂生活在一起，寢息相隨。可見甄宓的性格中有至深的悲憫情懷，照顧婆婆不是假，但同時也是對跟袁熙無趣生活的一種逃避。

後來的權謀理論家們認爲，甄氏感覺跟著袁熙混，當皇后的可能性微乎其微，她留在鄴城是在等待下一個機會，結果，把曹丕等來了。我靠！如果一個女人的心機厲害到這個地步，想到以換老公的方式來實現自己的理想，那也太可怕了。所以我堅持不相信這種論斷，我寧願相信，甄氏是一個美麗、善良而且頗有藝術品味的女人，她沒有碰到能征服自己的男人時，寧可閑著，做單身女人。而她的人生軌跡，掌握在命運的造化之中，絕不是自己的心計所能操控。

甄氏來到曹家後，曾引發一段三角戀。曹丕的弟弟，另一個風流浪漫才華橫溢的小色鬼曹植，被嫂子的婦人氣質打動，深深迷戀。這個小色鬼可能有點戀母情結，因爲甄氏跟曹丕本來就是姐弟戀，大曹丕五歲，比曹植呢，大十歲，所以這段戀情應該發生在曹植青春衝動期。

曹植早年仗著自己的才華頗受曹操疼愛，有點桀驁不馴的脫俗氣質，就一藝術青年吧，所以估計愛起來挺瘋狂的，會拋開世俗常理，瘋狂表達遲來的愛。哥哥曹丕想，你小子鳥毛剛長齊就來釣我的馬子，老爹都不敢呢！所以兄弟倆展開情戰，最終曹丕把曹植趕走，不讓他接近甄氏，死了這條心。這倆兄弟爭女人，爭皇位，文人氣質頗濃的曹植都爭不過理性務實的哥哥。

得到甄氏後，曹丕也非常愛她，特別是有弟弟的爭奪，所以愛得更狠些。西元二二〇年，曹丕稱帝，即魏文帝，這個時候曹丕三十三歲，甄氏已經三十八了，多漂亮的女人都經不起歲月的糟蹋，特別是古代沒有胎盤素，沒有整容術，也沒有現代的養顏術的情況下，甄氏走在通往年老色衰的路上。而曹丕呢，身體還行，後宮佳麗一下子湧來出來，特別是廢掉的漢獻帝把兩個超級漂亮的騷包女兒嫁給他，過上了荒淫無度的理想生活，從此疏遠甄氏。甄氏備受冷遇，自然有不少怨言。

甄氏在跟曹丕蜜月期間，給曹丕少不了出謀劃策，展現自己讀書的成果，曹丕也多有採納。現在甄氏見曹丕沉浸於美色，不理國事，於公於私都勸阻他，你現在是國家最高領導人，肩上的擔子很重呀，不能被女人掏空身子，對自己對國家都不好呀！甄氏這麼有責任感，一是爲曹丕生了兒子曹睿，即後來的魏明帝，算是非常正宗的皇后，有權說話；其次她一直以賢女的標準來對待自己，給皇帝老公上諫是應該的。可是，曹丕同志這時候已經非常煩她了。二〇一年，也就是當皇帝的第二年，曹丕新納的寵妾郭氏爲奪取皇后位子，栽贓甄后，誣陷她埋木偶詛咒文帝。曹丕聽信了郭氏的話，一氣之下，勒令甄氏服毒自盡。

甄氏，這個聰明得一塌糊塗的女人，臨終說的話是，早知道這樣，就不當皇后了。還好她的才華沒有湮沒在歷史的塵埃中，留有《甄皇后詩選》，其中的《塘上行》堪稱樂府詩歌的典範，膾炙人口，流傳至今。有興趣的朋友可以讀一讀，有時候去琢磨一個女人的才華跟享受她的美色一樣有快感，因爲心靈的做愛比肉體的做愛更有震撼力！

至於曹植呢，對嫂子的愛是念念不忘，得不到的女人永遠最美。所以時不時找個藉口，去看看嫂子，意淫是最高境界嘛！

最後一次，也就是甄氏死後的第二年，曹丕告訴他，夢中情人已經死了，別來晃悠了。曹植悲傷地回來，經過洛河的時候，一種思念和摯愛洶湧而來，寫下《感甄賦》，以洛水女神來形容自己心目中的甄氏。

魏明帝後來覺得叔叔的這首詩好是好，不過明眼人可以看出是自己的家醜，於是就改名爲《洛神賦》。

不過，需要提醒一點的是，關於兄弟三角戀這個事，在史學上並沒有公論。雖然我認爲曹植同學很有可能愛上甄氏老師，但也有人認爲三角戀只是後人的妙筆生花。因此，後者解釋《洛神賦》，說表面上敘寫曹植與女神相戀，終因人神道殊，含情痛別，其實是假託洛神，寄心文帝，抒發衷情不能相通的政治苦悶。

這是教科書上的說法，也算一說。不過，我就不明白，爲什麼古人總喜歡用最美的女人，來比喻最骯髒的政治呢？簡直不可理喻。

第11章 氣吞山河

遠征烏桓這一年，曹操五十三歲，距離他陳留起兵、白手起家，整整十八年。十八年間平定了整個北方中國，成為全國最強霸主，這個效率，非常之高。

70. 袁譚去天上見老爹

曹操一急之下親自擂鼓，大家都跟吃了興奮劑一樣，袁譚成為刀下之鬼見他老爸去了。曹操把袁譚的首級示眾，誰敢哭，就連同老婆孩子都殺了。

回過頭來，且說曹操攻下鄴城後，自領冀州牧，減免租賦，安撫百姓。這個時候他想當什麼官，或者想讓別人當什麼官，都他說了算，但是會做個表詔漢獻帝的形式。并州刺史高幹也表示臣服，曹操便讓他繼續管理并州，歸入朝廷的管轄。收拾妥當，暫時領軍回到兗州稍息片刻。

再說袁譚，在曹操圍攻鄴城的時候，便意識到跟曹操結盟是個陷阱，曖昧的陷阱，於是想跟曹操分手。不過，這個人沒什麼腦子，做事情不講究藝術，蠻幹是硬道理，主意一定，他出手攻佔冀州的甘陵、安平、渤海、河間四個郡。這些地方本來已經屬於曹操控制了，這麼幹明擺著跟曹操掰了。對於被曹操打得屁滾尿流的袁尚，他根本不講兄弟情面，發揮痛打落水狗的精神，把袁尚從中山郡趕到故安，投靠二哥袁熙去了。

曹操稍息完畢，可以對袁譚出手了。先派郵差送封信過去，信中譴責他不服從朝廷管理，私自割據四個郡縣，違背當年求救時的盟約，最後，你死定了！說得有理有據，袁譚啞口無言。

曹操又派了一個郵遞員，這回不是送信，是把袁譚的女兒送回去還他。你不仁，我不義，現在徹底翻臉，等我的大軍來吧。

只是可憐那些被當作政治禮物的女人，她們的命如同手紙，在最骯髒的地方揩來揩去，用完了就扔。不知道女同胞們將心比心，會有什麼樣的感覺？

西元二〇四年十二月，天寒地凍的時節，曹操發神經北上，攻打袁譚。在世界的戰爭史上，遠征到冰天雪地去作戰，都是不可取的。首先物資運輸就是一大難題，其次遠征軍很難適應當地的氣候，往往沒被敵人打死就被天氣凍傷了。曹操也沒有三頭六臂，所以逃不過這些困難，費盡周折把冰凍的河流鑿開，便於船隻運輸，這個工作量巨大，已經讓工程兵焦頭爛額。

曹操決定在這個適合冬眠的季節收拾袁譚，是不想讓袁譚緩過勁來，越鬧越大。袁譚呢，也想不到這麼冷的天曹操不在家烤火爐而出來戰爭，聽到消息大吃一驚，從平原郡往北撤退兩百里，在渤海郡的南皮城，迎戰曹操。謀士郭圖和辛評看出遠征軍的弊端，主張曹軍到來尚未站穩腳跟之前，給予突然襲擊。袁譚這回倒是聽話，看到曹軍還在暖手呢，帶兵衝出迎頭痛擊。

曹軍真不適應天氣，手腳凍僵著根本施展不開，像木偶一樣被袁譚狂打一通，人馬損失不少。還好袁譚兵力不多，打到下下班時間就回城吃飯了。這第一回合袁譚算是滅了一把曹操的威風！

曹操此刻才看到將士們好辛苦，打起仗來也不靈，便打起了退堂鼓，有心回去緩一緩等春天花開再過來。

此時，少壯將軍曹純堅決不同意，他說，我們遠征千里，如果沒有打下敵人就撤退，這樣會自損軍威，在撤退中一遇到打擊，更會潰不成軍。況且我們孤軍深入，也很難打持久戰，應迅速攻打。現在敵人得勝而驕傲，我軍失敗而警覺，以警覺之兵對付驕傲之兵，一定可以拿下的。

曹純何許人？得交代一下，是曹仁的弟弟，是成熟起來的曹家第二梯隊將帥，屬於少壯派。曹純從一八七年開始，也就是十七歲的時候就跟著曹操征戰，現在以議郎的身份參與司空軍事的工作。他訓練的虎豹騎是天下第一精良的騎兵隊，精選最優秀的騎兵組成，相當於曹軍中的特種部隊，驍勇異常，擔任尖刀任務。而此時三十五歲的曹純正是想建功立業的時候，求戰積極性很高！

曹操以及參謀部感覺曹純的意見相當正確。於是，當晚休息一個晚上，第二天起來吃飽飯，開始唱，左三圈右三圈，脖子扭扭屁股扭扭，讓我們來做運動。把手腳活動開後開始猛力攻打南皮城，攻了一個上午，沒拿下。

到中午的時候，曹操一急之下親自擂鼓，大家都跟吃了興奮劑一樣，士氣高漲，爭先踴躍，終於一舉攻破。袁譚從北門殺出，剛好碰到曹純的虎豹騎，一陣斬殺，袁譚成爲刀下之鬼見他老爸去了。

另外曹操這次對郭圖等人也不客氣，殺了了事。把袁譚的首級示衆，誰敢哭，就連同老婆孩子都殺了。這次處理敵人比在鄴城要乾脆，因爲曹操更饒不得投降了又反叛的白眼狼，給大家樹立個反面教材吧！

71. 忠臣王修，能臣杜畿

進攻高幹之前，必須先把野火撲滅。找誰呢？曹操想破了頭皮，只好寫了封信快遞給荀彧，說河東是天下要地，讓他推薦一人鎮守。荀彧馬上回信，告訴他杜畿有勇有謀，可以接替河東太守。

袁紹死，袁譚亡，曹操橫掃北方的棋局才下了到中盤，後面收官還麻煩得很。爲什麼？因爲袁熙和袁尚還在延續袁家香火，因此，那些袁家的故吏門生都不太鳥曹操，持觀望態度。這兩傢伙要是有點出息，像孫策孫權兄弟那樣，那星星之火燎原一片也不是不可能。

所以曹操首先要有一個姿態，來穩定局勢。他頒佈了一道《赦袁氏同惡令》，意思是原來跟袁氏一起跟我作對的人，現在只要歸附我，以前的事一概不論。

北海太守王修，也就是前面勸袁譚不要兄弟相鬥的袁氏忠臣，正在樂安運糧，聽說袁譚被曹操打得快不行了，趕緊帶了人馬過來救助。還沒到，袁譚已經被打死了，王修從馬上滾下來號啕大哭，忠心披瀝！哭完，直接來找曹操，希望能收葬袁譚的屍首。曹操想考驗一下這個人，到底是什麼心思，所以不表態度。

王修進一步請求道，我原來受袁氏厚恩，不能不報，如果讓我收殮袁譚屍首，你再殺了我，我也沒有遺憾！曹操被他忠誠感動，答應他的要求，當然更沒有殺他，而是派他繼續在樂安督運軍糧。

雖然曹操待他不錯，但他對待曹操，還是很有原則的。殺死袁譚之後，周圍的好多郡縣都歸順曹操了，惟獨樂安太守管統不服。曹操就吩咐王修，到樂安去策劃兵變，把管統的人頭提來。

王修不答應，他跟曹操說，管統在失去故主後仍然不變節，這種忠誠的人殺了，那成什麼了？我不殺。不過，他最後幫助曹操說服了管統，曹操高興之下，就不追究管統的頑固了。

審配和王修都是對袁氏盡忠的良臣，攻破鄴城時，曹操在審配府搜出財物珠寶不計其數，而攻破南皮後，在王修家裡只搜到穀子不滿十斛，圖書幾百本。

這下曹操服了，說王修這個名士還眞是名副其實，封他爲司空掾，行司金中郎將職位，當魏郡太守。

王修受到重用，對於其他袁氏門徒來說是個鼓舞。郭嘉也趁熱打鐵，跟曹操建議多邀請冀州等北方名士爲顧問，進一步拉攏人心。因此，在檄文裡罵得曹操狗血噴頭的陳琳也是在這期間被赦免的。

而其後連黑山軍張燕也在二〇五年四月宣佈歸降，帶著手下的十餘萬人呢，曹操趕緊封張燕爲安國亭侯。

曹操的懷柔政策取得了成效，對於各個勢力的歸順有指導作用。老二袁熙就倒了這個大楣，他手下的最重要將領焦觸、張南，在曹軍間諜的遊說下居然兵變，反過來攻打袁熙。

袁熙是個儒弱的傢伙，玩打仗根本不行，只好帶著前來投奔自己的袁尙，逃離幽州，前往東北異族烏桓部落中投靠。

焦觸趕跑袁熙，自封爲幽州刺史，率領各個郡縣長官和人馬歸附曹操，曹操一一給他們封侯列爵，烏龜變王八，有名有姓有排行了。不過，刺史這個位子屁股還沒坐熱，就出事了，幽州境內故安守將趙犢、霍奴公開反曹，把焦觸和涿郡太守給殺了，號召大家一起跟曹操勢力鬥爭。東北那邊，袁家兩兄弟一見有人鬧事，趕緊慫恿烏桓騎兵攻打部落邊境勢力，打的是誰呢？是獷平（就是今北京密雲附近）的鮮于輔，是曹操的盟友。

鮮于輔何人也？說來話有點長，原來袁紹吞併劉虞父子的幽州時，兩個劉氏的忠臣將領閻柔和鮮于輔堅決不投靠袁紹，獨立率領部隊，駐紮在幽州北部。後來倒是和曹操結盟，許都朝廷封閻柔為護烏桓校尉，鮮于輔為建憲將軍，兩個人的任務就是駐守烏桓族邊境，防止他們入侵。

官渡大戰時，他們保持中立，甚至還算是曹操的敵後力量，讓袁紹有點心理壓力。從這個關係來說，他們告急，曹操不能不管。

西元二〇五年八月，曹操率軍攻打趙犢、霍奴，很快就搞定。接著過來征討烏桓，他們一見曹操老人家親自來了，趕緊撤回東北。幽州的麻煩算是暫時解除了，可并州的連鎖反應又發生了。原來已經臣服曹操的高幹聽說曹操征討烏桓，立刻變臉，宣佈并州反叛。

高幹是個人才，手下有五萬部隊，戰鬥能力相當強盛，所以麻煩比較大。他一出手，冀州西北的上黨等地很快失陷，並且佔領軍事重鎮壺關。曹操派出李典和樂進先率軍阻擋，樂進表現非常優異，靈活運用戰術，幾次接觸戰都取得效果，使得高幹只能守在壺關，不能讓往前攻打鄴城。這完全達到了曹操的預期目標：先擋住，一會兒親自率軍來對付。

并州高幹反叛的同時，又有連鎖反應，至少有三股反曹勢起來相呼應，一是河內人張晟，聚集了一萬多人在崤山和澠池之間作亂；二是弘農人張琰起兵；三是和高幹勾結的衛固等人。河東郡太守王邑失職調離，受到朝廷徵召，郡掾衛固與中郎將范先等去拜見鍾繇，請求讓王邑留任，鍾繇不同意，衛固等就暗中與高幹勾結，準備展開反曹行動。

鍾繇馬上向曹操告急。曹操知道，在進攻高幹之前，必須先把這些野火撲滅。雖然他們成不了什麼氣候，如果不撲滅，會在你前胸後背這裡燒一塊那裡燒一塊；可要撲滅，還是挺麻煩的，要找專門的救護車。找誰呢？曹操想破了頭皮，只好寫了封信快遞給荀彧，說河東是天下要地，讓他推薦一人鎮守。荀彧馬上回信，告訴他西平太守杜畿，有勇有謀，可以接替河東太守。

曹操就任命杜畿為河東郡太守，馬上去上任。開始輪到杜畿大顯才智的時候了。為了不讓杜畿順利接任，反對派使用了兩招。第一，王邑沒等杜畿到來交接工作，直接帶著印綬去了許都報到了。第二，衛固等派兵數千人切斷黃河上的陝津渡口，杜畿到達河邊，沒法渡過黃河，居然僵持了幾個月。

曹操生氣了，派遣兗州夏侯惇率軍討伐衛固。

杜畿一聽到這個消息，不是高興，而是著急，馬上送信給曹操說，河東郡有三萬戶人家，並不是都想背叛朝廷。現在大軍如果逼迫太急，想要順從朝廷的人無人引導，必然因爲恐懼而聽從衛固的指揮，衛固等人的勢力會更加強大。大軍討伐不能取勝，就難以結束這場災難；即使征伐得勝，也會使一郡的百姓都受到殘害。而且衛固等人沒有公開背叛朝廷，表面上以要求舊長官留任爲理由，必然不會謀害新長官。現在我只要單車直接去上任，出其不意，衛固必然會假意接納我，爲什麼呢？因爲他爲人謀略雖多，但缺乏決斷。而我只要能在郡中待一個月的時間，一切問題都可以搞定。

於是，曹操馬上叫夏侯惇先別動，杜畿則繞道從津渡偷偷過了黃河。

范先想看看杜畿到底是哪根蔥，然後裁了，於是就在郡府的門前殺死主簿以下三十餘人，想讓他畢露原形。

哪知道杜畿毫不在乎，坦然自若，絲毫沒有受到威脅。衛固說，殺了他並沒有好處，只會招來罪名，現在他是盡在咱們掌控之中，拿他做傀儡，怕個球！於是，衛固等人就接受杜畿當河東郡的太守。

杜畿開始施展騰挪手段了。他對衛固、范先說，你們衛家、范家，是河東郡的兩大望族，第一牛，我辦啥事都得仰仗你們。不過，咱們既然有官職之分，所以將來碰到什麼大事，還是要注重形式，共同商量呀。杜畿委任衛固為都督，代理郡丞的職務，又兼任功曹；全郡的大小將領及兵士有三千多人，都由范先指揮。衛固等心中大喜，這兩哥們非常高興，還想在全郡老百姓中徵兵，壯大自己的力量。杜畿不讓他加大力量，就說全民徵兵，騷亂民心，就採用自願招募更好點，結果招募的人寥寥無幾。第一步，算是穩住了他們。

第二步，杜畿要削弱他們征戰的能力，就提出建議，將領和文職官員，可以讓他們回去照顧家庭，輪流值班，等需要的時候召集不難。這些機關幹部都偷懶，覺得杜畿的主意不錯，衛固等不願因拒絕杜畿的建議而招來公憤，也同意了。衛固等同謀死黨都回去休假了，而杜畿團結的人，則隨時可以暗中相助。

經過一段時間的醞釀，戰鬥開始了。一股號稱白騎的武裝力量進攻東垣，高幹也率軍進入濩澤。杜畿知道諸縣都已歸附自己，就離開郡城，隻身率領數十名騎兵，選擇一個堅固的營寨進行防守。屬下各縣的官吏與百姓都紛紛佔據城池，援助杜畿。到幾十天後，杜畿已有四千多人。

衛固與高幹、張晟合兵進攻杜畿據守的營寨，未能攻下；又去周圍各縣搶掠糧草，也沒有收穫。曹操派議郎張既，去關中徵調馬騰等將領平定叛亂，他們都出兵聯合進攻張晟等，大獲全勝，斬殺衛固、范先、張晟、張琰等人。在杜畿的安排下，赦免了其餘的黨羽。

從此，杜畿治理河東郡，以寬大為主，廣施仁惠。百姓有來打官司的，杜畿先給他們講課，普及法律，宣揚道德，分析事理，然後回去自己考慮錯在哪裡。這一考慮，鄉親們都懂得自我檢討，不敢再去告狀啦。杜畿鼓勵農民以農業為基礎，發展畜牧等第二產業，人人都在奔往小康的路上。興建學校，推廣教育，樹立孝順父親、兄弟友愛的模範，搞得大家的素質都提高了。杜畿在河東郡任職十六年，政績在全國排行榜榜上經常第一，是全體黨員學習的榜樣！

72. 哀高幹

高幹走投無路，只好再找保護傘。找誰呢？理所當然是荊州的劉表，他的地盤是好多喪家之犬的狗窩呀！不過，這個逃亡的路程夠遠的，可憐的高幹，一代名將，在反抗中當場被殺。

西元二〇五年十二月，經過兩個月的籌備，曹操開始征討高幹。從鄴城出發，穿越太行山，到達壺關。此時天寒地凍，大雪紛飛，中間行軍之艱難，讓曹操叫苦不迭。

在人煙絕少的山路上，經常會冒出傻乎乎的狗熊，而山間更時傳虎豹的長嘯；太陽下山了，根本找不到投宿的地方，只好劈開堅冰燒水做稀飯吃，如此荒涼的景氣，叫遠征的人多麼想家裡的火爐呀！

此情此景，曹操同志做詩《苦寒行》，可見遠征的苦楚。

北上太行山，艱哉何巍巍！羊腸阪詰屈，車輪為之摧。
樹木何蕭瑟，北風聲正悲。熊羆對我蹲，虎豹夾路啼。
溪谷少人民，雪落何霏霏！延頸長歎息，遠行多所懷。
我心何怫鬱，思欲一東歸。水深橋樑絕，中路正徘徊。
迷惑失故路，薄暮無宿棲。行行日已遠，人馬同時饑。
擔囊行取薪，斧冰持作糜。悲彼東山詩，悠悠使我哀。

這種艱苦程度跟紅軍長征有得一拼。紅軍長征不但要對付惡劣的自然環境，而且還要對付敵人的圍追堵截，但毛澤東寫的《長征》表達的好像不是狼狽和艱辛，而是一種近乎吹牛的喜悅和豪邁。

紅軍不怕遠征難，萬水千山只等閒。
五嶺逶迤騰細浪，烏蒙磅礴走泥丸。
金沙水拍雲崖暖，大渡橋橫鐵索寒。
更喜岷山千里雪，三軍過後盡開顏。

這體現兩個軍人領袖的現實與浪漫的情懷之別，毛澤東更加重視詩歌的勵志，因此從後人看來，長征根本不是一次逃亡，而是一次老鼠逗貓玩的戰爭歷險記。

當然，要比拚毛澤東這種浪漫氣魄，曹操還有後來的《觀滄海》可與之對抗，後面再說。

經過一個月的行軍，二〇六年正月主力部隊到達壺關。壺關軍民在高幹的領導下，對曹操不太客氣，採取堅守政策，不讓曹操有機可趁。曹操非常生氣，亮出屠夫本色，下令猛攻壺關，攻下之後，全體活埋，不准留活的。曹軍全力搶攻一個月，無奈壺關異常堅固，高幹又指揮有度，居然毫髮無損。

由於曹軍補給困難，而壺關防禦堅固，糧食又多，這麼僵持下去肯定不行。曹操開會，請大家出出主意。在第一線的曹仁深感到敵人衆志成城的力量，他說，主公下了屠城令後，敵人倒有了死守的決心，如果給城內軍民活命的機會，敵人反而不會有堅強的意志，這樣更有機會攻下。

曹操點了點頭，有道理，那我就不當屠夫了吧！派人向城內傳話，除了高幹一人，其他人我都不殺，你們要趕緊找機會投誠立功！戰略由軍事強攻轉入心理誘降。

這一招夠狠，把高幹從壺關軍民中孤立出來，高幹同志的心理防線不但要防曹操，還要防自己人。這個壓力一天天地侵蝕高幹的自信心。終於有一天，呼隆一聲，如決堤一樣崩潰了。高幹把壺關轉手給部將夏昭、鄧升把守，自己率領部隊走人了！

去幹嘛？不是去打獵，也沒心情去旅遊，而是跑去找保護傘，向袁紹原來的盟友南匈奴求救。

不過，在這亂世之中，交情一點用都沒有，有用的是實力，南匈奴看見袁氏的基業已經基本崩潰，要實力沒實力，要偶像偶像也破滅，於是宣佈不再和袁氏集團有任何關係，保持中立。同時也拒絕高幹來這兒走親戚找庇護了，免得黏一屁股屎，回頭曹操來算帳，擦都擦不乾淨。

高幹走投無路，只好帶著少數親信，再找保護傘。找誰呢？理所當然是荊州的劉表，他的地盤是好多喪家之犬的狗窩呀！

不過，這個逃亡的路程夠遠的，他跑出并州，渡過黃河，到達洛陽地域。此時河東境內的白騎賊兵正在作亂，關卡防備森嚴，高幹的人馬很快被上洛督尉王琰的守軍擒拿，可憐的高幹，一代名將，在反抗中當場被殺。

而夏昭一看高幹一去不回了，留在這兒跟曹軍反抗，只能等死呀，於是打開城門投降，壺關陷落，并州被曹操收入囊中。

也許很多讀者看到這裡，有個疑問，像高幹、袁譚，跟曹操對抗肯定是自不量力的。爲什麼麼投降了以後不老實點當官，一見有機會還要反叛，自取滅亡？難道眞有活得不耐煩的？

這跟出身以及對自己的定位有關係。

高幹出身陳留世家，祖父當過司隸校尉，父親高躬是蜀郡太守，根正苗紅，將來肯定要發達的。又是袁紹外甥，文武雙全，在河北地區頗有威望，給自己的定位是很高的，要是袁紹稱王，自己少說也是國家一把手的檔次。袁譚，早就對太子這種地位有奢望了。你想袁術都稱皇帝，袁紹這一路的人，必然也是心比天高之輩。投降曹操之後，相當於原來把自己定位爲老總級別的人物，現在還在別人手下打工，肯定是不安分，一有機會就想造反，單幹。

再有第二個原因，袁紹是曹操逼死的，本身有不共戴天的政治仇恨，想想老爹的仇人當你領導，你能幹得下去嗎？這個是不能在曹操手下安心做事的精神原因。還有呢，河北一帶袁紹的死黨力量很多，到處都有人慫恿反對曹操的，搗亂的，袁家後代不能不受到這些力量的指導。

綜上所述，袁紹的這些後輩是不可能和曹操和平共處的，要嘛獨立，要嘛戰死，即便雞蛋碰石頭也要碰死。袁紹和曹操的關係，已經決定了兒子外甥們的命運。

73. 牛羊可抵死罪

這個部族行為很誇張，一生氣可以把父親和兄弟給殺了，但是如果違抗大人的命令，那就是犯罪，要判死刑。犯死罪，也不一定要死，如果肯出牛羊贖罪，也可以換回一條命。

北方四州青、冀、幽、并全進入曹操的圈地，北方統一進入收官階段。這個收官要害呢，在棋局的東北角，有個劫要打。

此劫爲何物？就是袁熙和袁尚兄弟，借助烏桓部族的力量，經常侵入邊界騷擾。這個騷擾的危害有多大？是不是讓這盤棋有翻盤的可能呢？烏桓部族爲什麼對著兩哥們這麼好呢？且先剖析一番。

烏桓人屬於遊牧民族，居無定所，吃牛羊，喝乳酪，穿皮毛，善於騎射，生性彪悍，年輕的會受到尊重，老的就顯得卑賤，看起來比較野蠻一點。其中既勇健又有智商，能解決部落糾紛的人，會被推舉為首領，叫大人。不過，大人出來以後，實際上就是王位世襲制了。

這個部族行為很誇張，一生氣可以把父親和兄弟給殺了，但是永遠不會去害母親，因為母親有娘家部族會來報復；而父兄的後輩小輩就是自己了，沒有其他人為他們報仇。父兄死了後，還有好處，可以娶母親做老婆，可以姦淫寡嫂名正言順，可以看出有原始社會群婚遺留的習統。

殺父兄，不算犯罪，但是如果違抗大人的命令，那就是犯罪，要判死刑。犯死罪，也不一定要死，如果肯出牛羊贖罪，也可以換回一條命。其民族風俗制度，大概如此。

溯源，烏桓和鮮卑都屬於東胡，東胡是一支古老的少數民族。在春秋時代，它西接匈奴，南連燕國，相當的強大。

到西漢時期，匈奴首領冒頓趁東胡驕傲疏忽之際，率領大軍突然襲擊，把東胡打敗了，東胡屬下的烏桓便受到匈奴的奴役。

後來，漢武帝派霍去病去擊破匈奴，烏桓開始擺脫匈奴的羈絆，跟漢朝友好，漢武帝將一部分烏桓部落遷到上谷、漁陽、右北平、遼東、遼西五郡塞外，分佈在現在的北京、河北、遼寧地區，使他們更靠近漢人農業區。漢朝廷對烏桓的要求，主要在軍事方面，即令烏桓偵察匈奴的動向，烏桓大人每年朝見漢帝一次。漢設護烏桓校尉監視，讓它不得與匈奴交通。

以後關係時疏時離，到了漢獻帝初平年間，遼西烏桓大人丘力居死了，他的兒子樓班年紀還小，就由侄子蹋頓代理大人位子，管轄遼東、遼西、右北平三個郡。建安初年袁紹與公孫瓚交戰的時候，蹋頓站在袁紹這一邊，幫助袁紹打敗公孫瓚，同時還派使者要求和袁紹結親，大概想嘗嘗漢人女子的滋味。

袁紹也不含糊，從親友團中挑了一個女子，假冒自己的女兒嫁給蹋頓。同時還假借皇帝的名字，封各個部落大人為單于，讓這些單于尊蹋頓為王。正是因為接受了袁紹這樣的厚待，所以袁家兄弟來投奔，蹋頓自然是相當熱情。

那麼蹋頓的力量到底有多大呢？原來趁著時局大亂的時候，烏桓襲破幽州，強遷了漢民十餘萬戶到自己的地盤；袁尚來投奔後，幽州和冀州的親袁官吏人家，又有十萬戶跟著前來，可見袁氏在河北的威望有多大，根基有多深。這不能不讓袁尚想借著這股力量東山再起。

對曹操來說，這是北方絕對有威脅的不安定因素，遠征塞北搞掉這個麻煩，是遲早的事。

在遠征之前，曹操幹了幾件事做準備。

第一，剿平青州的管承起義軍團。這些起義軍是海盜，曹操派樂進和李典各個擊破，逼到現在山東沿海的海島上去，不再騷擾附近郡縣。

第二，派于禁在東海郡斬昌烯，這哥們原來投降了，後來又背叛，不能不除。

第三件事呢，不是打打殺殺，是封功論賞，大家忙了這麼多年，又是把北方四州給啃下來，該獎勵一下了。

功臣二十多人都爲列侯，其餘依次受封，戰爭死難家庭，免除賦稅。這麼一做，繼續打仗才有幹勁，這是曹操的高明之處。

74. 一封遺書，三條人命

公孫康派使者過來，帶來了禮物，正是二袁的首級呀！眾人目瞪口呆，都懷疑曹操會變魔術。曹操重賞來使，並封公孫康為襄平侯左將軍，簽定和約，安撫完畢，公佈郭嘉的遺書。

照例，北征之前開研討會！該不該先去征討烏桓，又是形成兩派意見。將領這邊以曹仁爲代表，曹仁認爲，勞軍遠征那麼北的地方，沒有絕對必要。因爲，烏桓人雖然對袁氏很好，但是他們野蠻，不講仁義，未必會支持袁尙到底，暫時可以不理；其次呢，我們連年在北方忙活，劉表勢力逐漸加大，在新野訓練軍隊，隨時有搗亂的準備，如果我們大軍開到塞北去，他們攻打許都，我們包機回來都來不及。

參謀部郭嘉持反對意見，他對曹仁的擔憂不以爲然，因爲劉表有軍力但沒野心，劉備有野心但沒軍力，劉表不會把大權交給劉備，所以他們不可能取長補短聯合起來，只能是表面的合作，實際上暗中較勁。但北方的問題若不解決，以袁紹留下來的影響力，死灰復燃未必不可能；烏桓人天高皇帝遠，必然不加防備，我們趁其不備攻打，勝率還是比較大的。

雖然知道北征的困難極其大，比南皮之戰、壺關之戰可能都更苦，但曹操從戰略上分析，還是同意郭嘉的意見，確定北征烏桓。兵馬未動，糧草先行。這次，曹操聽從董昭的建議，開鑿人工河通往海上，使大部分糧草從海上運輸，避免河水凍結，到時候吃不上飯。可見要搞一次戰爭是多麼費勁的事。

西元二〇七年夏天出兵，計劃在冬天來臨時結束戰爭，以免仗還沒打人被凍死。五月大軍走到易城，即河北雄縣，總參謀郭嘉覺得速度太慢，就對曹操說，兵貴神速，我們現在是千里突襲，行李輜重這麼多，肯定影響速度，要是對方聽到消息，做好準備，就達不到襲擊的效果了，不如把輜重留下，輕兵前進，達到出其不意的效果。曹操聽從意見，很快到達無終城，也就是天津的薊縣。這個時候出現兩個困難，第一，總參謀長郭嘉水土不服，病倒了，臥躺軍中。第二，現在正是夏季雨水季節，道路濘泥不堪，而且諸多關塞都有烏桓兵把守，軍隊很難通過。

這兩個問題擺在曹操面前，心裡不由打起退堂鼓。不過，這麼大的事不能說不幹就不幹，他跑到行軍衛生車上看望郭嘉，看到他親愛的軍師被病情和暈車折磨得不像個人了，當場落淚道，爲了遠征異族，讓先生長途跋涉，染上這麼嚴重的病，我於心何忍呀？

郭嘉很嚴肅地回答，我受到丞相重用是我的福分，雖死都不能報萬一！

曹操亮出自己的意思，說，北征路途遙遠，現在面臨困難重重，我想先撤軍回去，以後再做打算，先生你的意見如何！

郭嘉一聽，大吃一驚，掙扎著起身道，軍國大事，不能因爲我的病情而耽擱。現在雖然困難重重，但只要找到好的嚮導，問到捷徑，就可以繼續前進了。

說到嚮導，曹操這時候請出一個專家來商量。他叫田疇。

田疇何許人也？說來也頗有個性。他是無終人，原來是幽州牧劉虞的從事，劉虞被公孫瓚殺害以後，他逃脫出魔掌，帶領宗親等幾百人到山中隱居，後來來的人越來越多，居然發展到五千多家，形成一個小小的社會。

不過，田疇的隱居不是陶淵明那種隱居，而是懷有復仇的企圖。後來袁紹請他出去做官，他不幹；袁尚也來請，更不幹。曹操北征，還沒到這裡，就先請派人請他出山，他很爽快就答應，立刻到軍中報到。

田疇對曹操說，如果走大路，積水很多，淺又不能通馬車，深又不足以走船，非常不討好。有一條通往柳城的古道，在漢光武年前便已經崩塌，斷絕近兩百年了，不過現在還剩條小路能走。現在，我們可以裝作大路走不通，準備撤軍，讓敵人防備鬆懈；然後從盧龍小路出發，越過白檀險道，便可以直接到達敵人大本營。這條路雖然不好走，但實際上距離更短，完全可以讓對方措手不及！

眞應了山窮水盡疑無路，柳暗花明又一村。曹操大喜，留下郭嘉在無終養病，其他人，按照田疇的計劃執行。

第一步，曹操大張旗鼓宣佈，撤軍回家，在路邊大樹上寫下標語：夏季道路不通，等到秋天了再準備進攻，並讓這個消息迅速傳給蹋頓了。這邊呢，以田疇及其部下爲先導，開山塡谷，一路輕裝而去。說得容易，走得很難，人馬勉強前進，糧草卻供應不上，最困難的斷糧日子裡，連殺了幾千匹馬解決肚子問題。直到離柳城二百里的時候，敵人才發現，所以準備不是十分充分。

雙方相遇在白狼山（遼寧凌源東南），曹操登山望去，烏桓的人馬是烏泱泱一片，蹋頓、袁熙、袁尚全到陣上，親自指揮。而曹軍這邊呢，只有張遼和徐晃的騎兵到達，部隊輜重還沒來，士兵們很多都沒盔甲呢。現在要跟善於騎射的烏桓兵打，敵衆我寡，還穿戴不整，不免心裡發慌！但是，作爲一個資深的軍事家，曹操看到的不僅是這個表面，他更能看到對方的要害，要害在哪裡呢？對方陣型凌亂，沒有章法，在衝擊下是有崩潰的可能的。

於是，曹操布下攻擊策略，發動進攻。勇猛的張遼率騎兵先打頭陣，衝亂對方陣勢。袁尚等組織好兵力準備抵抗和反攻時，徐晃的第二波攻擊再度來臨，第三波是曹操親自率領的曹純的虎豹騎。烏桓軍沒見過這麼有套路的打法，大大的狡猾，完全被打崩潰了。而且曹軍，不但是拼了死命的勇猛，還專門找敵軍將領打，找敵軍頭目打。這個先打高級將領的政策讓塌頓同志很倒楣，居然被打成重傷後不治傷亡，畢竟這裡醫學不太發達，否則也許可以挽救成一個植物人之類的。

這一仗非常厲害，投降歸順的漢、胡人口總共達到二十萬。不過，袁尚、袁熙成了漏網之魚，帶著幾千人投奔遼東的公孫康去了。

曹操這邊正在做善後安撫工作，突然後方傳來情報，總參謀長郭嘉病逝，並送來了郭嘉遺書。曹操震驚大哭，道，郭奉孝之死，天喪我呀！對衆說歎道，各位都跟我同輩，只有郭奉孝年紀最輕，我本來要將後事委託給他，想不到卻比我先走，令我肝腸斷裂呀！衆人從悲痛中回過神來，商議乘勝追擊，打到公孫康那邊，把袁熙、袁尚給除了。曹操手握郭嘉的遺書說，不麻煩各位辛苦，幾天之後，公孫康自然送會二袁的首級前來！

果然，沒過多久，公孫康就派使者過來了，帶來了禮物，那禮物，正是二袁的首級呀！衆人目瞪口呆，都懷疑曹操會變魔術。曹操重賞來使，並封公孫康爲襄平侯左將軍，簽定和約，安撫完畢，公佈郭嘉的遺書。遺書上寫，聽說袁家兄弟投往遼東，明公切不可動用兵馬進攻。公孫康很早就害怕袁氏呑併，二袁過來，必然會懷疑他們的居心。如果我們進攻，他們必定合力阻擋，一時難以拿下；如果先不理會，他們必然自相殘殺，可以漁翁得利。

郭嘉是公認三國天下第一謀士，其對政治、軍事和用人的精確分析，沒有一個人能比得了。他的死對曹操而言是失去一隻胳膊！此時他年僅三十七歲。曹操令人扶郭嘉靈柩回許都厚葬！

遠征烏桓這一年，曹操五十三歲，距離他陳留起兵、白手起家，整整十八年。十八年間平定了整個北方中國，成爲全國最強霸主，這個效率，非常之高。

75. 觀滄海

因為有秦皇漢武的足跡，可以想像，曹操在這裡心生豪邁之情，應該不僅是觀海抒情，還有建立豐功偉績的野心，所以把氣魄搞得那麼大，嚇倒後世的詩人一大片。

曹操起兵回鄴城，回來就不用走那麼難走的路徑了，走南路，途中心情愉悅，壯志豪邁，不用細說。值得一提的是，經過河北碣石山，觀海勝地，此情此景，不由讓這個中年詩人豪情大發，寫了名篇《步出夏門行》組詩，其中以《觀滄海》最為人稱讚，傳為絕唱！

東臨碣石，以觀滄海。
水何澹澹，山島竦峙。
樹木叢生，百草豐茂。

秋風蕭瑟，洪波湧起。
日月之行，若出其中；
星漢燦爛，若出其裡。
幸甚至哉！歌以詠志。

這首詩歌的恢弘氣度，當然可以蓋得過毛澤東的「五嶺逶迤騰細浪，烏蒙磅礴走泥丸」。歷史上跳出來的詩人中，也只有李白的「飛流直下三千尺，疑是銀河落九天」氣概，可以相抵。這三個傢伙都是心比天高、氣吞山河之輩，不強烈誇張不足以抒發情懷，因此都是詩能寫到沒邊，但還好藝術掌控能力比較強能夠拉回來的。若以藝術的渾然天成的境界來比，還是曹操的「日月之行，若出其中；星漢燦爛，若出其裡」高一層次。

詩中的碣石呢，比較靠譜的解釋是河北昌黎北的碣石山，海拔六九五米，觀海勝地。秦始皇和漢武帝都曾到這個地方旅遊，當然皇帝的旅遊除了政治視察外，還有求仙問藥的目的。這兩哥們都是相信海上有仙人的，而且相信這些仙人都是藥劑師，不生產治療感冒肚子疼的藥，只生產一種品牌，就是長生不老藥。這也是中醫的悲哀，直到清朝還有皇帝相信煉丹可以長生不老，吃些汞、硫磺整成的東東，加速身體的衰亡。

因爲有秦皇漢武的足跡，可以想像，曹操在這裡心生豪邁之情，應該不僅是觀海抒情，還有憑弔古人，建立豐功偉績的野心，所以把氣魄搞得那麼大，嚇倒後世的詩人一大片。

時光荏苒，日月如梭，轉眼一千七百多年過去了，到了一九五四年，毛澤東來到了北戴河，看到古人在這一帶寫的詩歌牛皮哄哄，不太服氣，當下奮筆整了一首《浪淘沙．北戴河》：

大雨落幽燕，白浪滔天，秦皇島外打魚船。
一片汪洋都不見，知向誰邊？
往事越千年，魏武揮鞭，東臨碣石有遺篇。
蕭瑟秋風今又是，換了人間。

這首詞就提到了曹操一千七百多年前寫詩的事情。但是毛澤東同志最後來了一句「蕭瑟秋風今又是，換了人間」，說詩寫得多牛都沒用，啥也比不上改朝換代建立了社會主義新社會這事兒！

所謂寫者無心，讀者有意，毛澤東這詩歌一發表，不得了，掀起了一股考證「碣石」在何處的熱潮。除了我們剛才所說的河北省昌黎縣北的碣石山。還有一種考證，說碣石山在河北省欒亭縣境的大海中，不過現在沉到海底了。另外還有一種是位於山東省無棣縣城北三十公里的大山村北，海拔只有六十三．四米的小山。因爲開發旅遊的需要，這些地方各自都已經把曹操的碣石安放在自己家裡，說得有板有眼的。當歷史能賣錢的時候，大家都執著得不得了，恨不得把曹操挖出來讓他在大門口忽悠：我寫的碣石就在這兒呢，趕緊買票進來吧！

中國是歷史最悠久的國家，但中國人的歷史感危機卻非常嚴重。有幾個人是想眞正揭開歷史的重重帷幕，把古人栩栩如生地迎到自己面前，與之談笑風生，而不是敲他一竹槓呢？

撇開現實，回到歷史，曹操在第二年正月回到鄴城，開始準備南方的戰爭。而對於遠征烏桓的勝利，曹操也覺得僥倖，在之前的軍事總結會上坦然表示，這次遠征，有幸勝利，實在是老天保佑，不値得作爲軍事範例，以後不能再這麼冒險幹了。當場重獎了曾持反對意見的張遼，希望將士們以後多提意見和策略。

第12章

大戰赤壁

驕橫心理導致一系列多米諾骨牌效應，赤壁之敗給曹操打了一針清醒劑，統一天下沒那麼容易，孫權、劉備他們比袁紹們更頑強，南北鼎立正在形成，想一口吞下會噎死的。

76. 司馬徽給劉備把脈

水鏡先生司馬徽這裡相當於頂級人才交流中心。劉備把多年的困惑說了出來，為什麼我這麼努力地混，就混不好呢，讓他把脈。司馬徽說，問題出在你身邊的謀事幕僚。

曹操回到鄴城之後，經荀攸的策劃，在城邊挖了一個人工湖，士兵們可以下水訓練。幹啥？想去奧林匹克運動會拿游泳金牌？非也，是訓練水軍。眼睛沒瞎掉的人都看得出來，是準備南下對付劉表或者孫權了。

劉表一看，曹操已經擼起袖子想動手了，不由得後悔起來。後悔啥呢？

原來，曹操率大軍去東北出差的時候，劉備幾次慫恿劉表出兵，趁機攻打許都。劉表猶豫不決，因爲他這個集團裡有親曹派，也有反曹派，再加上自己跟女人一樣扭捏，一直沒有動手。現在，輪到曹操虎視眈眈了，才明白自己心裡不夠狠，坐失良機。怎麼辦呢？世界上沒有長生不老藥，也沒有後悔藥，只能給劉備增援兵力，讓他在新野好好訓練，因爲這裡是曹操南下的第一線呀！

連年打敗仗的劉備同志已經四十七歲了。一個充滿了政治野心的皇族後裔，年近半百，要地盤沒地盤，打仗時還要到處借別人的兵馬，混到這份上，換成心高氣傲如袁紹之輩，不是慚愧得吐血而死就是一頭撞死了。

好在劉備同志有個優點，從來不愧疚，芝麻大的官也當，西瓜大的官也當，兢兢業業，從不計較。不過，這把年紀了，他不時也反省一下自己的人生：自己的知名度倒是全國級的，連曹操都說天下的英雄就哥倆了，肯定沒錯；手下的將領呢，有關羽、趙雲、張飛，也都是全國一流；謀士幕僚呢，有簡雍、孫乾、糜竺等。再怎麼說，也是麻雀雖小五臟俱全的一個小集團，爲什麼如今還混到寄人籬下這個地步？原來也有闊過的時候呀，陶謙把徐州牧給他當的時候，不也是地廣人稠嗎？怎麼就沒能把機會把握住，做強做大呢？

肯定有問題。謙虛的劉備想去哪裡讀個MBA，掌握一點高級的管理知識，可是沒門呀，那時候哈佛、劍橋都沒呢，就連北大這種忽悠人的學校也找不到一個。那時候流行的是去拜訪名士，劉備幾次去襄陽拜訪水鏡先生司馬徽。這個人學問很高，但是他最出名的是能夠鑑識人品，很多有才能的人都來拜訪他，跟他交往，相當於頂級人才交流中心。劉備把多年的困惑說了出來，爲什麼我這麼努力地混，就混不好呢，讓他把脈。

司馬徽說，問題出在你身邊的謀事幕僚，孫乾這夥人只是儒生俗士，管管家務可以，讓他們出主意打天下，那是用水果刀來宰牛，沒法使。你現在要找的是一等一的俊傑人才，什麼是俊傑呢？識時務者爲俊傑，對當今有很全面很透徹的瞭解，你現在最需要的就是這樣的人才。

劉備恍然大悟，哦，事情的經過原來是這樣子的，我想你就是俊傑吧，不如你跟我走，雖然我現在混得不好，不過有你幫助，前途肯定是一片光明的呀！

司馬徽說，我不幹，政治太骯髒了，我喜歡玩乾淨的東西，不過我可以給你推薦兩個人！劉備興奮道，誰？

司馬徽道，臥龍和鳳雛，兩個能得到一個，天下就是你的了！

劉備道，靠，這麼酷的馬甲，眞名叫什麼？

司馬徽道，臥龍乃諸葛孔明諸葛亮，鳳雛乃龐統龐士元，你去請他們吧！

77. 隆中對

劉備最後一次來拜訪的時候，諸葛亮覺得，這哥們有點靠譜，是真心求賢的，給他上一課先。於是把二十多年來學問從肚子裡掏出來，胸有成竹，侃侃而談。

於是，引出了一段三顧茅廬，歷史上最有誠意的獵頭行動！由於被人引以傳唱，導致後來有一點點狗屁才能的人，就躲在家裡，跟大爺似的，癡心幻想等人來三顧。在《三國演義》裡，這段戲被寫得很足，劉備唱白臉，關羽唱紅臉，張飛唱黑臉，諸葛亮整天睡覺睡到自然醒，最後終於被抬去上班了。

事實上，三次來請應該是確有其事的，因爲諸葛亮的《出師表》裡有提到過，肯定不是吹牛。而且，誠意也是足夠的，劉備比諸葛亮大二十歲，相當於一個父輩的人去求兒子一樣大的人，這個面子不可謂不大。

諸葛亮當時的知名度並不高，不屬於公認型的名士，屬於冷門型的。他的學問和思維，也跟知識份子主流傾向不太一樣，讀冷門書，比如《梁父吟》，是諷刺戰國時代的賢人晏子為政權害人的故事，因此他思維也比較獨特。一般的讀書人覺得他的學問不太正點，不認可他的才能；而認可他的人呢，比如說司馬徽、徐庶、崔州平等名士，則把他捧上天，覺得他確實有與眾不同的才華。但評價最高的，則是他自己，狂吧，他常常把自己比成管仲和樂毅這兩個春秋戰國的名臣。後面我們可以觀察他的言行，看看他到底讀過哪方面的書，有什麼樣的本事。

劉備請他出山的時候，他正住在襄陽城西的隆中，和弟弟諸葛均一起，過著耕讀生活。諸葛亮老家並不在這邊，他出生地點在青州琅邪郡陽都縣，屬於官宦之家，祖父諸葛豐當過司隸校尉，父親諸葛圭東漢末年做過泰山郡丞。

諸葛亮早年喪父，與弟弟諸葛均一起跟隨叔父諸葛玄生活。諸葛玄呢，原來當袁術偽政府的豫章太守，袁術被消滅後，東漢朝廷不承認他這個職位，派朱皓取代了職務，諸葛玄就去投奔老朋友劉表，搬到荊州。

西元一九七年，諸葛玄病逝，諸葛亮和姐弟失去了生活依靠，便移到襄陽縣西的隆中，隱居鄉間耕種，維持生計。他還有個哥哥，老大諸葛瑾，前幾年在京城洛

陽的太學讀書，畢業後去孫權集團應聘，當官去了。

劉備最後一次來拜訪的時候，諸葛亮覺得，這哥們有點靠譜，是眞心求賢的，給他上一課先。於是在家中接待劉備，兩人坐著板凳，把「天下」擱在小茶几上，開始推心置腹地交談。

劉備誠摯道，漢朝皇室衰微，奸臣當道，我自不量力，拼命努力，想彰顯天下正義。可是智術淺顯，搞來搞去，搞半輩子了，還是一無所成。雖然如此，我還是想盡最大努力來實現理想，請先生給我一點建議。

諸葛亮把二十多年來學問從肚子裡掏出來，擺在茶几上，胸有成竹，侃侃而談：從董卓之亂以來，天下豪傑如雨後春筍，擺個攤支個架自立門戶的不計其數。曹操和袁紹相比，名聲和威望都小，兵力上更是小巫見大巫，但結果卻是把袁紹基業呑噬乾淨。爲什麼能做到以弱勝強？第一，是能抓對時機，第二，也就是最重要的，是有長遠的藍圖規劃！

現在曹操已經擁有百萬雄師，又手握天子這張王牌，跟他硬碰硬，絕對找死。東南方的孫權，經歷父兄三代，基業相當穩固，地勢上有長江天險可以防守，人民生活富裕，軍隊補給充足，手下能幹的人才也是濟濟一堂。這個集團，只能結爲朋友，千萬不要惹他。

荊州呢，是個好地方，北方有漢江天險，南方有物產富饒，東接吳國，西通巴蜀，兵家必爭之地。從目前形勢來看，以荊州的主人劉表的能力，是保不住這塊蛋糕的，這也許是上天有意送給將軍你的禮物，就看你自己的意願了！

西方的益州，地勢險要，沃野千里，有天府之國的美稱。當年漢高祖就是在這塊地盤上發家，建立根據地，然後統一天下。益州牧劉璋，這個人懦弱又糊塗，不是成大事的主，而且深受北方張魯勢力的威脅，所以益州有眼光的人，都想有明主來治理這個地方。

將軍你呢，是漢室宗親，出身不錯；目前的知名度和美譽度，也在全國排行榜前幾位。而且你又求賢若渴，虛心聽取意見，有旺盛的企圖心，這些都是政治家優越的資本。因此，我建議，你先取荊州、益州兩個地方，守其天險，西和戎人，南撫蠻夷。然後和孫權建立同盟關係，勵精圖治，等待最佳時機。

一旦天下形勢變化，就可以派一將領率領荊州兵馬，直接攻打洛陽；而你親自率領益州軍團，由秦川進攻，還怕百姓不夾道歡迎嗎？如果能夠按照這些步驟執行，將軍的霸業一定可以成功！

這就是著名的隆中對。

可以看出，諸葛亮在村裡沒把精力花在種菜上，顯然都在搜集重大時事新聞，分析天下格局變化，功課做得很勤呢。雖然貌似隱居，但時刻都等待出山的機會。爲了這個機會，他必須保持和名士的交往，在知識份子圈裡建立名聲，這是士人的人才交流市場，等著政治首領的挑選。

一流的謀士挑老闆，二流的謀士才讓老闆挑。可以看到，諸葛亮和郭嘉都屬於前者。郭嘉覺得主人不合適，趕緊離開，終於遇到合適的曹操；諸葛亮是幾次鑑定了劉備的人品後，才決定合作。他們的共同點是，集團實力小沒關係，但老闆要有理想並且能重用自己，才能充分發揮出謀士的才能。

當下，劉備要求諸葛亮馬上跟自己回去上班，開始執行起這近乎癡人說夢的長遠規劃。

78. 兩個兒子

劉表病重，一隻腳踏進棺材的時候，奪權進入白熱化。蔡瑁、張允等少壯派封鎖消息，讓劉琦等人毫無戒備之心，其次，緊鑼密鼓籌備劉琮的繼承工作，只等劉表一閉眼，帽子馬上拿過來戴。

曹操、劉備都虎視眈眈荊州這塊蛋糕的時候，荊州形勢雪上加霜，劉表身體不行了。西元二〇八年，劉表病重，病情急速惡化。

這一病激起千層浪。

首當其衝的是有繼承權的兩個兒子。

劉表有兩個兒子，老大劉琦是原配所生，老二劉琮是續弦蔡氏所生。

劉琦性情溫和，頗爲軟弱，當個書生比較合適。劉表同志本來蠻喜歡他的，因爲他長得很像自己。

但是老二劉琮呢，獲得繼承權的希望更大，首先權臣蔡瑁、張允等都支持他，蔡瑁是劉表的妻弟，張允是劉表的外甥，這兩人整天說老大的壞話，說老二的好話，謊言一千遍都變成眞理，更何況毀譽一個人？

其次，他的親媽媽蔡夫人沒日沒夜吹枕頭風，慫恿劉表廢長立幼。有老婆的朋友們應該都清楚，不管你在外邊多麼威風八面，枕頭風你肯定是不能抵擋的。

此風能大能小，能溫柔能猛烈，有時如春風拂面，滲入你四肢百骸讓你欲罷不能；時而如狂風巨浪，轉瞬即來，讓你在頃刻之間已經暈頭轉向，成爲碎片。更要命的是，此風不按季節，不講套路，可年年吹，日夜吹，在你身體疲憊心情放鬆毫無抵抗力的時候吹，不論你有一顆多麼堅硬的英雄之心，一身多麼堅強的硬漢骨頭，都免不了風化的命運。

更何況，劉表雖有英雄之表，卻是一副兒女情懷，怎敵得過世間第一風？因此他也逐漸回心轉意，有意決定廢立長子，找機會把幼子扶正。

在繼承人上，劉表面臨的和當年袁紹面臨的問題如出一轍。甚至，處理的辦法也一樣。劉琦受不了整天有一群蒼蠅在說自己的壞話，日子過得很不安寧，於是聽從諸葛亮的建議，要求出任江夏太守。劉表順勢就答應大兒子的要求，派到外地去工作，遠離政權中心。

江夏太守原來是劉表的鐵哥們黃祖，怎麼現在輪到劉琦來當了？

原來，這年，也就是西元二〇八年春天，孫權展開了一次卓有成效的復仇行動。孫堅當年死在黃祖手上，孫策和孫權兩兄弟一直記得這筆帳，兩人也都跟黃祖算帳了好多次，一直沒有算乾淨。這次孫權派出猛將甘寧、凌統、呂蒙等襲擊黃祖，黃祖在倉促間派水師都督陳就抵擋。

呂蒙他們非常生猛，圍住對方主艦後，率領敢死隊衝上船去，貼身砍殺，把陳就砍死。黃祖軍隊大亂，退入夏口防守，東吳軍隊猛烈攻城。黃祖在城內看到敵人勢頭很猛，這一次很有可能被攻破，於是，坐不住了，率領部隊衝出城來，準備突圍逃走，免得被當成甕中之鱉給逮住了。東吳軍看有人突圍，馬上過來狠殺，非常不幸，黃祖同志在亂戰中居然被殺死。

夏口城雖然被孫權破了，但是孫權覺得這個地方深入對方境內，自己防守吃力，況且他的主要目的是報仇，父仇已血，便下令全軍撤退，放棄佔領江夏。這才由劉表派劉琦來接替江夏太守。

劉琦雖然到外邊來了，但並非沒有人支持。

很多郡縣和軍團都不想讓蔡瑁以及他妹妹蔡夫人這一派力量過於強大，轉而同情和支持劉琦；而劉備和劉琦的關係也不錯，因此劉表在廢長立幼這個問題上也不敢過於明目張膽，一直僵著。

等到他病重，一隻腳踏進棺材的時候，奪權進入白熱化。首先，蔡瑁、張允等少壯派封鎖了劉表快要不行的消息，讓劉琦等人毫無戒備之心，其次，緊鑼密鼓籌備劉琮的繼承工作，只等劉表一閉眼，帽子馬上拿過來戴。

在劉表病重期間，劉琦曾經回來探望，但是蔡瑁等人怕父子情深，劉表心一軟把帽子傳給劉琦，因此把劉琦拒之門外，讓父子不能見上最後一面，可見他們的工作做得多麼絕情而嚴密。

79. 得荊州

劉琮來不及和劉備等商量，就派使者去和曹操談判投降事宜，並下令其他各個郡縣無條件向曹操投降。曹操這回是中了頭彩了，放屁的力氣都不費，就和平取得荊州大部分地區。

說曹操，曹操到。什麼意思？就是說曹操的情報部門特發達，四方諸侯都有他的臥底眼線，哪裡該他出場，話音未落他就來了。

曹操一直在觀察荊州的變化，不敢貿然舉動。爲什麼呢？雖然他現在勢力強大得一塌糊塗，事實上也是最脆弱的時候。

首先他得到袁紹的四州，需要派直系部隊才能把守得住，他的力量分散得厲害。其次，關中諸侯時刻對兗州保持威脅，許都朝廷跟曹操一直是緊張的關係，特別是董承謀殺曹操事件之後，他跟漢獻帝根本不來往，而大臣反對他專權的情緒一直高漲，所以他自己都住在鄴城，許都一直讓善於周旋而有謀略的荀彧來管理，兗州和許都都要信得過的直屬部隊來鎮守。

現在他手上雖然號稱雄兵百萬，絕大多數是袁紹的投降部隊，這些牆頭草會不會爲你賣命？硬仗能不能扛下來？都得打個大大的問號！

曹操的脆弱在於，他不知道自己臃腫的體態中有幾分是實力！

先是在年初，看到孫權已經斬黃祖，破江夏，心裡就著急了。因爲要是荊州給孫權先撈了，把這隻老虎養肥，到時候麻煩可就更大了。到了六月的時候，聽情報人員說劉表已經病得不行了，荊州奪權行動進入白熱化。曹操馬上召開軍事會議，一面向許都的荀彧徵詢意見。

荀彧回覆，這次千載難逢的奪取荊州機會，應該急速南下，由宛城和葉城抄小路，殺他個措手不及。

說幹就幹，七月底，曹操率領十六萬兵馬，其中有三萬直屬部隊，爲主力和先鋒，由曹仁、張遼和徐晃等指揮；其他十三萬爲袁紹降軍重新編組，由曹洪、程昱、樂進等指揮。

這次的總參謀是賈詡，兵馬總數爲歷年戰爭中最多的一次。從宛城和葉城出發，幾日之後到達荊州境內軍事重鎮樊城，前方便傳來好消息。

第一個好消息，那就是劉表同志病情惡化，終於在八月初不治身亡。哎呀，別人死了，竟然當成喜訊，真是不厚道。只是政治不需要厚道，戰爭不需要同情。在蔡瑁、蒯越等人擁立下，劉琮坐上老爸的位子，此刻他哥哥還不知道呢。

第二個消息，是更好的消息。那就是現在控制政權的一夥人，都是親曹派，包括蒯越、蒯良兄弟、蔡瑁、張允等，之前都勸過劉表向曹操投誠。而劉表當年是親袁紹反曹操的，這是荊州基本政策，才使得親曹派沒有特別明目張膽。劉表集團裡，最有力的反曹派只有黃祖，以及投靠過來的劉備，黃祖已經死了，所以現在的政府是向著曹操的。

劉琮剛剛坐上父親的位子，想聯合劉備來部署襄陽城的防守，但是蔡瑁等極力反對。蒯越說，曹操是以朝廷名義來出征的，反抗就成了逆賊，最好的辦法是投降。蒯越是名士，資格很老，以前連大將軍何進都很鳥他，只不過他知道何進不是能做事情的人才甩了，因此他的話很有分量。

劉琮沒有辦法，來不及和劉備等商量，就派使者去和曹操談判投降事宜，並下令其他各個郡縣無條件向曹操投降。

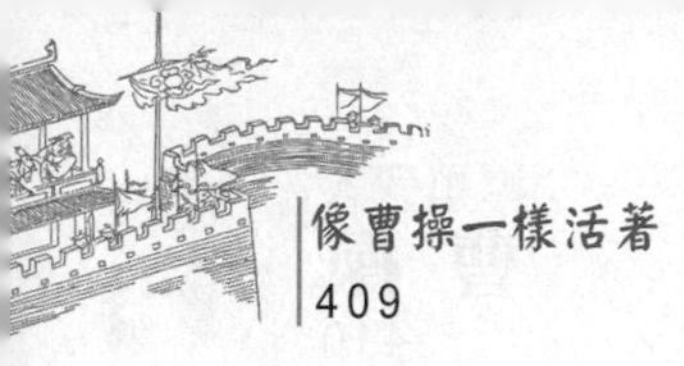

曹操這回是中了頭彩了，放屁的力氣都不費，就和平取得荊州大部分地區。他把劉琮派去當青州刺史，遠離本地勢力。蒯越等人全部封侯列爵，蔡瑁、張允等率領的八萬荊州水軍加入南征隊伍中。

當然，這麼輕易的成功並非完全是狗屎運，曹操這幾年忙於對付袁紹，在荊州一直實施收買人心的軟政策，所以荊州少壯派基本上是親曹派，此刻正是瓜熟蒂落收穫果實的時候。

曹操對待投誠派主力非常看重，他寫信給荀彧說，得到荊州不是我最高興的，最高興的是得到了蒯越呀！這是襄陽投降者中最有面子的一個。

80. 長阪坡

兩軍長阪坡相遇，劉備雖有十萬人，怎奈大多是難民，哪有戰鬥力，被曹操這種尖刀騎兵一衝，便土崩瓦解，潰不成軍，連妻子兒女都陷入亂軍之中，不知是死是活。

再說駐紮在新野的劉備，聽說曹操南下，便一面進入樊城備戰，一面向劉表報告請示。他根本不知道劉表已經去見馬克思了，老是聽不到劉表回覆的消息，只好連派了幾個郵差過去。

劉琮扛不過去，才派部將宋忠（他老爹給他取的這個名字真不吉利）去通知劉備，說劉表已經死了，現在我們已經決定舉州投降！

其他人能投降，劉備可不能投降，曹操這回絕對饒不了他。但是以他的區區兵力，跟曹操大軍對抗，只能是裸男坐石頭——以卵擊石呀。三十六計走為上策，劉備決定先撤退到南邊，佔領長江北岸的重鎮江陵，聯合江夏太守劉琦的主力軍，或許可以守住南部荊州。

劉備在倉促中渡過漢水，經過襄陽城時，往城上呼叫，劉琮，出來聽話！劉琮慚愧，不敢出面。倒是城裡有不少官吏軍民聞聲出來，投靠劉備陣營。劉備只好在城外祭拜劉表墳墓，痛哭不已，一哭劉表對自己的知遇之恩，二哭他死了自己都不知道，三哭他屍骨未寒，兒子就當投降了，四哭自己沒能力保衛荊州，現在只能退守，還不知道能撐多久。

劉備是哭中高手，這一哭全軍爲之感動，更堅定了與曹操死命抗爭的決心。哭畢，帶領軍民往南狂奔而去。

說狂奔，只是心裡的想法，腳上根本狂奔不起來，因爲劉備的部隊一路上都在滾雪球，人越滾越多，不僅有官兵，更多的是老百姓。爲什麼？

因爲劉備口碑特好，粉絲無數，跟著劉備混，肯定有肉吃，這是老百姓的想法。這下可不得了，九月初到達當陽縣時，跟隨而來的軍民達到十萬餘人，行李車輛數千，交通堵塞，人如蝸牛，每天行軍不到十里路。距離江陵還有三百里，至少需要一個月時間，這個速度肯定躲不過曹操的追襲。

劉備當下決定，讓關羽率領水軍由漢江而下，先到江陵佈防，並且聯繫劉琦過來會師，自己則帶領難民慢慢蠕動。可是擺在面前的問題是，一旦曹操追上來，劉備和這十萬人怎麼逃脫呀？因此幕僚將領都勸劉備趕緊走吧，到江陵去準備先，免得死於亂軍之中。

但是，以仁人之心著稱的劉備同志說，我不是不知道危險，但是有心創大業的人最需要的是人心，大家都信任我跟我著我，我又怎麼能拋棄他們呢！

後人論述劉備，多認爲他以仁慈爲權謀手段，以眼淚拉攏人心，是個表演天才，其實這只能說是客觀的效果。在主觀上，仁慈確是他的本性。他有仁愛之心，因此不會像曹操一樣做出屠殺幾萬人的慘劇，才會在如此形勢下跟難民有難同當。這一點正是劉備在諸侯中的突出之處。

八月中旬的時候，孫權得知荊州形勢大變，讓魯肅過來打探一下這邊的態度，他也怕荊州被曹操得到，自己唇寒齒亡，也危險。

這個魯肅得介紹一下，他算是東吳這邊的第二號才俊，文武雙全，不但治軍有方，而且深謀遠慮，見解超人，是三國時期著名的軍事家、政治家、外交家、謀略高手。在《三國演義》裡，他被塑造成一個老實人，在諸葛亮的光芒下跟木頭人一樣被喚來喚去，是對眞實魯肅的一個誤解。

魯肅父親早死，自小喜歡練箭。因家境頗爲富裕，周瑜經過此地，向他借糧，當時，魯肅家裡有兩個圓形大糧倉，每倉裝有三千斛米，周瑜剛說出借糧之意，魯肅毫不猶豫，立即手指其中一倉，贈給了他。經此一事，周瑜確信魯肅是與衆不同的人物，主動與他相交，兩人建立了牢不可破的朋友關係。

周瑜後來把他介紹給孫權，孫權十分器重。劉表一死，曹操南下，東吳這邊也炸了鍋，群臣分爲主戰和主和兩派。魯肅屬於主戰派，他對孫權分析道，荊州和我們相連，沃野千里，殷實富裕，是稱王稱帝的資本。現在劉表剛死，兩個兒子不太和睦，梟雄劉備寄居其中，如果他們能夠齊心協力保衛，我們就應該用安撫政策，同他們結盟；如果他們幹起來，荊州不保，我們就抓緊時機取了這個地方，總之是不能讓曹操得手！現在我去弔唁劉表，瞭解情況，慫恿他和我們結盟先。孫權同意了魯肅的意見。

魯肅到了南郡，在路上聽說劉琮已經投降，劉備往南逃難。他當機立斷，一路南下追趕劉備，在當陽縣追上，傳達孫權問候之意，問劉備有何打算。劉備表示要回江陵把守。魯肅問，有盟友來幫助嗎？劉備說，蒼梧太守吳巨，跟我是老朋友，我想找他幫忙。

魯肅把吳巨貶了一頓，說蒼梧地處偏遠，吳巨是個庸才，依靠這種人，簡直是個笑話。我們家的孫權孫將軍，聰明仁義，禮賢下士，江東多少英豪，聚集在他門下。如今他擁有江東六郡，兵雄馬壯，足以成大事。我覺得目前應該派人跟江東聯合，才能有一番作爲！

魯肅的想法跟諸葛亮的佈局不謀而合，諸葛亮當下也表示，在此危難之際，還是讓我去求助孫將軍吧！

當下，劉備也頗爲高興，讓諸葛亮隨魯肅去見孫權，商量結盟事宜。

九月，曹操大軍抵達新野。前方傳來情報，劉備全力向江陵撤退。江陵這個地方是糧草倉庫，對遠征軍來說有特別實惠，千萬不能讓劉備先吃了。當下曹操選出精銳騎兵五千，配合曹純的虎豹騎，日夜兼程，追趕劉備。

這場龜兔追逐很快分出結果，兩軍長阪坡相遇，劉備雖有十萬人，怎奈大多是難民，哪有戰鬥力，而軍隊又在撤退之中，毫無戰鬥準備，被曹操這種尖刀騎兵一衝，便土崩瓦解，潰不成軍。

張飛保護劉備趕緊撤退，連妻子兒女都陷入亂軍之中，不知是死是活。反正當劉備的家屬是挺慘的，原來落到呂布手裡，幸虧呂布念著交情沒有相害，後來又落到曹軍手裡，幸虧關羽忠誠相護。現在又遭殃了，不過還好又站出一位猛將趙雲，在亂軍中找到了阿斗和甘夫人，這才讓劉備有後呀！這是趙雲一生中最爲人津津樂道的事蹟。

劉備逃跑，張飛殿後，他帶領二十多騎兵在長阪橋部署疑陣。曹純追趕到的時候，只見長阪橋已經被撤去，張飛在對岸橫刀立馬，大聲咆哮道，我就是大名鼎鼎的猛張飛，有種的過來單挑！

此處河水湍急，曹純看張飛一副有恃無恐的樣子，也不知道對面有沒有埋伏，居然不敢貿然過河。劉備藉著雙方對峙的時間，撤到安全地帶。

不過，這下劉備可不敢再往江陵跑了，那是找死的路，往東南方退守夏口。終於在漢水碰到關羽的船隊，一同順流而下。又碰到劉琦北上增援的一萬多名水軍，當下會師夏口，把丟掉的魂兒收回來，從長計議。

81. 諸葛亮激孫權

諸葛亮這一招客觀的激將法很有用，孫權勃然大怒道，曹操挾天子而令諸侯，我絕不能讓東吳數十萬民眾受制於人！我已決定，要對抗曹操匹夫！

單說諸葛亮跟著魯肅來柴桑，引見之下，單獨拜見孫權，商談結盟的可能。諸葛亮一見二十六歲的孫權，戰神的後代，就知道此人年齡不大卻頗有主見，只能激發他思考，讓他自己做決定，而不能強勸他怎麼樣。

諸葛亮用很客觀的態度談論目前的國際形勢後，說，現在曹操攻破荊州，威鎮四海，劉備是英雄無用武之地，暫時逃遁此處。將軍要量力而行來考慮此事，如果能夠以吳越之衆來抗衡曹操，就要早點跟他斷絕；如果覺得扛不住，也應該早點投降歸附北方。現在將軍表面是歸服曹操，而心有不甘，還在猶豫，形勢緊急卻不能決斷，只怕是取禍之道呀！

孫權問，既然曹操勢力驚人，爲什麼劉備不在荊州投降，卻要不自量力，頑強抵抗到底呢？諸葛亮說，古時候田橫只不過是齊國一個壯士，卻懂得如何不受辱，劉豫州是皇室帝冑，在全國都有威望，是反曹的精神領袖，當然不能令人擺佈，即便最後戰敗，也是天命！

諸葛亮這一招客觀的激將法很有用，孫權勃然大怒道，曹操挾天子而令諸侯，能和他對抗的人，只有劉備、劉表和我，現在劉表去世，劉備新敗，只剩下我東吳的軍隊，我絕不能讓東吳數十萬民衆受制於人！我已決定，要對抗曹操匹夫！

諸葛亮見孫權已經做出決定，當下順水推舟，進一步進行情報戰略分析，舉出曹操的幾大弱點。

第一，曹操雖然號稱百萬雄兵，但實際上也就二十萬左右，而且大部分是袁軍和荊州的降兵，因此這支雜牌軍的向心力和戰鬥力得打個問號。曹操的直屬部隊要堅守荊州的廣大地域，能用的非常有限，因此現在曹操主要是虛張聲勢嚇人。其次，曹操的騎兵隊爲追擊劉備，日行三百里，已經是強弩之末，勢不能穿魯縞。第三，曹操的北方軍隊不習水戰，而且水土不服。第四，荊州民心尚未歸附，後院不穩，曹操的水軍是荊州新投降的，非常不可靠。反觀我們這邊，劉備雖然新敗，但關羽那邊有一萬多水軍，加上劉琦的水軍也有一萬以上，而孫將軍你這邊，又有強兵猛將協同作戰，絕對能攻破曹操。攻破曹操，他必定回北方，這樣一來荊州、東吳和北方成鼎足之勢，將軍就可以穩守父兄基業了！

孫權聽到這種樂觀的宏圖妙論，十分高興，答應與自己的參謀們商議論證。

就在此刻，曹操也給東吳放出勝負手，發來一紙檄文給孫權：我最近承奉皇帝詔命，揮師往南征討，劉琮束手就擒，荊州人民望風歸順。現在我統領雄兵百萬，上將千員，想和將軍一起會師江夏，共同討伐劉備，共分土地，永結同盟，請你不要觀望，速速回覆！顯然，這是一封要孫權表明態度的恐嚇信。

這字數不多的恐嚇信如一個地雷，把孫權的群臣嚇得大驚失色。長史張昭等明確表示，當個投降派更有前途。他的理由是，孫權可以抵抗曹操，依靠的是長江之險；現在曹操佔領荊州，擁有他們的水軍，利用長江阻隔的優勢已經不存在，而雙方的兵力懸殊又大，還是迎合他比較安全。

而黃蓋和程普等老將集團，則主張消極防守，不要過分激怒曹操，再尋求對等的和談；只有魯肅和少壯派將領如甘寧、凌統、周泰、呂蒙等，主張積極對抗，這些少壯派剛剛走上一線，血氣旺，求戰慾望很強。

三種意見分歧，紛爭不下，心中已有主意的孫權被激怒了，宣佈罷會，退回後宮，單獨會見魯肅。魯肅看到周圍沒人，就把主降派貶了一通，說剛才大家的建議，都是從自私的角度出發，對將軍是有害無利的。如果主張投降，像我魯肅這種角色，混個一官半職根本不難，也許還會有更大發展。而將軍你呢，投降曹操後，會被弄到哪裡怎麼處置，誰也不知道，所以你要趕緊做出決定，不要有所顧慮。

孫權感歎道，這些人眞叫我失望，只有你的意見跟我不謀而合，眞感謝老天把你賜給我呀，要不然我眞他媽的孤獨！

魯肅建議召回水軍都督周瑜，準備作戰。牛人周瑜是東吳第一豪傑，廬江舒城人，和孫策是鐵哥們，鐵到什麼地步？江東最著名的美女有倆，二喬，孫策娶了大喬，將小喬讓給周瑜。有飯同吃，有美人共用，不是一般的鐵。孫策脫離袁術單幹後，周瑜主動投奔孫策，在孫策平定江東的戰爭中有重要作用。

周瑜此人有謀略，又能領軍打仗，是三國中文武均衡發展的第一人，這麼均衡的人可能也就曹操旗下的程昱能比。更要命的是他有藝術直覺，特別是精通音樂，酒喝高了，聽得旁邊奏樂的音律不對，馬上有所覺察。「曲有誤，周郎顧」，是那時的年度流行語。因為他長得很帥，豁達開朗，完全是三國偶像加實力派高手，用文武雙全概括還比較片面，應該是德智體美勞全面發展的典範。孫策臨死前就跟孫權說，內事不決問張昭，外事不決問周瑜。

此刻周瑜正在鄱陽湖訓練水軍，接到命令後，帶領參謀迅速趕往柴桑。孫權重新召開開會，面對投降派的振振有辭，周瑜極力主戰，說東吳兵精將廣，正是一顯身手的機會，如今曹操前來送死，何必太客氣呢！

周瑜說這話並非意氣之言，而是有非常充足的情報依據。周瑜雖然身在後方，卻搜集了大量軍事情報，以供備戰。他心裡非常清楚曹操軍隊軍心不穩、兵力分散、虛張聲勢的弱點，而且指出北方軍隊水土不服，糧草供應線太長，曹操為求速戰，必然在長江擺出決戰姿態，這是他們最不擅長的戰爭方式。而我們軍隊經過三代經營，又擅長水軍，只要有五萬精銳，就一定能戰勝曹操！

周瑜的自信不但來自於情報，更來自對戰爭的直覺，比從前線回來的諸葛亮的分析更具有軍事可靠性。孫權大為高興，拔劍劈開桌案一角，吼道，還有再說投降的，這個桌子就是下場。

可以說，東吳的這次出兵，是多數服從少數的決定。這種在危急關頭的強悍決定，也只有牛人才能做出來。幾日籌備之後，周瑜帶領三萬兵馬揮師前線，臨別之際，孫權豪氣干雲道，都督你不要有什麼顧忌，甩開膀子去幹，萬一有不如意之處，沒有關係，我做出決定絕不後悔，我一定會跟曹操拼個你死我活！

周瑜沿著長江而上，準備進駐樊口。劉備爲了和東吳軍隊擰成一股繩作戰，也由夏口順流而下，到達樊口。劉備看到周瑜只有三萬人馬，加上自己和劉琦的，也就五萬，只有曹操水軍的四分之一，覺得太窮氣了，比較失望。周瑜拍了拍劉備的肩膀，信心十足地說，劉豫州，你等著看我打敗曹操吧！

劉備從來沒打過水仗，覺得周瑜這小夥子過於自信了，回來後越想越不放心，得，叫關羽帶領部分兵馬，北上漢水部署，幹啥，給自己留條撤退的後路呢！劉備這些年打仗積累了不少逃跑的經驗呀！

十月底，周瑜把船隊總指揮設在三江口，預設戰場則準備在赤壁附近的水面。一則此地是曹操進攻必經的水面，二則此處水域寬闊，落差較大，形成漩渦，水面極不穩定，船隻搖晃厲害，北方軍隊很難適應，但有利於擅長水戰的東吳軍甩開膀子大戰。

82. 反間計

大戰關頭，曹操不能不當機立斷，派徐晃和程昱部隊，突然襲擊荊州軍團，把蔡瑁和張允殺死在亂軍之中。蔡瑁和張允到底有沒有想叛變，這是一樁無頭公案。

曹操打跑劉備，不費吹灰之力佔領江陵，軍事才能和軍事運氣達到隨心所欲的境界，那叫爽歪歪呀！慶功宴後，召開軍事會議，討論下一步該幹啥！

因此這次贏得太爽了，大部分人都認爲孫權會跟劉琮一樣，不戰而降。只有文武俱佳的的程昱持不樂觀意見，他說，孫權的實力和膽識遠非劉琮能比，這次我們大軍南下，絲毫不見他們有慌亂的痕跡，而且孫權本人進駐柴桑觀察前線，我估計，他會和劉備聯合，和我們對抗！

這個看法頗接近曹操本人的判斷，他估計孫權是一塊硬骨頭，因此在心態上也做好了啃骨頭而不是吃肥肉的準備。但是，打不打孫權，什麼時候打？這個問題的分歧很大。

總參謀賈詡對繼續攻打孫權不抱樂觀態度，他認爲，之前的戰役都過分順利，新增加這麼多領地，駐守的兵員嚴重不足，後勤補給也增加困難。表面上我們贏得很大的順利，實際上是給軍隊增加了更多的難題。繼續戰爭的話，要是新降的士兵有任何差錯，先頭部隊將完全陷入孤立。既然已經了奪取江北荊州，達到戰爭目的了，不如先回家休養軍隊。對孫權呢，應該以政治戰代替軍事戰，以如今的威名和聲勢，迫使他投降。

但是作爲打仗的好手，就這樣回去，顯然讓曹操意猶未盡。就如賭徒一上來狂贏幾大把，這時候回家顯然睡不著的——戰爭對軍人是一種癮。更重要的是，曹操此刻有一種自負的心理，因此在考慮問題上沒有那麼謹慎。也就是這一次，曹操否決了參謀部的意見，決定與孫權決一勝負。

曹操把持反對意見的賈詡留在江陵，建立後勤指揮，因此在與孫權的戰爭中，參謀力量極大地削弱。

曹操率領程昱、張遼本部人馬，以及蔡瑁和張允率領荊州的水軍七萬，由長江順流而下，決定展開水上大戰。這是曹操能跟孫權接觸戰的唯一方式，曹操還有一種進攻辦法是從長江北岸進攻，但是長江是天險，只要孫權不迎戰，他很難渡江而戰的。順江而下，可以使得孫權失去天險屏障。而現在把荊州水軍當成第一戰線去拼命，把曹軍作爲第二戰線。

但是，曹操的編軍部署剛剛完成，突然情報人員傳來蔡瑁和張允要舉軍叛變的消息。這兩人是親曹派，在投降活動中居功至偉，曹操也十分重用，似乎沒有什麼理由投靠實力很差的劉備。

但是事實又不能不引起曹操的警惕，由於北方軍隊不熟悉水戰，在整編軍隊中與荊州軍衝突迭起，矛盾重重，而且，曹操要一荊州軍爲第一線拼命，曹軍爲第二線監督，這個引起了荊州軍的不滿情緒。

在這個衝突過程中，情報人員則肯定搜集了相當的素材，使曹操很難不信。大戰關頭，曹操不能不當機立斷，派徐晃和程昱部隊，突然襲擊荊州軍團，把蔡瑁和張允殺死在亂軍之中。

蔡瑁和張允到底有沒有想叛變，這是一樁無頭公案。《三國演義》裡，活靈活現地寫蔣幹去周瑜那邊刺探軍情，反而被周瑜使用反間計，帶回蔡瑁通敵的假消息，導致蔡瑁被曹操所殺。

由於這一段歷史資料很少，難以考證，由形勢猜測的話，很有可能是周瑜利用間諜散佈謠言，並且利用荊州軍的不滿情緒爲例證，使得曹操做出寧可信其有，也不能讓自己冒險的決定。可歎蔡瑁，算是荊州水軍第一將領，就這樣窩囊而死，算是最憋氣的人生呀！

失去蔡瑁和張允這兩個水軍大將對曹操影響很大，因爲他手下根本沒有熟悉水戰的，沒辦法，現在只好把旱鴨子當水鴨子使了，把荊州軍隊分散到徐晃、張遼等部隊中去，開赴前線。戰鬥，就這樣開始了。

83. 喝高了

東吳軍隊大敗，死傷慘重，連環船戰術取得了良好的效果，曹操準備展開大決戰。當晚風平浪靜，明月當空，江色一洗，曹操同志喝高了點，人生的悲歡湧了上來。

兩軍在江上擺開陣勢，大家都沒搞過這麼大型的水上大戰，因此比較小心，先玩前戲。幾次小型的接觸戰下來，曹操這邊吃虧了。

因爲長江風浪大，北軍沒打仗有的就先暈船了，讓暈船的人晃悠悠得打仗，跟喝醉了酒似的，不打敗仗能幹嘛！暈船的將士們就抱怨了，這仗沒法打，還是在陸地上打得爽呀！

於是謀士們就提出，用連環船，把主力戰艦用鐵索連接起來，小戰船組成護衛隊掩護，其實就是浮橋的效果，可以保證不暈船。

這個計謀一出，程昱等馬上提出質疑，如果對方用火攻燒船，那可是燒成串了。但是曹操認爲，現在是冬天，西北風正強，火往東南燒，只會燒到他們自己。於是，連環船計劃得到實施。

果然，被鐵索連接起來的船隻，穩如陸地，北方軍隊馬上活了過來，士氣高昂，戰鬥力顯著提高，東吳的小型艦隊過來偷襲，都近不得身，更別說討到什麼小便宜了。甘寧率領的東吳艦隊發動突然襲擊，曹軍在連環船上以亂箭伺候，東吳軍隊大敗，死傷慘重，連環船戰術取得了良好的效果。

這是曹軍水上的第一場順利，曹操在航空母艦上舉行一次宴會，第一，爲這場勝利乾杯，第二，鼓舞士氣，準備展開大決戰。當晚風平浪靜，明月當空，江色一洗，一隻烏鴉從樹叢中在驚叫飛起，曹操同志喝高了點，人生的悲歡湧了上來，當下寫了酒後絕唱《短歌行》：

對酒當歌，人生幾何？譬如朝露，去日苦多。
慨當以慷，憂思難忘。何以解憂？唯有杜康。
青青子衿，悠悠我心。但為君故，沈吟至今。

呦呦鹿鳴，食野之苹。我有嘉賓，鼓瑟吹笙。
明明如月，何時可掇？憂從中來，不可斷絕。
越陌度阡，枉用相存。契闊談宴，心念舊恩。
月明星稀，烏鵲南飛，繞樹三匝，何枝可依？
山不厭高，海不厭深。周公吐哺，天下歸心。

雙方進入了對峙狀態。

這是曹操幾十年來人生的寫照，總是從絕望中尋找生路，從頹廢中找到生機，從苦痛中找到快樂。對這個內心長期處於緊張、焦慮和壓抑的男人，也許詩歌和女人是他兩個最重要的排泄口。

周瑜見到曹操曹操使出新招了，進攻不利，便下令防守。兩軍進入對峙狀態。又一輪新的鬥智鬥勇在考驗著兩邊的軍事領袖。

且說周瑜手下的老將黃蓋，鎮守在赤壁第一線，長期在長江一帶作戰，已經是春江水暖鴨先知的老鴨子了。老鴨子看到曹操的連環船後，心中有一個主意，馬上跑去見周瑜。黃蓋說，小周呀，現在進入持久戰，敵衆我寡，占不到什麼便宜了。

不過曹操用鐵索把船連了起來，正是我們用火攻的時候了！

黃蓋所想的計策，周瑜已經也想到了，只不過現在兩個人想的都是細節，所以這次溝通也必然非常順利，其實就是兩個人商討細節的過程。

周瑜說，火攻應該是我們的主要武器，只不過現在西北風正盛呢，弄不好會燒到自己。

於是，這兩個人就談到了東南風的問題，這個問題，也只有內行人能夠談到，外行者，如曹操等北方將士，只知道冬天颳西北風，又怎麼會知道有東南風呢？關於東南風的問題，具體屬於軍事氣象學，但古代分類沒這麼科學，只能憑藉東吳將領對此地氣候的經驗以及敏感來預測。

黃蓋說，每年在這個時候，應該都會出現短暫的東南風，這是可以利用的。只是不知道什麼時候到來呀！

周瑜說，感覺應該快到了吧！

黃蓋說，東南風持續的時間很短，一天不到，必須抓緊這個時間接近曹軍。否則風一過，就不再有襲擊機會了！

周瑜問，將軍對此有什麼想法？

黃蓋說，我駐紮在最前線，由我向曹操假投降。等東南風一起，率領爆破小船進入曹營船隊，火攻可望成功！

周瑜說，曹操是個精明人，要讓他相信你投降，這個很冒險呀！

黃蓋說，我受孫氏三代恩情，雖死不足以報，只要可能讓曹操相信，冒多大的風險都不怕！

隨後的故事，家喻戶曉，就是演苦肉計，留下了千古段子：周瑜打黃蓋——一個願打一個願挨。這是《三國演義》小說化的神來之筆，事實有沒有苦肉計，無從可考。總之，之後呢，黃蓋派親信闞澤給曹操送了一封信，信中大意如此：

我黃蓋受孫氏三代厚恩，常為將帥，待遇不薄。現在我看天下大勢，以江東六郡的土著對抗中原百萬人馬，勝負形勢如何，天下人不用眼睛看都很清楚。我東吳的將士，不論聰明的還是白癡，都十分清楚不能和你對抗，但只有周瑜和魯肅胸懷偏激，見識短淺，不肯面對現實，和你對抗。現在歸附朝廷已經是大勢所趨，相信周瑜螳臂擋車，很快會遭到滅亡。那麼交鋒之日，我黃蓋願意為前部，看情況變化為曹公效力！

曹操何等多疑之人，看完投誠信，問闞澤，既然黃蓋主動向我投降，為什麼沒有寫明什麼時間來投誠？

沒有隨機應變的兩把刷子，闞澤也不敢當差使，只聽他不慌不忙道，黃將軍並非統帥，必須聽命於周瑜，如果輕舉妄動，必然引起周瑜的警覺，所以不敢定下時間，只能伺機而動。請曹丞相隨時注意南面的情況，如果看到插著龍旗的戰船，那便是黃將軍來投誠的隊伍。

曹操居然相信了，說，好，要是黃蓋能夠立功，我會封賞讓他牙齒都笑掉的爵位！以多疑和用計著稱的曹操，怎麼會這麼輕信呢？即便是黃蓋的整個投誠行動不露馬腳，曹操也不應該全盤接受呀！

這裡有兩個原因，讓曹操相信此事。

第一，東吳軍團中元老派和少壯派的矛盾其實是個公開的秘密。具體就是，當周瑜由後方訓練總指揮升爲前線總指揮時，原來資格最老的統帥程普非常不服氣，這樣引發了程普、黃蓋、韓當這些孫堅時代的老將，與剛提攜上來的甘寧、周泰等少壯的情緒衝突。這些情報呢，早被偵察員報告到曹操那裡了，這是曹操相信黃蓋的一個心理基礎。

總指揮周瑜，面對這種衝突，故意裝作不知道，一切秉公執法，絕無偏頗。這是孔子提倡的以直報怨，區別於以德報怨或者以怨報怨。

這個方法好呀，取得了顯著的效果，頗識大局的程普很快意識到自己這些老梆菜有點無理取鬧，親自到周瑜那裡去道歉，周瑜當然也好言相撫，風波平定，這才使得後來黃蓋等這些老將一大把年紀了還這麼賣命。這些是曹操不知道的，曹操只知道有老壯不和的傳言。

第二個原因，就是信裡面說的，黃蓋認爲曹操勢大，抵抗是沒有用的。曹操自己呢，在巨大的勝利面前，也這麼認爲，投誠是識時務的人。所以不但相信，而且認可黃蓋的舉動。

當然，最重要的原因是，曹操認定這個季節不能用火攻，那麼黃蓋來投誠，就沒有什麼危險性。

84. 天氣預報

驕橫心理導致一系列多米諾骨牌效應，赤壁之敗給曹操打了一針清醒劑，統一天下沒那麼容易，孫權、劉備他們比袁紹們更頑強，南北鼎立正在形成，想一口吞下會噎死的。

萬事具備，只欠東風。我們現在看看東風是怎麼來的。

話說十一月，曹操吟了「月明星稀」之後，幾天來赤壁一帶持續晴天。太陽公公每天經過這個地方都要往下看看，底下那麼多人湊在一塊幹嘛。他老人家這麼一逗留，此地氣溫升高了。東南面的鄱陽湖呢，是一片寬廣的水域，具有調節地面氣溫的功能，導致了水面溫度比陸地溫度要低，形成一股低氣壓。這個低氣壓，流向赤壁一帶的高溫地區，就會形成東南風。

不過，相對與西北低氣壓來說，這股低氣壓當然是小弟弟，敵不過西北的高氣壓，因此東南風一直吹不起來。直到有一天，隨著陸地溫度的升高，小弟弟突然強壯了起來，一時力量比西北的哥哥還要大，兩股氣流在赤壁一帶相遇搏鬥，小弟弟占了上風。於是，天哪，令曹操想破腦殼都想不出來的事情出現了，赤壁吹起了東南風。當然，小弟弟畢竟是小氣候，堅持不了多久，西北低氣壓就會占上風，又會轉向正常的西北風！

這個由鄱陽湖造成的冬季小氣候，是赤壁大戰中的一個關鍵。因爲它轉瞬即逝，不熟悉這一帶氣候的人根本想不到，所以是很小的細節，但正是這個細節，幾乎重要到決定成敗的地步。因此，在《三國演義》裡，對氣象學很難解釋的羅貫中用小說筆法，繪聲繪色地寫了「孔明借東風」的著名橋段，給諸葛亮安上了裝神弄鬼的邪派力量。實際上，東吳將領能借上東風，一是靠在這一帶生活的經驗，二是要敏感和直覺。所以說「曲有誤，周郎顧」，這種藝術直覺，很有可能讓軍事家周瑜能捕捉到東風的蛛絲馬跡。

且說這麼一天，天氣晴朗，江面上的風居然停止，整個世界靜止了，似乎在等待什麼。片刻，微風徐徐吹起，角旗居然往西北方向飄了起來，黃蓋露出驚喜神色，只見風越來越大，可以確定，是如假包換的東南風。黃蓋叫道，他媽的，你終於來了，準備出發！

幾十隻準備好的小船打開風帆，迅速出動。船上裝著送給曹操的禮物，那就是乾草、硫磺、膏油這些火氣十足的玩意兒，頂上蓋著帆布。船到江心，頂上豎起龍旗，黃蓋讓士兵齊聲大喊，我們是來投降的。

曹操一看，黃蓋眞乖，說投降就投降，沒有多加戒備。不過，加倍小心的程昱舉起望遠鏡——對不起，那個時候還沒有望遠鏡，只能手搭涼棚憑藉目力遙看，卻看出問題了。什麼問題？船隻吃水不深，輕浮無物，不像滿載士兵的樣子呀！空船急來，勢必有詐！不過，這時候警覺用處已經不大，在距此二里處，黃蓋命令船上點火，火船跟瘋了似的，片刻之間便接近曹操大船。

一時間，爆炸連連，火借風勢，曹操的連環戰船立刻燒成一片，串到一塊的螞蚱，跟上春晚的明星一樣，保證每個都能火一把！

老將黃蓋立功心切，想直接上去把曹操的頭砍了，中個頭彩，很不幸，居然被亂箭射中，掉到水裡。還好老將長期在水裡玩命，水性好，掙扎著浮出水面，被自己的士兵救到船上。不過，亂糟糟的場面濕淋淋的人，誰也不知道他就是黃蓋，只任他昏迷在船。還好，被一陣喊殺聲驚醒之後，他睜開眼睛，看見站在船頭指揮戰鬥的是自己的老戰友韓當，當即大聲呼叫。韓當驚叫道，哎呀，原來是老將軍你呀！當然脫下戰袍，使得被凍僵的黃蓋保住一條老命！

程普的第二梯隊，周瑜的大部隊隨後趕來。劉備的部隊也攻向烏林。曹操人馬燒死淹死的不計其數，脆敗，在兵敗如山倒的情況下，能夠安全撤退是最大的勝利。於是，自己燒船，阻斷敵人，然後逃跑。

那麼，退往哪裡呢？回江陵不太安全，守兵大多是投降過來的，在潰敗的情勢下容易出事。當下決定走華容道，退往襄陽。

在劉備、孫權的聯合追擊下，曹操的華容道走得非常狼狽。遇上下雨，本就沒什麼路，只不過是人走多了就變成路，泥濘得要死，人馬一走就陷進去。曹操命令老弱生病士兵每人抱一捆柴草，走在前面鋪路，才讓騎兵保護著曹操通過。而這些身體不好的士兵，一陷進去就拔不起來，後面逃命的人馬跟著過來，被踩死不少！哎呀，這種戰爭不像坐公共汽車，照顧老弱病殘，只能犧牲弱小的了。

在張遼、許褚接應下，曹操得以脫險。剛一脫險，在大家沮喪得不得了的情況下，曹操居然神經質地開懷大笑說，劉備雖然算是我的對手，但還是太笨了，如果他早一步在路上放火，把蘆葦燒起來，我們就全都烤熟嘍！

爲什麼一個失敗的人還會去嘲笑勝利者，這是變態，還是有意爲之？

我認爲原因有二，一方面，曹操根本就不服輸。此刻他心中的戰神依然是他自己，絕不會是常敗將軍劉備和剛挑大樑的周瑜。正因如此，嘲諷了劉備，後來他又寫了一封公開信給孫權，意思是赤壁之戰是因爲我方戰士疾病嚴重，我才自己燒了船撤退，讓你小子獲得大勝的虛名呀！說他不服氣也好，狡辯也好，反正這個人的心理素質好到極點。

另一方面呢，是曹操有意的心理暗示。當時曹操的地盤、手下的兵馬都不穩定，全靠自己的威鎮四海的威望給壓著；自己一旦頹了，這些不穩定因素有可能爆發，所以一定要以硬漢形象穩定大局。他說的每一句吹牛皮的話、每一種情緒，都影響著全軍乃至全國。

不論是對他自己還是對整個局勢，他都不能被打垮！

回到襄陽不久，曹操怕後方形勢不穩，老巢出亂子可不好，就留下樂進守襄陽，曹仁和徐晃守江陵，自己帶著人馬回兗州了。

曹仁在江陵堅持守了一年，與周瑜展開持久戰爭，互有勝負。但最後在夷陵被周瑜打敗，不能再把持下去，不能不放棄江陵，退守襄樊。但是周瑜在夷陵之戰中損失更大，就是被曹軍亂箭射中，傷及胸部，直接導致了不久後的英年早逝。二一〇年，周瑜領兵攻打西川，行至巴丘城時箭傷發作，死的時候年僅三十六歲。周瑜是棟樑，倒塌了令東吳全軍心慌慌，臨死前他交代魯肅接自己的吧。還好魯肅少年老成，扛住了周瑜的擔子。

而劉備趁機大撈其地，不但從東吳借了幾郡的地盤，而且自己還打下了武陵、長沙、桂陽、零陵，一下子成了暴發戶，這是他事業死灰復燃的基礎。赤壁之戰後，三國鼎立的雛形徐徐展開。

實際上，赤壁之戰於曹操來說，並沒有不可挽回的損失。首先兵力損失並不大，其次，在地盤上只不過丟失了諸多新佔領的荊州地區。而孫權，也只獲得三個郡縣，之後卻丟了江東大樑周瑜的命，這個簡直有點虧。收穫最大的是劉備，他有了領地後先表劉琦爲荊州牧，劉琦死後自己就當了荊州牧，到處撿便宜。

但是赤壁之戰對局勢的影響非常大，基本上阻止了曹操佔領南方的步伐，鞏固了東吳的力量。你想想，要是這次曹操贏了，坐穩了荊州，瓦解了孫劉聯盟，雖然想完全啃下東吳還不容易，但是統一全國的任務可能在手上完成。赤壁之戰讓曹操只能成爲曹操，而不是滅六國的秦始皇。

而一向能在逆境中打勝仗的曹操，這次卻在盤面看好的情況下，以多輸少，究竟輸得有什麼訣竅呢？

竊以為，第一，輸在心態，先是驕傲，驕傲導致大意，要命的還焦急，想出來一趟就把南方給全吞了。曹操的驕橫心態使得他沒有進入戰爭的細節，功課研究得太少，就想以多打少一舉滅了，結果被周瑜利用得恰倒好處。

曹操在心態上驕橫到什麼地步？舉個例子，益州牧劉璋很想巴結曹操，聽說曹操破了荊州，便派別駕張松來祝賀，願意接受朝廷的征賦，可以派遣兵馬給予調遣。張松這人是機智之輩，說得難聽點是吃裡扒外，想投靠曹操，趁這個機會給曹操獻上奪取益州的妙計；說得好聽點呢，是識時務，知道劉璋這人在諸侯爭霸中不會有什麼前途，益州遲早是別人的，不如獻給自己認為是英雄的曹操。

對曹操來說，這是多好的事啊，可是偏偏這個張松長得身材短小，被同樣是其貌不揚的曹操看不起，聽不進去，也不錄用楊松，即便是楊修的提醒和苦勸，也無效果，他目中無人了。與以前來不及穿鞋子去迎接人才的虛懷若谷相比，已經是天壤之別。張松一腔熱情而來，滿腹怨恨回去，在劉璋面前大講曹操的壞話，使得劉璋後來跟劉備結盟，益州最後被劉備吃了進去。

這種目空一切使得他在戰略戰術上比較粗放，不能摳細，比如說劉備新敗的時候沒有繼續追擊殲滅，養成劉、孫聯盟；比如像周瑜說的捨棄鞍馬，憑藉舟楫和吳越抗衡，拿自己最不擅長和打別人最擅長的，很不明智。比如捨棄參謀部，由於總參謀長賈詡持反對意見被曹操留在江陵，因此參謀的力量極大地削弱，在鬥智中處於劣勢。乃至於赤壁之敗後曹操曾經大哭一次，說要是郭嘉在，我不至於會落到這個地步呀！其實，參謀中的正確意見還是有的，只是在驕傲心態下沒有採用。比如說，輕信黃蓋，那也是目中無人的心理導致，以爲自己力量強大，別人來投降是理所當然的，被賣了都不知道。

除了曹操的驕橫心理導致一系列多米諾骨牌效應，北軍失敗還有一個重要的客觀原因，確實是軍中流行病厲害，水土不服，極大地削弱了戰鬥力！

赤壁之敗給曹操打了一針清醒劑，統一天下沒那麼容易，孫權、劉備他們比袁紹們更頑強，南北鼎立正在形成，想一口吞下會噎死的。

第13章

南北會戰

這封信有可能是歷史上最有才華的恐嚇信，動之以情，曉之以理，脅之以兵，不是一般的歹徒能寫出來的。它既是情書，又是招降，也是宣戰，吃軟吃硬由孫權選擇。

85. 戰關中

曹操以五十七歲的高齡，再次率軍西征。誰也不知道曹操葫蘆又賣什麼藥，唯一可以肯定的是，他吸取了赤壁大戰的教訓，絕對不會再讓敵人用長處攻擊自己的短處了。

赤壁之戰使得孫劉聯盟口碑一路攀升，達到史上最高。曹操很不是滋味，回到故鄉譙縣後，便訓練水軍，沒有自己的水軍，對孫權毫無辦法。

四個月後，一支新的水軍隊伍訓練完畢，由渦河順流而下，經過淮河到肥水，支援在合肥的守軍。這軍水軍的陣容相當壯觀，當時隨軍的曹丕情緒高漲，做了《浮淮賦》，記錄了軍事之盛大。

當時，孫權趁著曹操大敗，正在猛力進攻合肥，守合肥的張遼、李典是盡職猛將，奮力抵抗，使得孫權猛攻三個多月，久攻不下。在水軍到來之前，曹操派將軍張喜帶一千騎兵，並且經過汝南時再把汝南兵帶上，去支援合肥。但是，部隊突發傳染病，這是最可怕的，根本走不動了。揚州別駕蔣濟看見援軍沒法到來，孫權又攻得急，不得不祭出詭招。

他寫了一封信，說曹操已經發了四萬援軍即將到來，讓守軍趕緊去迎接。叫了三撥人把這封信送到合肥，終於第二撥被孫權捉住。孫權看了假情報，想現在沒法攻下，援軍一到，更沒法了，便馬上撤軍。

等曹操率領水軍到達合肥時，孫權已經撤退，沒有展開預計中的大戰，來驗證一下北方水軍的戰鬥力。曹操將軍隊駐紮在合肥，隨後明白南邊形勢不可動搖，軍事上無機可趁。

南方孫劉聯盟進一步鞏固，孫權把自己的妹妹嫁給劉備，推舉劉備爲荊州牧，好得跟一家人似的，專對著曹操幹。曹操覺得這個聯盟比較可怕，於是便想用軟招來拆散，就派蔣幹去對周瑜做思想工作，別跟劉備混了，跟自己和好吧。

蔣幹在沒有做說客之前，在歷史檔案上都是美譽之詞，他是九江人，相貌堂堂，以雄辯的才能獨步江淮地區，沒有對手。這個本事在今天不算什麼，能侃能說歪理的人多了去了，但在那個亂世的時候，這算一本大本事，有用的時候能夠改變整個國家的局勢。想那戰國蘇秦，不是靠一張嘴皮子撮合六國聯盟，成爲史上最強忽悠高手嗎？所以蔣幹也算是三國最牛縱橫家來著。

他打扮成一介書生，以老朋友的身份，渡江到周瑜家去走親戚。可惜周瑜知道蔣幹來意，出門迎接，第一句話就把蔣幹的面具揭開，嘿，大老遠來，是給曹操當說客吧！沒等蔣幹開始刮嘴上風暴，他就帶蔣幹參觀了自己的軍營、糧草、軍資、武器等等，先以實力鎮住，然後設宴款待，桑拿歌舞，極盡顯示自己待遇很好，生活豪奢，沒有理由跳槽。

席間對蔣幹談人生道理，說，我堂堂一大丈夫，遇上孫權這樣的知己之主，在外以君臣名分處世，在內以兄弟骨肉相交，言從計聽，生死與共，不是你嘴上的道理能說動的呀！

蔣幹本來是要當說客的，可是準備了一肚子的教案沒有甩出來，已經被周瑜給頂回來了，所以從頭到尾幾乎沒說話。回來見了曹操，也只能回覆，周瑜度量高雅，意志堅定，不是言辭就能改變的那種人呀！

這是以能辯著稱的蔣幹的一次滑鐵盧，也給他的歷史檔案蒙上了不光彩的一筆，使他以一個失敗的說客形象流傳於世。歷史的流傳是非常勢利的，把你放在光榮榜或者釘在恥辱柱上，有時候是根據你不經意的雞毛蒜皮，只不過它更符合人民大衆的津津樂道的趣味而已。

對於蔣幹哪一年去去遊說周瑜，至今沒有定論。也有考證是在赤壁之戰之前，孫權剛剛接過孫策的擔子，曹操想威脅孫權歸順的時候。《三國演義》裡把這事安排在赤壁之戰準備期間，蔣幹因自己的愚蠢被周瑜利用，給曹操幫倒忙，把蔣幹同志寫得更不堪！

曹操知道，對孫權這邊呢，軟硬暫時都沒有效果，於是安撫士兵，優待家屬，並把軍事目光再次轉移向北方。

西北的馬超和韓遂，一直是曹操的心腹大患。赤壁之戰後，周瑜曾經向孫權提出一個戰略，就是奪取張魯漢中之地，與西北馬超結盟，兩軍呈鉗子狀夾死曹操。雖然周瑜死了後，這個戰略沒能執行，但是桀驁不馴的西涼軍數十支力量，一直是纏繞曹操腦後的隱患。必須做根本解決，否則，第一，出門都要提心吊膽，第二，想征服巴蜀，必須經過此地，這些力量是阻礙。

但是，目前馬超和韓遂都是朝廷加封的命官，表面上是臣服曹操的，沒有明目張膽地討伐的理由。這個藉口，難不倒善於用計的曹操。司隸校尉鍾繇建議出兵討伐張魯，經過馬超地盤時實際上可以謀取馬超，讓曹操想起兵書中有「假道於虞以伐虢」之計，這絕對可以逼馬超造反！

於是，曹操命令鍾繇出兵征討漢中張魯，讓征西護軍夏侯淵帶兵到河東，與鍾繇會師。大軍必須從馬超、韓遂的關中地盤經過，這下子馬、韓緊張了，雖然文化程度不高，但是「假道於虞以伐虢」的故事都聽過，讓曹操的虎狼之兵從自己家裡通過，引狼入室，絕對找死。

一時間，關中所有將領都相信曹操是來討伐自己的，一窩蜂造反，包括馬超、韓遂、侯選、程銀、楊秋、張橫等十部，兵馬十萬，據守潼關！

出兵之前，曹操讓荀彧問問治書侍御史衛凱的意見。

這個衛凱呢，也是以才學著稱，很牛的書法家，他當時出使益州，因爲道路不通而滯留關中，對馬、韓等的情況比較瞭解。他說，西涼這邊的將領都沒有稱雄天下的野心，給他們一點爵位他們就安居樂業了，沒有什麼大的變故，不會有什麼動靜，因此暫時沒必要去管理他。如果出兵入關討伐張魯，道路不通，一旦驚動，張魯以地勢兇險抵擋，到時候吃不了兜著走。

曹操起先也覺得有道理，但是後來沒有接受，還是聽取鍾繇的意見，可見曹操決計除掉西北憂患的決心。出兵之後，曹操陣營很多人還是不理解曹操的意圖，比如參謀高柔就提醒曹操，要嚴防關中叛變呀！曹操奸笑而不語，心裡頭嘿嘿樂呢，要的就是叛變。

曹操授曹仁安西將軍，進駐潼關附近，與夏侯淵等會師，統一指揮，與馬超對峙。並且下令，在曹操沒有到來之前，堅壁清野，不准出戰！

西元二一一年七月，曹操讓五官中郎將、副丞相曹丕留守鄴城，經驗豐富的程昱為參謀輔佐。請注意一點，曹操已經把政治大任放在接班人身上了。他自己以五十七歲的高齡，再次率軍西征。由於西涼軍驍勇善戰，軍中不少人提醒曹操，關西軍善於使用長槍，我們必須精選特種前鋒，才能阻擋！曹操胸有成竹道，這次征戰的主動權在我，我會讓他們長槍無用武之地的，各位等著看好戲吧！

誰也不知道曹操葫蘆又賣什麼藥，唯一可以肯定的是，他吸取了赤壁大戰的教訓，絕對不會再讓敵人用長處攻擊自己的短處了。

86. 徐晃渡河

張郃從渡船上跑回來，趕緊領著曹操向渡口的船飛奔而去。馬超這邊亂箭齊發，船夫居然被射死。許褚只好左手拿馬鞍給曹操擋箭，右手划船，總算離開了岸邊。

八月，曹操到達潼關，馬超憑地勢借險要相守，曹操發動正面攻擊，毫無效果，自己的士氣反而遭到打擊。曹操明白，對付地形戰必須繞開敵人有利的地形，讓他失去天險屏障。最好是能夠往北渡過黃河，再由河東向西再渡河一次，在河西紮營往南打，這樣馬超就失去潼關的保護了。

衆所周知，兵馬渡河是一件很麻煩的事，這個過程很容易受到敵人致命打擊，因此從哪裡渡，成爲曹操的難題。他把駐守河東的大將徐晃叫來，問有沒有可以渡河的地方。熟悉地形的徐晃道，兩軍對壘潼關，對方居然在蒲阪津渡口無人把守，可見馬超對整個戰局沒有深謀遠慮。現在由我帶精兵渡過蒲阪津，作爲先鋒，從後面包抄，敵人可以攻破！

徐晃計策正中曹操下懷，便讓他和朱靈帶著四千人，趁著夜色，渡過蒲阪津，進入太原郡，隨即西渡黃河，到達河西地區，開始紮營構築防禦。正在幹活的時候，被馬超軍隊發現，馬超部將梁興帶領五千多人打了過來，徐晃力戰，把對方打退，終於在河西紮營成功。

曹操一看，徐晃有戲，便想放棄正面進攻，帶領主力部隊也北上渡河，完全從後方與馬超對決。閏八月，曹操率領主力渡河，先讓張郃和樂進帶領士兵過去，自己和許褚的護衛軍斷後。前面軍隊過去了，曹操剛剛要上船，馬超引一萬人馬殺出關來，護衛軍一下就被衝散。

史書上寫曹操此刻非常裝酷，鎮定自如，慢悠悠地還坐在床上呢。張郃從渡船上跑回來，趕緊領著曹操向渡口的船飛奔而去。校尉丁裴急中生智，把殿後的牛馬放出來引誘敵人，敵兵紛紛去搶牛馬，讓曹操贏得了時間。

曹操上船後，張郃抵住渡口死戰。馬超這邊亂箭齊發，船夫居然被射死。許褚只好左手拿馬鞍給曹操擋箭，右手划船，總算離開了岸邊。水流很急，渡過對岸的時候，已經沿河流了四五里了。

將領們看到軍隊被馬超打得很狼狽，而曹操又不知道是死是活，心驚膽顫，惶恐無比。等到曹操過來相見的時候，喜極而泣，涕淚交流。曹操也不能不感歎自己命大，大笑道，今天差點被小賊們逮住了。

其實，在徐晃的先遣部隊到達蒲阪津的時候，馬超就知道曹軍會渡河開闢後方戰場，他跟韓遂說，你應到渭北去防守，阻止他過河，這樣過了二十來天，他糧草沒了，自然就撤了。但是韓遂沒有接受馬超的意見，認爲可以讓曹軍過河，過一半的時候，再痛打落水狗，豈不是很爽！最終結果狗沒有打成，讓曹操有驚無險過去了。曹操聽說了馬超原來的主意，不得不感歎，馬兒不死，我沒有葬身之地！

接下來，就是要渡過渭河，這回可不好過的。因爲馬超的軍隊已經在對岸佈防，你一過去便遭到當頭痛擊。最重要的原因是，對岸屬於多爲沙地，很難建立防禦工事，渡過河的先頭部隊遭到赤裸裸地打擊，自顧不暇，更難以掩護後面的主力渡河。盡職勇猛的樂進做了幾次嘗試，均未遂！

這時參謀婁圭想出一條妙計。他說，現在天氣已經寒冷，如果在沙土中澆水，一個晚上就可以凍成冰牆，防禦堡壘可在夜間建立成。曹操聽從建議，在夜裡讓張部設疑兵吸引馬超，讓樂進率領部隊秘密渡河，每人均帶一個水袋，按照婁圭的妙計建立城堡。在清晨到來的時候，馬超發現，曹軍先頭部隊已經平地建起冰牆陣地，想攻打已經不容易了。隨後建立浮橋，主力部隊順利渡河。到這一步，勝負已經分曉，沒有地形的幫助，馬超軍隊根本敵不過曹操。

關中的十餘支軍隊，是個分散的一個聯盟組織，形勢好的時候大家能團結一塊，形式不好，矛盾就激化。馬超曾經孤注一擲，夜襲曹操軍營。不想老謀深算的曹操早有準備，做好了埋伏，偷雞不成反蝕一把米，大敗而回，關中中陷入混亂狀態。曹操呢，下令堅守不出，對挑戰不予理睬，等待關中軍團自亂。

果然，關中軍團糧草不濟，再堅持下去就要崩潰，各個首領逼馬超迅速做出決定。這下讓馬超很抓狂，戰又不成，只好求和，派使者送信過去，願意割地相讓，爲表示誠心，還把兩個兒子送來當人質！

曹操原本不答應，想進一步逼瘋馬超，但是總參謀賈詡力勸曹操同意。曹操不理解，因爲給馬超活路就跟養隻老虎一樣危險呀！不過，曹操看出賈詡有深意，問什麼意思。賈詡偷偷說，離間計。曹操頓時醒悟，悄聲說，我知道了，不必再說。

87. 離間戲

曹操又給韓遂寫了一封信，故意塗塗改改，閃爍其辭，馬超看了這封信，更加認定曹操與韓遂有私下的勾當，猜忌與矛盾更重。

同意和談後，關中將領韓遂請見曹操。韓遂是關中軍團的二把手，跟馬超父親馬騰是同一輩的，叔叔身份，不太愛聽馬超調遣。曹操同意相見，兩人騎馬在陣前聊天，靠得很近。曹操盡聊些京都舊事，根本不談軍事，高興之處兩人拍手大笑，居然聊了一個時辰，也就是兩個小時多。爲什麼有這麼多東西聊呢？原來兩人關係不一般，韓遂的父親跟曹操是同年舉孝廉的，韓遂的年齡又跟曹操差不多，兩人在洛陽時期就認識，所以往事必然有得聊呀！

這一幕漫長的親密戲，只不過是曹操表演的第一齣。

韓遂回到軍中，馬超問，曹操跟你聊些什麼？韓遂回答，沒什麼要緊事，盡是嘮嗑家常舊事。馬超不得不在心裡打個問號：在陣前聊了兩個小時就聊家常，有什麼事想瞞我？

韓遂、曹操軍前嘮嗑後第三天，曹操又約韓遂、馬超再做了一次陣前單馬私聊。曹操的將士們提醒，馬超是個生猛的恐怖分子，跟他對話要用木頭架子放在兩馬中間爲屏障，以免他出手傷人。

曹操同意這個安全措施。果不其然，馬超在對話的時候，想借助自己超人力量突破屏障突襲曹操。這時曹操身邊沒有別的護將，只有虎侯許褚。

馬超早聽說許褚超級勇猛，但不能確信曹操身邊的人就是他，便問曹操，你有個虎侯，在哪裡？曹操指了指許褚，而許褚也圓睜雙眼看著馬超，馬超這才打消了偷襲的念頭，不敢動手。

而同時與韓遂聊天時，卻是另外一種友好的氣氛。韓遂的屬將閻行騎馬在後，曹操以老人家的口吻語重心長地對他說，不要忘記，做人要做孝子呀！這看上去是講給閻行聽的，實際上對象是馬超。爲什麼呢？因爲馬超的父親馬騰，以及閻行的父親，之前都調到京都去當官了，實際上是做人質。曹操以平和的口吻警告馬超不要輕舉妄動。

對馬超的戒備，以及對韓遂的親和，是離間計的第二步。

曹操是軍政界的超級偶像，關中將士久聞其名，都想一睹風采，因此曹操走過陣前，馬、韓的屬將都爭相致意觀看。

曹操豪放道，你們想看我曹某吧！我也是一平凡人呀！並沒有四隻眼睛兩個嘴巴，只不過是比普通人多了智謀而已！狂笑聲中，大展威風！

曹操之奸，倒是名副其實，既能做恢弘遠見的謀略家，也能當隨機應變、細膩圓滑的演員。這次陣前的軍事會談沒有記載具體內容，曹操不是為會談，而是為演戲來的，也許是想向對方提出苛刻到不能接受的條件，也許是無關痛癢的形式對話，總之，什麼內容關係不大，反正進一步離間、震懾敵人的目的達到了。

幾天之後，曹操又給韓遂寫了一封信，故意塗塗改改，閃爍其辭，好像有什麼見不得人的秘密。正如曹操預料的，馬超看了這封信，更加認定曹操與韓遂有私下的勾當，猜忌與矛盾更重。

曹操讓猜疑的種子在馬超心裡發芽，成長，覺得已經結果可以採摘了，於是開始翻臉，約定會戰日期。馬超和韓遂已經矛盾重重，關中諸侯實際上沒有一個指揮核心，戰鬥力下降不少。曹操在會戰中還使用了一個伎倆，先是派比較弱的輕騎兵衝擊對方，使得關中軍隊認爲曹軍不過如此，鬥志逐漸鬆懈下來。曹操這時突然下重手，讓虎豹騎和精銳騎兵過來夾攻，關中軍頓時潰敗，亂戰之中，成宜、李堪等被斬於馬下，馬超和韓遂逃往涼州，楊秋率領殘軍退回北方的安定。

征討關中的主力戰事至此分曉，以曹操的得意揚揚收場。雖然贏了，但是關中軍團驍勇，曹軍也犧牲了數以萬計的人馬，一將功成萬骨枯，曹操的勝利是付出極沉重代價的。

曹操之得意，表現在軍事總結會上的誇誇其談，因爲赤壁之敗後他又贏得一場漂亮的戰爭，恢復了天才軍事家的形象。他很有興致地回答諸將提問，用一場馬後炮的講座，來總結這次勝利的原因。

提問：最早的時候敵人堅守潼關，渭北處於無防守狀態，爲什麼我們不從河東直接攻打過去，而改去潼關對峙很長時間，後來才北渡黃河繞一圈到河西，不是自討麻煩嗎？

曹操喝了口茶潤潤嗓子，解釋道：賊兵堅守潼關，我軍一旦攻打河東，那麼他們肯定分兵去把去各個渡口，我們根本無法達到河西攻打他們。我故意去潼關對峙，吸引敵人注意，那麼徐晃和朱靈才有機會北渡，最後我們才能繞道開闢河西戰場，至此戰爭已經勝了一半了。

提問：關中有十大軍團，加在一起力量頗大，一般來說應該各個擊破。但這次戰爭中，看到敵人軍團越聯合在一起，你就越高興，這是什麼道理？

回答：關中路途遙遠，如果想各個擊破，恐怕要花一兩年時間。現在他們主動打包，可以提高我們的效率。雖然他們聯合起來，但是各不相屬，馬超驍勇但資歷不夠，韓遂夠資格但能力不行，軍團沒有眞正的領導者，很容易攻破，所以每增加一支軍隊，我的心裡就高興一分呀！

曹操演講的細節，很多是信口開河或者是馬後炮，因爲戰爭之中很難把所有情形都預料到，隨機應變比事先規劃更重要。曹操最拿手的就是隨機應變，包括在演講中的隨機應變，大包大攬，確實是個務實而又好大喜功的人！

88. 悲情英雄

馬超臨死前如此孤獨，誰又能想到，他是十七歲從軍、二十歲就大破郭援威鎮河東的一代名將呢？人的命運，又豈是門第、才華或者勇猛所能決定的呢？

這年十月，曹操大軍進入長安，使得長安再度成爲朝廷的管轄區域。在回鄴城之前，曹操又親自北征，冒雪而戰，經過一個月的時間，終於把楊秋的軍隊搞垮，楊秋宣佈投降。不知道是不是自己被凍著了急著回去，這次曹操非常寬容，接受了楊秋的投降，恢復他的爵位，讓他繼續治理安定地區。

十二月，曹操留下夏侯淵軍團留守長安，自己回鄴城了。在馬超、韓遂還沒有徹底搞定的情況下，曹操回家是有理由的：第一，朝廷內部權力需要鞏固，他不能長時間在外。第二，後方不穩，冀州河間人田銀、蘇伯趁曹操外出，造反了先，曹丕正在派人對付呢！不知道這小子第一次看家有沒有能耐。

結果還不錯，曹操回到家的時候，曹丕已經派將軍賈信給平息了。

不過，當時有一道小難題考驗曹丕，就是平息之後，有一千多人請願投降。讓不讓投降呢？大家都認爲，曹操原來有法令，戰敗後再想投降，這樣的人不能赦免。只有程昱意見不同，他說，曹操制定的法令是在大亂的時候，權宜之法，現在天下比那時安定，不能殺這些人，即使要殺他們，也要請示曹操再做決定。曹丕接受了程昱的意見，報告了曹操，曹操果然不同意殺他們。曹操對程昱的想法讚賞不已，說他不僅擅長於軍事計策，還善於處理別人的父子關係，眞是全才。

回過頭說說逃亡將軍馬超。第二年，也就是西元二一二年七月，馬超率兵再度返回司隸區的藍田，聯合部將梁興一起叛變。爲什麼馬超要死扛曹操呢？因爲這年五月，曹操把在朝廷當人質的馬超家屬全部殺害，包括他父親馬騰、弟弟馬休、馬鐵，還有兩個當人質的兒子，並連坐三族，眞是人間慘劇。亂世之中，政治關係凌駕於一切之上，因爲有家屬爲人質的，以兒女的婚姻爲籌碼的，算是當時的一種流行方式。但下場落得像馬超這麼慘的，眞是太少了。

馬超敗退回了甘肅一帶，並沒有一蹶不振，而是聯合了羌部繼續反曹操，經過幾年的努力，幾乎控制了全部的涼州，自稱征西將軍。後來，夏侯淵西征，馬超的內部出現了分裂，部將楊阜、姜敘等造反，馬超與之交戰沒有拿下，自己這邊卻被梁寬、趙衢關閉城門，沒有退路，狼狽之間，只好投靠了漢中張魯。

張魯本來想重用馬超，把女兒嫁給他。但是張魯的手下無能之輩容不得出色的馬超，對張魯說，他為了造反，連老爹都不顧，這種人怎麼能跟他結親呢？張魯於是挺忌諱馬超，不太重用。馬超借了張魯的兵馬北取涼州，沒有成功，又受到張魯部下的排擠，過得非常不如意。

後來劉備西征益州劉璋，張魯考慮到劉璋如果完蛋，自己是唇寒齒亡，於是派馬超去葭萌關進攻劉備。劉備派了個李恢去勸降，馬超在張魯那裡過得很壓抑，不但不能發揮自己才能，還要勾心鬥角，於是就投奔劉備了。劉備一聽馬超過來了，很高興說，益州是我的了。果然，劉璋一聽說馬超歸了劉備，立刻沒有了堅守的信心，舉白旗投降。

馬超知名度和威望太高了，劉備陣營裡誰都比不了，但是又必須在人家手下混飯吃，所以必須學會處世技巧，壓抑自己，不能再跟以前一樣當大王。據說有這麼兩件事：第一，關羽早就知道馬超勇猛，挺怕蓋過自己，寫信給諸葛亮問馬超的才能怎麼樣。諸葛亮回信說：馬超這個人文武雙全，雄烈勇猛，但是比不了你的超然絕倫啊！關羽得到了恭維之後，才放心，劉備帳下一哥的位子他是不想轉讓的。

另外一件事就是馬超大大咧咧，見了劉備都直呼其名，這在當時是非常不禮貌的。張飛和關羽對此非常生氣，有一次開軍事會議，關張故意早早地來到劉備身邊，馬超不知道，還是大大咧咧進來就喊：嗨，玄德。關羽當場就火了，和張飛拔出劍來命令馬超給劉備下跪。馬超嚇壞了，整個後背都是汗，撲通一聲就跪下，從此再也不敢對劉備不敬，開始夾著尾巴做人的生涯。

這兩件事情是否爲史實雖有爭論，但可以反映寄人籬下的日子不好過。馬超從此更加謹慎小心，雖然被授予了驃騎大將軍的顯爵，但還是在孤獨和壓抑中度過了後半生，章武二年，年僅四十七歲就早早地離開了人世。

馬超死的時候給劉備寫了一篇非常簡短凄苦的奏摺：我全家兩百餘口，都被曹操殺了，沒什麼親人，連個後代都沒有，只有個堂弟馬岱，是我宗族唯一血脈，託付給陛下照顧，其他再沒有什麼可說的了。

臨死前如此孤獨，誰又能想到，他是十七歲從軍、二十歲就大破郭援威鎮河東的一代名將呢？人的命運，又豈是門第、才華或者勇猛所能決定的呢？

89. 一封情書

這封信有可能是歷史上最有才華的恐嚇信，動之以情，曉之以理，脅之以兵，不是一般的歹徒能寫出來的。它既是情書，又是招降，也是宣戰，吃軟吃硬由孫權選擇。

平定關中十軍團回來後，曹操並沒有因爲年紀大了，準備養老，而是更忙得不可開交。很多老同志，就跟曹操這樣，越老越能折騰，完全沒有退休交班的想法。曹操兩頭忙，對內，與公卿大臣爭鬥，要建立自己的魏王朝，實現野心；對外，饒不過孫權那小子，進攻東吳。這兩件事一直讓他從西元二一一年到二一四年，忙乎三年，忙到焦頭爛額。

既然曹操很妖嬈地花開兩朵，我們就各表一枝。

在準備南征孫權之前，曹操給孫權寫了封信，不是他自己寫的，是叫秘書阮瑀代筆，但內容完全是曹操的心思。這封信很長，跟男人的那話兒一樣，一會兒軟，一會兒硬。前面寫的是軟的部分，說我們翻臉以後，三年來我沒有一天忘記以前我們和好的日子。爲什麼這麼說呢？曹家和孫家有政治婚姻，曹操把侄女許配給孫權的弟弟孫匡，他兒子曹彰也娶了孫權的堂侄女，所以曹操說現在希望忘記仇怨，重續前緣，讓兩家非常光榮地流芳百世。

筆鋒一轉，爲自己的赤壁失敗辯護，說赤壁之戰我軍團遭遇疫病，我自己燒船回來，逃離瘟疫之地，根本不是外邊所傳的被周瑜打敗。而我江陵的守軍，是因爲糧食沒有了，撤退回來，也非周瑜所敗。

然後呢，開始硬起來。說，以我的實力，完全可以將你打敗。你的特長是水戰，但水戰根本擋不住我的王者之師。而根據歷史的教訓，阻擋王者之師的，沒有一個有好下場，比如淮南王劉安、西漢隗囂、東漢彭寵，你千萬不要步他們後塵呀！

最後，開出條件給孫權選擇。第一，你只要能內除張昭，外殺劉備，我就給你高官厚爵，讓朝廷無憂百姓安全，你我都開心。第二，如果捨不得殺張昭，那殺了劉備也行，我也可以原諒你。

這封信內容比上述還多，文采斐然，有可能是歷史上最有才華的恐嚇信，動之

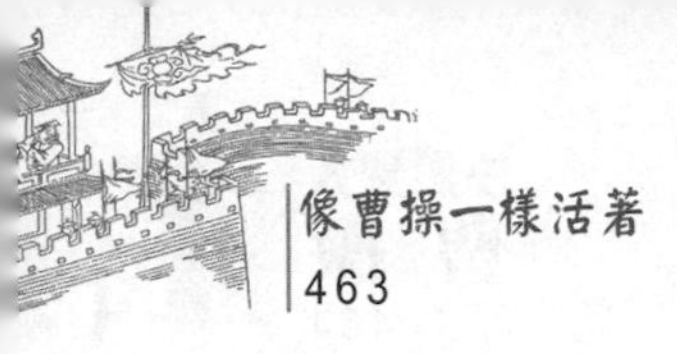

以情，曉之以理，脅之以兵，不是一般的歹徒能寫出來的。它既是情書，又是招降，也是宣戰，吃軟吃硬由孫權選擇。

但孫權根本不吃這一套，早在一年前，爲了迎接曹操隨時可能的攻擊，他便聽從張紘的建議，在秣陵建造石頭城，並把首府從京口，即江蘇鎭江，遷移到這裡，改名叫建業，即現在的南京。

而大將呂蒙則勸孫權，在曹操必然進攻的濡須水口，也就是安徽無爲縣，建造碼頭。這個建議在水軍裡頭顯得很外行，因此其他將領都紛紛質疑，說，身爲水軍，應該精通水性，不論上船還是登岸，涉水而過就可以，建造碼頭不是多此一舉嗎？

呂蒙嚴肅道，作戰的情況千變萬化，勝負由不得你控制，萬一敵人騎兵來勢迅猛，我們根本沒有時間上船，就會自我踐踏。有了碼頭，可以隨時應付緊急情況。

孫權覺得有道理，下令建造碼頭，加固工事。可見對於南北會戰，東吳的準備已經相當充分，將士一心，絕對不可能讓曹操的一封情書就輕易忽悠了。

90. 生子當如孫仲謀

看東吳艦隊排列整齊，軍隊肅穆嚴整，旗幟鮮明，儼然是天生的軍事家，不由感歎，生子當如孫仲謀，劉表劉景升的兒子，只不過是豚犬呀！

西元二一三年正月，曹操以四十萬軍隊向濡須口進發。

這四十萬是號稱，跟女人的年齡一樣，水分很大，只不過曹操往大裡整，想嚇死人；小姐往小裡整，想迷死人。

張遼、臧霸帶著先鋒部隊氣勢洶洶地來了。剛好碰見下大雨，江水暴漲，東吳的船隊前進了一步，水軍蔚爲壯觀，這個場面居然使曹軍心驚膽顫。爲什麼？因爲大家都想起赤壁之戰，一朝被蛇咬，十年怕草繩，更何況現在才事隔五年。

張遼也害怕了，都想撤兵算了，幸好臧霸阻止他，說，別害怕，曹公自有計劃，不會不管我們的。

曹操呢，也覺得必須提一提士氣，第二天馬上讓主力軍發起攻擊，很有效果，攻破了孫權的江西大營，還擒拿了指揮官公孫陽。呂蒙在濡須口全力抵抗，由於準備比較充分，一時半刻，曹操攻不下來，不過這下總算讓北方士兵消除恐懼心理。

孫權一聽江西大營被攻下，親自率領七萬大軍趕來，以甘寧爲先鋒，決定也給曹操來一下，打掉他的氣焰。晚上甘寧帶領百來個特種兵，爬牆越過曹操營寨，一陣突襲，殺了十來個睡死了的士兵。曹軍夢中遭到襲擊，驚慌萬狀，鬼哭狼嚎，各個營中點起火把，竟如夜空繁星。甘寧見恐嚇成功，帶人退還本營，將士們一片歡騰！孫權也非常高興，連夜接見甘寧說，把老曹給嚇破膽了吧？我總算見識到你的膽量了！大加賞賜。

這一來一去，只爲鼓舞士氣。

此後兩軍對峙，孫權挑戰，曹操堅守不出。其間除了孫權在水上又襲擊曹操一次，搞死幾千人外，兩軍都沒有更大的機會。程昱見濡須口防禦堅固，北方軍隊對水戰又不拿手，都勸曹操撤退，從長計議。曹操親自到前線觀察，看東吳艦隊排列整齊，軍隊肅穆嚴整，旗幟鮮明，儼然是天生的軍事家，不由感歎，生子當如孫仲謀，劉表劉景升的兒子，只不過是豚犬呀！

轉眼間，江淮地區進入梅雨時節，北方軍隊困於泥水之中，呼吸著發霉的空氣，情緒不好，士氣低沉。曹操也覺得很爲難，打吧，又沒機會；主動回家吧，又很沒面子，基本上等於白來一趟。頭疼之際，東吳有使者來到，原來是孫權派人送了封信，寫的是：春水方生，公速離去。隨信還附了一張小紙條，是跟曹操咬耳朵的話，寫的是：足下不死，孤不得安！

曹操看後很高興，對諸將說，孫權沒有騙我呀！於是撤軍，孫權也不追趕，率軍回建業。

曹操是四月走的，但是到了閏五月，孫權主動發起了對皖城的進攻。皖城是一座孤城，這是由曹操的一次錯誤決定導致。原來曹操怕臨江的郡縣被孫權佔領，就讓老百姓都往裡面遷徙。當時揚州別駕蔣濟就勸曹操，說老百姓留戀故土，是不願意搬家的，你這麼一搞絕對雞飛狗跳。曹操不聽，堅決移民，結果江淮之間十餘萬老百姓都被嚇走了，雞飛蛋打，皖城變得孤零零的。

孫權想準備築土山圍攻城池。呂蒙建議，對於皖城要用急攻，原因何在？第一，不急攻下，曹軍救援來了，就很難辦了。第二，我軍趁雨季河水上漲，船載以入，如果等到河水下降，就回不來了。皖城看起來不太堅固，以三軍銳氣，四面圍攻，應該可以儘早攻下。

果然，呂蒙和甘寧身先士卒，凌晨發起進攻，很快就結束戰鬥。張遼率兵來救，人還沒到，就接到報告說皖城已破，救也救不起來了，只好回去。

這下子讓曹操很沒面子，覺得受到孫權小子的侮辱，惱羞成怒到抓狂。衝動之下，決定再次親征。這個時候是七月大雨綿綿的季節，誰都知道南下占不了什麼便宜，只會黏一屁股屎，所以三軍士兵都不願意走，怨聲載道。曹操固執地下了一道命令：誰他媽的敢來勸我，殺無赦！

還是有負責任到不怕死的人，主薄賈逵覺得事關重大，就聯合了三個同事一起上書阻止。曹操很生氣，問是誰的主意，賈逵說是自己的，然後主動申請進監獄。

獄吏看在賈逵是主薄的份上，不想給他上枷鎖。賈逵說，你快點給我戴上呀！不然曹操會認爲我以權謀私，等會兒他就派人來檢查了！果然，剛戴上枷鎖，曹操派家人來視察，賈逵實在太瞭解曹操奸詐懷疑的性格了。

曹操知道賈逵戴上刑具，怒氣才消掉，冷靜下來之後又下了一道命令：賈逵沒有什麼惡意，免了他的罪，官復原職。

由此可見，抓狂到什麼地步。

七月，固執的曹操還是出征了，這次帶了曹丕南下，留下曹植守鄴城。曹植此時二十三歲，繼承了曹操的聰穎智慧，但是行爲放浪不羈，喜歡喝酒泡吧，頹廢藝術青年的樣兒，沒有責任心和管理才能，難以承擔政治任務。這讓曹操頗爲擔心，所以這次出門也是給他一個鍛鍊的機會。臨走時告誡曹植道，我二十三歲時，當了頓丘縣令，爲了做好管理，得罪了朝廷權貴，差點送了小命！但回想當年的所做所爲，我一點也不後悔。你現在也二十三歲了，也應當爲自己的行爲負責了，當藝術青年是沒什麼前途的。

可以預見，這次出戰不會有什麼成果，總參謀荀攸又在途中病死，出來三個月後，曹操認識到勸諫者的意見是正確的，與其在這裡膠著，不如回軍去取漢中。

91. 神勇張遼

一眨眼工夫，張遼已經切掉幾十個人，殺了兩個將領，大聲狂叫，我張遼來了，直向孫權的麾下衝去。孫權完全被他氣勢鎮住，根本不敢動。

西元二一五年三月，曹操轉而西征，討伐張魯。

爲什麼要跟張魯打呢？因爲劉備這時候已經取得了益州，下一步肯定搞張魯了，曹操想先下手爲強，避免劉備進一步坐大。

孫權也是很有進取心的，看曹操走了，與當年八月率軍十萬，攻打合肥，收復前年丟失的江西地區。曹軍南部戰線很長，防守分散，合肥守軍只有幾千人，情況危機。不過，曹操撤軍北歸時留了一個錦囊妙計，對合肥護軍薛悌說，如果敵人到了，立刻打開密函，依計行事。

薛悌打開救命稻草，只見密函寫道，如果孫權包圍合肥，立即徵調張遼和李典迎戰，樂進來防守，原來的守軍不要動。

曹操這個錦囊妙計只不過是遵循人盡其用的道理，並無裝神弄鬼之處：張遼、李典以勇猛見稱，派他出戰；樂進持重有責任心，派他防守，而薛悌是文職人員，當然按兵不動。

大家聚齊之後，分工是不錯，但有一個很要命的問題，就是雙方兵力懸殊太大，根本沒法對抗。

大家一籌莫展，只有張遼明白曹操的用意，說，現在曹公在西征，要是等到他趕過來救我們，合肥早就被破了。曹公的意思，是趁孫權陣營未穩之際，給予猛烈突襲，打掉他的威風，長我軍氣勢，這樣才有機會長期堅守！

對於這個意見，樂進覺得太冒險，猶豫不決。張遼見衆人遲疑，怒道，成敗之機在此一舉，你們猶猶豫豫，那就由我一個人去突襲吧！

李典和張遼一向不和，對於張遼的意見基本上不搭理。現在看到張遼如此果敢不怕死，被感動了，也慨然道，這是國家大事，我怎能因爲私人恩怨讓將軍獨當危險，我願意和將軍一起去完成任務！

當天晚上，張遼請敢死隊員吃牛排，養足力氣。第二天出戰，完全不按套路，張遼身披鎧甲手執長戟，一馬當先衝向敵陣，後面八百敢死隊入疾風驟雨席捲而上。一眨眼工夫，張遼已經切掉幾十個人，殺了兩個將領，大聲狂叫，我張遼來了，直向孫權的麾下衝去。

孫權沒預料到對方有這種野蠻打法，一點心理準備都沒有，此刻也不知道發生了什麼，趕緊在近衛軍貼身保護下，手執長戟自衛，登上一個小山包觀察形勢。張遼在小山下向孫權挑戰，極為囂張，孫權完全被他氣勢鎮住，根本不敢動。

終於回過神來的孫權軍隊，看見張遼人馬其實不多，趕緊實行重重包圍，準備夾死。李典帶領人馬來接應，卻被呂蒙截住廝殺。張遼一聲怒吼，奮力突圍，打開一個缺口，率領數十騎兵殺了出來。

此刻，困在敵軍中的敢死隊員叫道，將軍，難道你要拾棄我們嗎？

張遼又殺進敵軍包圍圈，一番死戰，救出剩下的隊員脫離包圍圈。孫權軍隊在張遼面前，居然不敢抵擋。這一場突擊戰從早上打到中午，東吳軍隊見曹軍跟野獸一樣兇猛，無不膽顫心驚，士氣居然被打跨。

張遼以自己的神勇達到目的，己方的士氣大大提高，隨後加強合肥的防守工事，軍心穩定下來，兩軍進入對峙狀態。

孫權圍攻了十幾天，沒什麼進展，不能速戰速決，僵持下去意義不大，便下令撤軍。撤退的孫權比較大意，大軍都上路了，他和幾個將領還在長江北面的逍遙津聊天開會。

這個情況被張遼在瞭望台上看見，機不可失，是捉孫權的最好機會，馬上率領步騎兵突襲過去。

孫權這下子懵了。還好甘寧和呂蒙率領近衛隊奮力死戰，凌統扶孫權上馬衝出重圍，命令牙將谷利護送，自己率兵搏鬥，爲孫權爭取逃跑的時間。

孫權還眞不走運，騎馬過逍遙津渡橋的時候，橋面有一丈多居然沒有木板。幸好這谷利拍馬屁很厲害，先讓馬往後退，預備，助跑，再在馬屁股上狠狠抽了幾鞭，駿馬像劉翔一樣以創造紀錄的速度一躍，居然越到對岸。其他將士們在與張遼的惡戰中，死傷甚多。

脫險之後，孫權在長江船上設宴，慰勞拚死作戰的將士。部將賀齊親歷這般艱險，不禁痛哭流涕，對孫權勸道，你是至尊的領袖，應該經常保持戒備，今天的疏忽，差點造成不可挽回的損失。所有文武官員都心驚膽顫，彷彿天地崩塌，願這次

的經歷引起終身的警惕呀！

孫權連忙撫慰道，眞的很慚愧，這次麻痹造成將士損失慘重，我一定要引以爲戒，絕不食言。

其實三國之主，都喜歡親臨一線指揮戰鬥，也經常有一隻腳踏入鬼門關的遭遇。這裡面應該屬於曹操的經歷最多，不能不感歎命大。像孫堅和孫策，打起仗來鬼都怕，可是還是避免不了因一時麻痹大意而丟了性命。

張遼這一次幾乎把孫權抓到，打出了曹軍對抗東吳中最值得津津樂道的一仗。曹操得知，被張遼之兇猛所動，拜張遼爲征東將軍。

第14章 三分天下

曹操把漢中這個雞肋拱手送給劉備。劉備也不客氣，自立為漢中王，管轄漢蜀兩地。三分天下正式成立，劉備由一個無家可歸的野犬長成一頭獅子王了。

92.

五斗米教

張魯自稱是「天師」，那麼道徒呢，新來的都叫「鬼卒」，有資歷的叫「祭酒」。由此就產生了世界上獨一無二的管理制度，全部由祭酒管理。

在張遼大耍牛逼的同時，說說曹操往漢中打張魯的事情。

張魯的漢中政權比較邪門，是政教合一的掌權，這個教叫五斗米道。漢代道教有兩支，一支叫太平道，張角的黃巾軍所崇信的，宣揚的是「人無貴賤，皆天所生」，很符合弱勢群體的理想；另一支呢，就是五斗米道。

五斗米道，是張魯的爺爺張陵所創立的。這哥們來到蜀地鵠鳴山中學道，寫了道書拉老百姓入夥。可能原來只是想騙點飯吃，規定誰要入夥，要先出五斗米，所以人稱五斗米道。張陵死後，兒子張衡繼承父業；張衡臨死前，吩咐張魯，這個大教是你爺爺弄出來的，一定要發揚光大。結果張魯把它玩大了，而且，一不小心，跟政權好上了。怎麼好呢？原來張魯的母親很有姿色，在宣傳道教的時候，經常去益州牧劉焉家，關係特好。有了這層關係，張魯就不僅僅是個五斗米的宣傳委員，還被劉焉任命為督義司馬。

西元一九一年，劉焉派張魯和別部司馬張修，率兵襲擊漢中太守蘇固，奪取了漢中之後，毀斷通往關中的谷道，殺漢朝廷使者，成為獨立王國。張魯同志比較生猛，得了漢中後殺了張修及餘黨，成為漢中統治者。西元一九四年，劉焉死了，兒子劉璋繼承，見張魯不服從管理，脫離自立，一生氣，把他母親和全家都殺了。

劉璋和張魯，從此勢不兩立。張魯的道教政權的管理也與眾不同。五斗米教相信世界上是有鬼的，相信人無時不刻受鬼的監督，所以張魯自稱是「天師」，那麼道徒呢，新來的都叫「鬼卒」，有資歷的叫「祭酒」。由此就產生了世界上獨一無二的管理制度，張魯底下不設官吏，全部由祭酒管理。這種管理很受老百姓歡迎，使得張魯能夠雄據漢中三十年，而且讓朝廷毫無辦法。

當然起作用的不是平行式的管理，要不然全世界國家政府都不要什麼廳、處、科，全來祭酒就得了。發揮作用的是它的教義，主要有四點：第一，做人要誠實，如果生病，要先要求病人反省自己有沒有做錯事。第二，每個祭酒在自己轄區的交通要道上，設立義舍，相當於救助站，裡面有免費的飯菜。行人可以根據自己的飯量來吃，如果貪心吃太多，鬼就會讓他生病。第三，對犯法的人，可以原諒三次，三次後還不聽話，才得到懲罰。第四，禁止造酒、喝酒。市場百貨必須保持平常價格，不准有暴漲暴跌的奸商行徑。

對於張魯，曹操、劉備、孫權都想吃這塊肥肉，都有行動，咱們先說曹操。

曹操在西元二一五年三月開始西征，大軍採取從甘肅武都經過氐人區的路線，道路艱險，一開始就遇到氐人抵抗，以堵塞道路來干擾曹操的行進。曹操派張郃、朱靈大破氐寨。四月，出了散關，路途非常難走，曹操的詩歌《秋胡行》，寫到這次行軍中，黃牛累得癱倒，馬車跌落山谷的險惡景象。偏偏氐王竇茂率領一萬多人的氐人部隊，據險而守河池城。夏侯惇圍攻了足足一個月時間，河池城才因爲糧草耗盡而陷落。

曹操極憤怒，氐人要是這麼阻擋下去，那光把時間耗在路上了就行了。於是使出最兇狠的一招，屠城，殺雞給猴看。這下把西平附近的氐人全嚇傻了，不但沒有再加阻擋，全部臣服，而且還把投奔他們的韓遂給殺了。

七月，張魯看見曹操大軍達到陽平關。想帶領大夥一起投降，但是駐守陽平關的弟弟張衛不肯，還沒開打就投降，不甘心呀！況且他認爲陽平關防禦堅固，順著山勢有十幾里的長城，簡直固若金湯，曹操沒理由能打下來。曹操親臨關下查看之後，也非常驚訝，因爲原來降將都對他說陽平城無法堅守，他都覺得不用擔心，現在不由歎息道，看來不能隨便相信外人的話。

夏侯惇部隊攻打十來天後，毫無進展，倒是自己這邊人傷亡慘重，糧食也要吃完了。參謀劉曄建議撤軍，曹操看這個地勢太險峻，很難用兵，也同意撤退。只不過這一撤，撤出一個驚天的意外！

曹操命令許褚去前線召集回夏侯惇的部隊，由於部隊分散在山上各地區，召集回來相當費勁，到了晚上還沒完成，曹操又派劉曄和辛毗去看一下情況。這時候，前鋒部隊迷路了，分不清東南西北，居然繞到張衛敵營那邊去了。張衛也糊塗，大黑天的一看敵軍到跟前了，以爲曹軍已經攻破陽平關，慌忙失措中帶領全軍撤退，曹軍趁機佔領敵營。劉曄和辛毗在前鋒部隊後面，趕緊通知夏侯惇，夏侯惇不相信，親自到前線看後才知道踏破鐵鞋無覓處，得來全不費工夫，趕緊召集撤退的士兵回來撿便宜，奮力攻打敵人的營區。張衛連夜逃走，陽平關就這樣稀裡糊塗地搞定。

張魯看陽平關屏障失去，知道再抵抗下去沒用了，還是準備投降吧。部下閻圃同意投降計劃，但覺得時機不對，對張魯說，要是現在這個形勢下投降，功勞必定很小；應該讓巴中少數民族與他對抗，在認為我們有實力的情況下投降，這樣才會信任和重視我們！

張魯也覺得這樁賣國生意值得做，就往巴中地區逃跑。臨走時，部將想把財產和糧食的倉庫都燒掉。張魯說，今天出去只是避其鋒芒，並沒有想真正跟朝廷對抗，財物寶貝是屬於國家的，還是不要破壞，就把東西給打包收藏好。

曹操進駐南鄭，靠！沒見過這麼有禮貌的逃亡者，對張魯的所為非常欣賞，狠狠地表揚了一番，又知道張魯有歸順的意思，就派人去山區中慰問。九月，先是躲在巴山中的親張魯軍團投降，張魯自己扛到十一月份，同猛將程銀、侯選等歸順，漢中收入曹操囊中。

自然，張魯的待遇是不錯的，曹操封張魯為鎮南將軍，張魯的五個兒子也都封列侯。閻圃雖然阻止張魯迅速投降，但曹操認為他能夠為自己的主子打最好的算盤，屬於盡職敬業，也封了列侯。曹操的寬容作風，使得幫助過張魯的各郡縣首領都放下心來，對恢復漢中起了積極的作用。

93. 張松賣益州

劉備帶著人馬去吃軟飯，到處收買人心，劉璋再蠢也豁然開朗，劉備不是來做善事，是謀取益州來著。劉璋殺了張松，張松這輩子幹得最大的事就是把劉璋給賣了，死得其所。

奪取了漢中之後，曹操軍勢大振，兩個參謀劉曄、司馬懿建議，繼續乘勢入蜀，奪取益州。曹操有些躊躇，因爲益州此刻剛剛落入劉備的手裡。

回過頭來，說一下劉備怎麼奪取益州吧！

孫權原來想把劉備儘早趕出荊州，還給東吳，就派使者跟劉備說，東吳可以出兵幫助劉備一起打益州劉璋，奪下益州後再收取漢中張魯，這樣東吳、蜀地力量聯合起來，就是十個曹操也拿我們沒辦法。

但是諸葛亮幫助下的劉備有自己的小算盤，第一，不願意把荊州還給東吳；第二，跟東吳一起伐蜀，奪來的地盤孫權也要染指，不如找機會自己單幹。所以，劉備謝絕了孫權的好意。

劉備的機會馬上來了。西元二一一年，益州劉璋聽說曹操派鍾繇征討張魯，心裡就打鼓了，因爲打完張魯肯定順手打益州，這不用說的，所以心懷恐懼，不知如何是好。這時候謀士張松心裡也有主意，這個吃裡扒外的傢伙上次本來想幫助曹操奪取益州，結果被曹操看不起，羞辱了一頓，懷恨在心，這次就想幫劉備搞定益州。

他先恐嚇了一下劉璋，說曹操天下無敵，如果他取了張魯之後，靠漢中的力量攻打益州，誰能抵抗他呢？劉璋一嚇就慌了，接著張松出餿主意，道：我們可以叫劉備來幫忙，爲什麼選他，第一，他是皇親，跟曹操是死敵。第二，他善於用兵。怎麼救我們呢？讓他過來討伐張魯，張魯必然被攻破。這樣益州漢中連成一片，力量增強，曹操來了也無可奈何！

劉璋的思維達不到政治家的及格線，很快就上了張松的當，派法正去請劉備，引狼入室。這個法正呢，也是劉備的粉絲，而且是在益州的臥底粉絲，馬上向劉備陳述奪取益州的辦法。有這等好事，把劉備高興壞了，留諸葛亮、關羽守荊州，自己帶著一萬人馬去吃軟飯。劉璋開頭熱烈歡迎助人爲樂的劉備，感謝萬分。劉備說甭跟我客氣，助人就是我的本業，更何況咱們都姓劉，都是大漢宗親呀！

劉璋再給劉備增加一批人馬，去打張魯。劉備帶了人馬就往漢中去了，走了一段，到了離漢中不遠的葭萌，停下來不走了。他肯定不打張魯，那能幹啥？就在當地實施籠絡政策，到處收買人心。

不久，劉備的陰謀終於敗露，劉璋再蠢也豁然開朗，劉備不是來做善事，是謀取益州來著。劉璋殺了張松，張松這輩子幹得最大的事就是把劉璋給賣了，死得其所。文書通告各個將領，不要再相信劉備了。可惜爲時已晚，把老虎引到窩裡且已經長大，劉璋遠非劉備的對手，西元二一四年，劉備取代劉璋成爲益州牧。隨即在第二年，也就是曹操征討張魯的這一年，派黃權去拉攏張魯，但是晚了一步，張魯已經投降曹操，而且混得很不錯了。

曹操奪取了漢中，準備回鄴城，劉曄、司馬懿建議稍等，把劉備幹掉了再走。劉曄認爲，劉備是有理想有文化有紀律有道德的「四有」豪傑，之前只是因爲運氣稍差，混得不如意。現在他剛剛獲得蜀地，人心沒有歸順；而我們破了漢中，蜀地爲之震驚，氣勢已經衰竭。以明公的英勇神武，攻破他應該只是小菜一碟。如果不立即行動，那麼以諸葛亮的管理才能，加上關羽、張飛的勇猛，蜀中不久就能恢復穩定。加上蜀道易守難攻，以後再想收拾，就絕對困難了。

不料，曹操講了一句以往很少說的話，說，人生的痛苦，就來自於永不知足，何必得隴望蜀呢？

這句話不是曹操的原創，是東漢光武帝劉秀說的，當年他鼓勵大將軍岑彭平隴之後滅蜀說的話，被曹操反著意思引用了。曹操一生積極進取、永不滿足，這話根本不像他說的，理解此話的眞意內涵，其實是很有意味的。

第一，從現實而言，曹操取得漢中是很僥倖的，要不是撞大運現在早回家了。再想往南攻打，蜀道之難難於上青天，一點把握都沒有。

第二，劉備已經不是等閒之輩，吃下來不容易，再加上漢中根基沒有穩定，冒險推進，後方很難不出亂子。

第三，孫權正在攻打合肥呢，東邊戰場的安危不能不顧。

第四，曹操正在構架建立魏國的宏圖野心，不能長時間在外而不顧朝廷政治。

第五，此時的曹操已經六十一歲了。可以說在攻打北方之前，曹操屬於光腳的不怕穿鞋了，到處以小搏大，沒有不敢下的注，沒有不敢打的仗；但收復北方之後，做了一哥，到處做大魚吃小魚的生意，吃不到也不影響自己，沒有那麼冒進了。

以知足長樂的人生哲學來說明戰略，不能不說是心態的一種變化。他有點累了，發自內心的累，當然只有一點點。

後人對曹操不繼續奪取益州持兩種態度。一種認爲失去了大好機會，這是南朝裴松之的觀點。曹操取得漢中，對劉備的益州震動很大，一天之內有幾十回暴亂，劉備到處殺人還不能阻止，如此亂局應該可以構成進攻的最好條件。這個消息在七天之後還傳到曹營中，曹操也有點動心，問劉曄，現在還能不能打他？劉曄說，已經稍微安定了，不能打了。

第二種觀點，是元人胡三省用劉曄的話來解釋的。胡三省說，七天之內的稍微安定，作爲能不能攻打益州的依據，這個思路不靠譜。眞正原因應該是劉曄在冷靜思考後，也意識到蜀地不能攻破。

後人的研究多傾向於後一種觀點，就是認爲曹操的選擇是正確的，以當時的條件而言，劉備是啃不下來的骨頭，先回家好。

曹操留夏侯淵守漢中，隨後劉備來犯，展開激戰，後面細述。曹操自己率軍回鄴城，也沒有悠著，稍息片刻，又找孫權算帳了。

94. 曹孫和解

曹孫兩方都跟劉備有帳要算，在這裡大打出手，倒把劉備給養肥了。既然誰也搞不定誰，這麼無趣，不如收拾收拾，跟劉備算帳去。

咱們先給曹操列出個日程表。

西元二一五年十一月，張魯投降。

十二月從南鄭出發，到二一六年二月才回到家，沒有現代交通工具果然麻煩。

二一六年五月晉爵爲魏王，實現了政治野心的重要一步。

十月再次發兵，南征孫權。

西元二一七年正月，在濡須口展開對決。

這次對戰雙方都不示弱，居然不使軟招，全是硬碰硬，慘烈得一塌糊塗。權舉幾個名將的事例窺之。

東吳名將董襲負責督戰五層樓高的戰船，夜裡江上風浪巨大，戰船太高，搖搖欲墜，士兵們爭先恐後下去，讓董襲趕緊逃命。

董襲大怒，說，我負責都督戰船，怎麼能捨船逃命呢？後來，戰船終於翻了，董襲落水而死。

曹軍大規模出動，東吳徐盛與其他將領乘坐戰船一道前去迎擊，但因突遇驟風，船失去控制，只得靠敵營江岸停下。這時，將領們都很恐懼，誰也不敢出來迎敵，唯獨徐盛率領部眾，果斷上岸擊敵。

敵人有的披靡逃遁，有的被殺死或擊傷。風停以後徐盛從容返回大本營，孫權對他的壯舉大大誇獎了一番。

周泰就更不得了，在這次大戰中孫權被曹軍包圍，幸虧周泰幾次捨身搏命，把孫權救出來。戰後呂蒙要調往西部戰線配合病重的魯肅防守，必須選出一人挑起守濡須口的重任。

在大家猜測之際，孫權選出周泰，拜平虜將軍。這個結果自然不能服眾，也令另外兩個候選人徐盛和朱然很不服氣。

徐盛文武雙全，出道也比較早，獨當一面的能力早已得到驗證了；朱然是江東顧、陸、朱、張四大族子弟，能力和資格都很優秀；而周泰原來是江洋大盜，在東漢注重門第的年代，非常卑賤，不値得信任的。老將們都勸孫權重新考慮，避免引起人事糾紛。

孫權設了個飯局，宴請諸多將領。喝得差不多的時候，命令周泰解開衣服，只見周泰的裸體上一道道傷痕，跟刻出來似的。孫權每指一道，便讓周泰說出傷痕的出處，宛若一部歷史，當年的戰鬥情況歷歷再現。

孫權涕淚交流，緊握著他的肩膀說，幼平（周泰的字）呀，你爲兄弟我的事業，不惜性命，全身幾十道傷疤跟刀刻出來一樣，我怎麼能不以骨肉之情對待，並把濡須口的重任託付給你？有我在背後與你共同進退，你儘管大膽去做，千萬不要因爲出身寒門而退卻呀！

孫權的良苦用心得到回報，當下諸將都心服口服。事實上孫權任用周泰不完全是因爲他幾次救自己的搏命行爲，而是周泰歷經的數次的大戰，與黃祖之戰、赤壁之戰、濡須口之戰等等，證明了他統軍的能力和責任心是能夠勝任的。孫權在用人方面，兼具了曹操的唯才是舉和劉備的以情動人。

回過頭來，這次大戰雙方損失慘重，但時間不長，雙方都沒撈到什麼便宜。而且這麼打下去，可以永遠都撈不到什麼便宜。

三月，孫權使出軟招，派徐詳向曹操請降。

這一招，正符合曹操的心意，爽快地答應了，兩方修好，重新開始政治婚姻關係。曹操派夏侯惇等駐守，自己回鄴城去了。此後除了西元二一九年孫權有過一次小行動外，兩方就結束了赤壁之戰以來的對抗。

爲什麼呢會這麼和氣收場呢？

說穿了全是因爲劉備。

曹孫兩方都跟劉備有帳要算，在這裡大打出手，倒把劉備給養肥了。既然誰也搞不定誰，這麼無趣，不如收拾收拾，跟劉備算帳去。

95. 劉備長進了

夏侯淵和劉備的軍隊僵持在陽平關。雖然曹軍有小勝，但主動權仍然掌握在劉備這邊，因為劉備更有主場優勢。曹操同志發覺形勢不妙，親自要來搞定劉備。

且說劉備見曹操回去，來勁了，你不來打我益州，我可要收拾你的漢中了。

新晉參謀法正給劉備提出必取漢中的理由：第一，曹操回家了，而夏侯淵、張郃的才略沒法跟劉備比，所以從帥才上有勝算。第二，把漢中收入囊中非常重要，這個地理位置，上計可以攻打中原，把曹操滅了，重尊漢室；中計可以蠶食雍州、涼州，開闊領土；至少也可以掐住要害，保護自己的領土。所以說，曹操北還，乃天賜機會，機不可失。

劉備非常受用，趕緊穿長褲放屁——兵分兩路。一路呢，在二一七年末由張飛、馬超、吳蘭等駐紮下辯，準備進攻武都；隨後一路呢，在二一八年由劉備親自率領人馬，進軍漢中。

曹操早聽到劉備小子來犯，就在鄴城遙控指揮，派曹洪去阻擊第一路人馬。曹洪雖然是曹操的大將，又是堂弟，但一身壞毛病，特別是貪財好色很耽誤事，因此曹操特意再派辛毗、曹休作參謀，去糾正曹洪的錯誤。曹操對曹休說，你雖然是參謀，其實就是統帥，可見對曹休的信任。

曹洪也頗爲識趣，這一去還什麼都聽曹休的。大家知道，曹休是曹操的族子，被曹操稱爲曹家的千里馬，這麼多年率領虎豹騎有了不少戰鬥經驗，自然名不虛傳。曹洪軍隊到達武都，對於張飛、馬超、和吳蘭三支部隊互爲犄角，有意切斷曹軍的補給線，頗感頭疼，衆將都建議停止前進，以免被夾擊。只有曹休看出戰機，他說，敵人想切斷補給線應該是秘密行動，如果虛張聲勢，證明沒有那個能力。我們應該在他們沒有集結之前，突襲吳蘭軍，吳蘭一敗，張飛和馬超也就沒辦法守住了。

曹洪聽從曹休的意見，果然迅速擊潰吳蘭軍，吳蘭被破後逃走，被氐人殺了。隨後，張飛和馬超的軍隊果然無法抵擋曹洪的優勢兵力，敗走漢中。

這一場遭遇戰，曹操用對了人，打對了仗。

四月，劉備主力軍團到達陽平關附近，和夏侯淵、張郃、徐晃等對抗，也取得了意想不到的失敗。

劉備派大將陳式切斷馬鳴閣棧道，以斷絕夏侯淵和張郃的聯絡，結果被突擊，陳式潰敗。而劉備主力與張郃作戰，張郃親自率兵肉搏，也沒有便宜可占。看來法正說，劉備的作戰能力要比曹操的手下高，也是拍馬屁居多。劉備趕緊寫信給諸葛亮，說趕緊發兵過來，前線沒有我原來想像得那麼樂觀啦！

夏侯淵和劉備的軍隊就這樣僵持在陽平關。雖然曹軍有小勝，但主動權仍然掌握在劉備這邊，因為劉備更有主場優勢。曹操同志在鄴城終於發覺形勢不妙，別說得隴望蜀，現在自己想保住漢中都不容易。劉備呀劉備，看來我不親自過來治你是不行了。西元二一八年七月，曹操從鄴城出發，親自要來搞定劉備。

讓曹操想不到的是，他人還沒到，劉備已經發飆了。

96. 定軍山

在冷兵器時代，戰術顯得尤其重要，而驕傲往往能成為決定成敗的依據。夏侯淵和關羽兩個人，是典型的驕傲的炮灰。輸得有理，死得可惜呀。

且說漢中曹軍統帥夏侯淵，在跟劉備的對峙中，取得了好幾個勝仗，內心被一種情緒深深籠罩──驕傲。

他沒法不驕傲。劉備是誰呀？是被曹操親口誇過的天下英雄，能打敗這樣的英雄，擱誰身上都不亦爽哉，不亦快哉，不亦飄飄然！

另外，夏侯淵之勇猛、之威望，在曹操手下，也就只有他哥哥夏侯惇能比，得到曹操刻意提拔之後，他已經超越大將軍夏侯惇了。人生在世，有什麼理由不去陶醉於這種實在的榮譽呢？有什麼理由不讓內心充滿著驕傲進入夢鄉呢？

但是，驕傲是魔鬼。

特別是在戰場上。

曹操早就知道這隻魔鬼潛伏在夏侯淵身上。在對峙期間，曹操寫信給他，告誡道，作爲大將，在行動之前必須有所恐懼，瞭解自己內心怯弱的部分。將領最重要的雖然是勇猛，但更需要智慧，光靠勇猛，只能是一匹夫！

這隻魔鬼不是一封信就可以驅除的。更何況夏侯淵是以不能用兵著稱的，軍隊裡稱他爲「白地將軍」。很難對「白地」一詞進行準確解釋，可能有無能、沒心眼、草包的意思吧！

草包將軍便靠著嫡系、對曹操的忠誠、勇猛救主而居功至偉。

而對於夏侯淵的恃勇而驕，劉備也是看在眼裡，竊喜在心。在法正和諸葛亮的建議下，決定採用誘敵深入的辦法，給夏侯淵下套子。

在西元二一九年正月，也就是和夏侯淵搞了一年多後，劉備派老將黃忠先去攻擊張郃把守的東城，並且採用猛烈的火攻。夏侯淵派援兵過來幫忙，黃忠立馬撤退，改攻擊夏侯淵把守的南城。

夏侯淵狂怒，想一個快要退伍的老軍人居然敢這麼騷擾我，找死呀！馬上傾巢出動，想把黃忠殲滅。黃忠率軍往定軍山下撤退。夏侯淵見黃忠軍隊散亂，慌張撤退，不堪一擊，想不如一口吃了吧，只率領少數狂追。而張郃怕對方有詐，趕緊率軍前去支援。

夏侯淵怕功勞被張郃搶了，只知道一味狂追。而定軍山上的法正看到夏侯淵軍隊旗幟紊亂，不成章法，時機已經成熟，馬上向劉備示意，可以發飆了。劉備下令，全軍反擊，黃忠軍隊從山上往山下反撲。

這一撲收穫很大，曹軍陷於混亂，夏侯淵同志壯烈犧牲，親隨部隊幾乎全軍覆沒，慘不忍睹。

在冷兵器時代，戰術顯得尤其重要，而驕傲往往能成爲決定成敗的依據。夏侯淵和關羽兩個人，是典型的驕傲的炮灰。輸得有理，死得可惜呀。

張郃援軍趕到，聽說夏侯淵同志不幸陣亡，趕緊撤退，堅守陽平關。

夜裡，曹軍隔著漢水，看見對岸劉備軍營燈火通明，顯然是在準備明天一早渡河攻擊！此時群龍無首，人心惶惶，雙方實力懸殊。

郭淮等推舉張郃爲臨時統帥，連夜開會，商量怎麼對付，大多將領認爲，應該在漢水岸邊佈防，恃險而守，不讓敵人上岸進攻。

大將郭淮不同意，他認為這麼幹是向敵人示弱，自尋死路，不如在離河稍遠的地方佈陣，擺出一副決戰的架勢，並且是等敵人過河一半時攻擊的姿態，這樣劉備反而有所忌憚。

果然，第二天劉備觀察局勢，一看敵人敢於決戰，還準備半渡而襲擊，馬上停止了渡河行動。

此刻曹操還在長安呢，聽到前線的消息，一方面對夏侯淵的死極為惋惜悲傷，封他謚號為「滘侯」，滘就是哀憐的意思；另一方面對張郃的臨時應變很滿意，派使者給予他正式的統軍權力。

97. 雞肋之行

楊修之死的直接原因就是擾亂軍心，在曹操六神無主、進退為難的時候，作為參謀，不去幫忙出主意，而是要小聰明違反軍紀，太不敬業也太不專業。

曹操終於在三月出長安，從斜谷險道姍姍來遲。劉備打了一個勝仗殺了對方一個草包將軍後，信心大增，因此對著手下說，雖然曹操親自來，不過絕對幹不了什麼，我一定能取得漢川兩地呀哈哈哈！

劉備的法寶不是別的，只不過是仗著地勢險要堅守，不發生大規模會戰。因爲這裡離自己的主場很近，曹操則是遠征客場，遲早要回去的。

但是小規模的接觸戰還是要玩一玩的，要不然這些軍人就太無聊了。老將黃忠看見北山下曹軍運輸糧草的隊伍，想爲自己軍隊的經濟做一點貢獻，率兵去搶糧。

去了好久還不回來，趙雲想是不是偷雞不成反蝕把米了，便率領十幾個騎兵前去看個究竟。正趕上黃忠被早有準備的曹軍追殺得不行，一馬當先趕緊接過仗來，讓黃忠先回，自己且戰且退，退到設於漢水北岸的營寨。

曹軍有壓倒性的兵力，趙雲見再退就要掉河裡去了，乾脆下令打開營門，偃旗息鼓，自己率領幾個人戰立營前，所謂雄赳赳、氣昂昂，再大的硬戰也不怕。曹軍看這架勢，估摸裡面必然有伏兵，居然停下來不敢前進。

趙雲見曹軍已經失去猖狂氣焰，大喝一聲，帶兵反攻，並下令弓弩手以箭陣伺候。這仗打的就是心理，就是氣勢，曹軍心慌，退卻中自相踐踏，掉到水裡泡油條的不計其數。

趙雲以自己的勇猛救了黃忠一命，還撈了一個勝仗。

第二天劉備首長視察戰場，聽取彙報後感歎道，趙子龍渾身是膽呀！

相持一個多月，又碰上雨季，劉備以無賴的姿態杵在這兒，既不走，也不戰。曹操觀察形勢，覺得保住漢中很難，進入進退維谷的兩難境地。有一晚正躊躇呢，軍士問晚上口令是什麼，曹操隨口說，就叫雞肋吧！

參謀楊修知道了口令之後，便開始收拾行李，該打包的打包，忙得不亦樂乎。

其他人都奇怪，趕緊問怎麼啦。楊修亮出謎底說，丞相的意思是漢中跟雞肋似的，食之無味，棄之可惜，我猜想過幾天就要撤退了，這不先收拾收拾，免得到時候手忙腳亂嘛！

這樣一來，很多人正事不幹，就光收拾行李了。曹操同志正煩著呢，聽了這個消息，非常生氣，罵道，媽的，敢擾亂我軍心，把楊修拉出去砍了！

可憐的楊修，像一隻伶俐的麻雀，終於撞在曹操鬱悶的槍口上。後人對他死的內在原因，也進行了多種揣測。

楊修出身名門，高祖楊震、曾祖楊秉、祖父楊賜、父親楊彪四世歷任司空、司徒、太尉三公之位，與東漢末年的袁氏世家並駕齊驅，聲名顯赫，但楊修卻是以小聰明流傳於世的。

楊修九歲時，有一個叫孔君平的人來拜見楊彪，楊修因父親不在家中，便端出水果招待孔君平。

孔君平拿起一顆楊梅玩笑地說，楊梅，楊梅，名副其實的楊家的果子。楊修立即問孔君平，孔雀是先生的家禽嗎？孔君平爲楊修敏捷的才思目瞪口呆。

跟了曹操混以後，楊修屢次在曹操面前耍小聰明，讓曹操很不爽。家喻戶曉的有兩個故事：

曹操視察新建的花園時，只在門上寫個「活」字。工匠們不解其意，忙請教楊修。楊修說，丞相嫌園門太寬了。曹操見改造後的園門，心裡非常高興，問工匠們如何知道自己的心意的，工匠們說多虧了楊主簿的指點。曹操口中稱讚，心裡卻嫉恨楊修的才華。

曹操也有眞正佩服楊修的時候，比如曹操與楊修路過曹娥碑，見碑陰鐫刻了黃絹、幼婦、外孫、齏臼八個字，曹操問楊修理解這八個字的意思嗎？楊修正要回答，曹操說你先別講出來，容我想想。

直到走過三十里路以後，曹操說，我已明白那八個字的涵義了，你亮答案吧。楊修說，黃絹，色絲也，並而爲絕；幼婦，少女也，並而爲妙；外孫爲女兒的兒子合而爲好；齏臼是受辛之器，爲辭；這八個字是「絕妙好辭」四字，是對曹娥碑碑文的讚美。

曹操驚歎道，牛逼，你的才華比我要敏捷三十里。

後人大多認爲，楊修之死的內因，是曹操妒忌楊修的才華。或者說，每次曹操想炫耀點聰明的時候，總是先被楊修搶了鋒頭。也有人認爲，楊修替太子曹植策劃爭奪繼承權，管到曹操的家務事去，曹操一直就很煩他。其實，楊修之死的直接原因就是擾亂軍心，在曹操六神無主、進退爲難的時候，作爲參謀，不去幫忙出主意，而是要小聰明違反軍紀，太不敬業也太不專業。

楊修善於腦筋急轉彎，也死於腦筋急轉彎，小聰明反被小聰明誤。這種小聰明作爲文人娛樂遊戲可，在軍事上眞沒什麼實際用途，曹操不會太可惜的。

楊修雖死，應驗猶靈。沒過多久，曹操下令拔營撤退，把漢中這個雞肋拱手送給劉備。只留下張郃、曹洪部隊扼守要塞。

劉備也不客氣，七月的時候就自立爲漢中王，管轄漢蜀兩地。三分天下正式成立，劉備由一個無家可歸的野犬長成一頭獅子王了，諸葛孔明當年在隆中類似於癡人說夢的宏偉藍圖，也完成了一大半。

第15章

水淹七軍

連續下了十天的暴雨，漢水瞬間高漲，夜裡關羽下令打開水口，船隻順流而下。沒等醒悟過來，七個軍團全部陷於水中，成關羽甕中魚鱉。

98. 奪荊州

劉備在諸葛亮的指導下，展開外交辭令，孫權青筋爆發，說人居然能無恥到這個地步！這鳥人純粹是找藉口，用拖延戰術準備耍賴了，我們必須強行接管過來！

回過頭來，且說，孫權聽說劉備攻打劉璋奪取益州，狂怒！

當初他跟劉備商量，一起投資把益州搞到手。劉備是怎麼拒絕呢？他說，劉璋跟我同一宗親，我做人一向厚道，不好意思去搶他的地盤。孫權派孫瑜組織人馬西征益州，關羽又擋住去路，做出一副保護劉璋的樣子。

現在這塊肥肉讓劉備獨吞，孫權是又氣又眼紅。他無可奈何之下，忍住怒氣，派諸葛亮的哥哥諸葛瑾去見劉備，要求歸還荊州長沙、零陵、桂陽三郡。

劉備在諸葛亮的指導下，展開外交辭令，說：哥們，別急，我這不正忙著奪取涼州嗎？涼州一到手，我準把荊州還你呀！

諸葛瑾空手而歸，孫權青筋爆發，說人居然能無恥到這個地步！這鳥人純粹是找藉口，用拖延戰術準備耍賴了，我們必須強行接管過來！

於是，派了三個官員，強行去接管三郡。

荊州由關羽把守，駐紮江陵。關羽知道目前形勢緊張，經常在邊界陳設重兵。而東吳的西線是以魯肅爲總司令，魯肅倒是經常跟關羽好言撫慰，維持和平。

爲什麼呢？因爲荊州是在魯肅的建議下借給劉備的，當初的目的，第一，聯合劉備，在對抗曹操中有個照應；第二，借給劉備後讓劉備去防守，避免自己防守戰線過長，軍力不足。

即便到現在劉備賴著不還，魯肅還是要維持雙方和平聯盟的方針，只有這樣，才能和曹操分庭抗禮。以後的事實證明，魯肅這個戰略眼光是非常有遠見的，是正確的。可惜，孫權和劉備爲了三郡，馬上就要把魯肅的國際戰略打破了。

關羽見對方來接收，下令戒嚴，還把三個官員驅逐回去。孫權終於發飆，下令呂蒙帶兩萬兵馬，去把三郡生生奪回。

呂蒙先禮後兵，先寫文書招降三城守將。這一招在長沙、桂陽上取得了效果，他們見呂蒙氣勢洶洶，玩眞的了，趕緊投降吧！反正你們狗咬狗，誰牛我就跟誰。只有零陵太守郝普堅持守城。

劉備聽說孫權玩硬的，趕緊從蜀中跑到公安，準備和關羽一起爭奪三城。孫權也不示弱，趕緊過來，下令魯肅率領一萬人馬駐紮益陽，準備和關羽軍團硬碰硬。同時他也命令正在攻打零陵的呂蒙，先別忙那頭，過來幫助魯肅一起決戰。

呂蒙接到信件後，並不馬上行動，採取了雙管齊下的辦法，一方面做好明天死攻的準備；另一方面派鄧玄當說客，去勸降郝普。

鄧玄是郝普的老朋友，他連夜進城，遊說道，劉備在漢中跟夏侯淵還有戰要打，關羽要對付魯肅軍團，自顧不暇，沒有人會幫你的。守是守不住的，你何必要去犧牲家人、老母和部將的生命呢？以人爲本的將領都不會這麼做的。

一語點醒夢中人，三郡兵不血刃，暫時回到孫權懷抱，呂蒙即日趕赴主戰場。

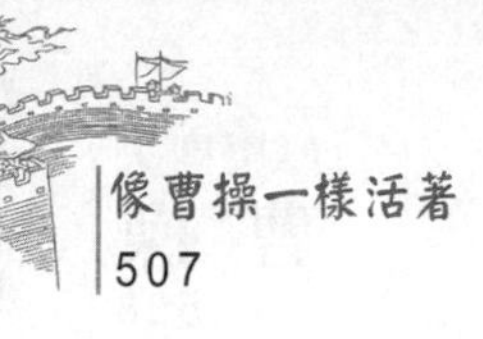

99. 單刀赴會

孫劉聯盟已經破裂，雙方結下樑子。和平完全是靠魯肅的一己之力維持著，所以說魯肅不僅是三國時期一流的軍事家、戰略家，更是外交家。

在雙方箭張弩拔的氣氛下，魯肅還是不願意翻臉，破壞孫劉聯盟長遠計劃。他是孫權帳下唯一的鴿派，想通過首腦會晤和平解決。他力排衆議，說，長江危機目前只有通過坦誠溝通才能解決，現在劉備的立場很曖昧，不是非打不可，想必關羽也不會非常武斷，和談一定能夠出現轉機。

於是，魯肅主動單刀赴會。就是在陣前會晤，雙方軍隊在遠處佈陣，魯肅和關羽都不帶護衛，只帶一把隨身佩刀，展開和平對話。魯肅說，你看，我當初主張把荊州借給你們，現在到時間了，你們卻不還，這不厚道呀！

關羽爭辯道，當年赤壁之戰，我主劉備在烏林之役親自殺敗敵人，不能說徒勞無功，沒有理由不擁有一塊地盤吧！現在連這麼點小地方，你們也想搶回去嗎？

魯肅反駁道，話不能這麼說，當年劉豫州在長阪坡被曹操打得屁滾尿流，只剩下不到幾個人馬，我主公可憐他，給他找了塊地方安頓，共同抗曹。後來把三郡借給你，也是有協議的。現在你們已經得到益州，卻想耍賴，想這裡占爲己有，我相信凡夫俗子都沒有臉皮這麼幹，更何況一個領袖！

關羽再也沒有辦法狡辯下去了。正好此時傳來消息，曹操要親自來漢中作戰，劉備備感壓力，不想兩邊都開闢戰場，於是派人與孫權講和。

孫權派諸葛瑾斡旋，重訂盟約，雙方分割荊州，以湘水爲界線：長沙、江夏、桂陽三郡及以東屬於東吳，南郡、零陵、武陵及以西屬於劉備。雖然荊州以和平方式分掉了，但孫劉聯盟已經破裂，雙方結下樑子。和平完全是靠魯肅的一己之力維持著，所以說魯肅不僅是三國時期一流的軍事家、戰略家，更是外交家。

魯肅在西元二一七年去世後，呂蒙接任。鷹派呂蒙是個酷愛戰爭的人，沒魯肅那麼愛好和平，一瞅有機會就想把荊州全部搶回來。

那麼，機會在哪裡呢？這個機會，得從關羽的北征說開始。

100. 水淹七軍

連續下了十天的暴雨，漢水瞬間高漲，夜裡關羽下令打開水口，船隻順流而下。沒等醒悟過來，七個軍團全部陷於水中，成關羽甕中魚鱉。

且說西元二一九年七月，劉備擁有漢中之後，很爽，自立爲漢中王，立劉禪劉阿斗爲太子。底下設四大元帥保衛王國，分別是關羽、張飛、馬超、黃忠。關羽對黃忠也名列其中很不滿，拒絕接受印綬，說，我這等牛人豈能與老兵同列？

爲什麼這麼想呢？黃忠是關羽招降過來的敗將，又是老軍人，關羽孤傲，不屑爲伍。早在授將之前，諸葛亮就跟劉備說，張飛、馬超在這裡，親眼看見黃忠斬殺夏侯淵的功勞，所以沒意見，關羽遠在荊州，肯定不服氣的。劉備說，沒事，我會說服他的。

參謀費詩嚴肅對關羽說，一個領袖，不能只用本幫派的人。以前蕭何、曹參算是漢高祖的鐵桿，後來韓信、陳平投降高祖，地位反而比他們高，但蕭何、曹參根本沒有抱怨。更何況你和漢中王情同手足，禍福與共，計較這些就沒意思了！

關羽從驕矜中醒悟，立刻接受了前將軍的印綬。

其實，自負是關羽的一種本性，比如諸葛亮剛來的時候，關羽也不怎麼鳥他，後來諸葛亮施展幾個妙手，他的態度才改變過來；馬超過來後得到劉備等人誇獎，說天下無人可敵，關羽只想去跟他一比高低，還好被諸葛亮的一句誇獎哄住了。

驕矜好強是他的個性，也決定了他的命運。除了這個特點以外，關羽作爲三國時期的傑出將領，講信義，有領導才能，是非常威嚴，極富個人魅力的。

接受了前將軍封號後，關羽再也忍不住了，開始發兵攻打駐守襄陽和樊城的曹仁軍團。原來他早就想出手了，但是劉備在漢中跟曹軍幹，他怕有意外需要去援助，不得不收斂一點。現在劉備平定漢中，該他出手了。他讓糜芳守公安，傅士仁守江陵，自個兒玩命去了。

曹操不敢大意，派老將于禁率領七個軍團，前去樊城援助。于禁跟著曹操三十來年了，當年也是牛得一塌糊塗，現在老了，曹操不得不派猛將龐德一起協助他。

于禁兵團龐大，駐紮在城外，也就是城北十里的峽谷中，叫罾口川。關羽登高視察，見到此景不禁呵呵笑道，于禁有智將之名，但是老啦！

衆人不解。特別是關羽下令準備好船隻和水上作戰的武器，並且讓士兵去堵塞漢水、襄江的洩水口。乾兒子關平問，現在不是陸地戰嗎？幹嘛要準備水戰呢！

此時正是八月初，終於有一天連續下了十天的暴雨，漢水瞬間高漲，夜裡關羽下令打開水口，船隻順流而下。想那罾口川，陸戰時雖然是易守難攻之地，此時卻正是洩洪口。沒等醒悟過來，七個軍團全部陷於水中，成關羽甕中魚鱉。北方軍隊不習水性，淹死的，被抓被殺的，那叫一個慘呀！曹仁在城中聽得外邊哀號，也不敢去救，怕被關羽趁機奪了城池。

天明，關羽率領大船都收拾戰果，那于禁正在山坡上避難，想想打也打不了，逃也逃不掉，只好率領士兵投降。英雄一世，到老了居然晚節難保。不過，這節不保也罷，諸侯之戰，沒有多崇高的立場。

龐德率領親近狂抵抗，最終還是被抓住。關羽勸他投降，說，你的老東家馬超，還有你哥哥龐柔，都在我們這裡當官，你的勇猛我頗爲欣賞，不如也過來吧！

哪知道龐德不吃這一套，說，小子，什麼叫投降！曹公帶兵百萬威鎮天下，豈只是劉備庸才所能抵擋，我寧可爲國家的鬼，也不做你們的賊將！

隨後，慷慨赴死。

龐德是曹操平定漢中時收的降將，由於他哥哥以及舊主都在蜀漢，曹操這邊的將領對他蠻不放心的。曹操聽了這個消息以後，哀歎良久，並爲龐德流下眼淚，說，于禁跟了我三十年了，怎麼臨危之際的表現倒不如龐德呀！

這傢伙，倒想人人都可以爲他死呢！

大水灌入樊城，加上關羽軍團的猛攻，這地兒是不能待人了。城內人心惶惶，大家主張棄城而走，說，現在的危機，以我們的能力克服不了，趁著關羽的部隊沒有完全包圍，我們乘船開溜，雖然城池失去，但命可以保住呀！

汝南太守滿寵則不同意，竭力勸說道，城內水災過幾天肯定能退去，因爲我們固守樊城，關羽才不敢打豫州；如果棄城而走，那麼黃河以南的地盤就全完蛋了。

曹仁醒悟道，沒有你這句話，我差點誤了大事。

於是把自己的白馬沉到水裡，意思是斷絕了自身的逃跑之路。並下令，全軍死守，誰有再說棄城逃跑的，給我砍了！

101. 徐晃救援

曹操使出奸計把孫權給他的秘密信件，分別射給了曹仁和關羽。曹仁軍中歡聲雷動；關羽接到這個消息，卻眉頭緊鎖，陷入進退兩難的境地裡。

關羽水淹七軍，威震華夏，那個氣勢呀，蓋了冒了。在曹操轄區的豫州地方，有好幾股力量起兵造反，歸附關羽。

關羽也授予他們印綬，增援軍隊，好好幹，回頭有你們好處！

於是，許都以南地區出現了嚴重的不安。更要命的是，許都朝廷的公卿大臣也跟關羽接頭了。

此刻是關羽威望如日中天的時候，就連以戰神自詡的曹操也被鎮住了。曹操到洛陽視察局勢後，有意遷移許都政權，避開關羽的銳氣！

軍事參謀司馬懿和蔣濟覺得不妥，極力勸說曹操打消這個念頭，並出了一個對付關羽的好主意。

司馬懿說，水淹七軍是被水所破，並不是我們戰鬥力不行。孫權聯盟名存實亡，現在關羽得志，孫權肯定不安，我們可以派人把江南地區正式封贈給孫權，要求他從後方攻擊關羽，樊城之圍自然得解。

曹操做出了他一生中最後一次正確的戰略：聯合東吳，打擊關羽。

西元二一九年十月，曹操雙管齊下。第一，南下救曹仁，第二，給孫權寫信。

先說第一手，派平寇將軍徐晃率領領軍火速去救曹仁。自己呢，在衆人要求下，也親自率領大軍隨後南下。但是參謀桓階認為曹操沒必要親到前線去。

桓階問曹操，大王認爲曹仁等的能力不能夠守住嗎？

曹操說，不是，我認爲曹仁可以守住樊城，呂常可以守住襄陽。

那麼大王認爲他們不能盡力而爲嗎？

不是！

那麼大王又爲何要親自去解圍呢？

我是擔心關羽勢衆，徐晃難以對抗。

現在曹仁他們身陷重圍，必然有死戰的決心；而外面有了強力的援軍，這就已經夠了。大王親自率領大軍再過來，徐晃軍團只會顯得信心不足，反而消磨鬥志。我們屯軍遠處，擺出隨時一發援軍過去的姿態，給對方壓力就可以了，何必勞大王親自上前線呢？

曹操同意這麼意見，把軍隊駐紮在潁川附近，讓徐晃去放手搏鬥。

徐晃是智將，率軍到達荊州北部陽陵陂，觀察了形勢之後，先給關羽露了一手。關羽的先遣部隊駐紮在偃城，主力部隊在樊城。徐晃派兵在偃城南面，做起防禦工事，意思是截斷關羽先遣部隊的後路，別回去了。

先遣部隊怕了，趕緊燒毀偃城防禦，撤到樊城與主力會合。徐晃趁機奪了偃城，靠近了樊城一些。

曹操派有兩名將軍徐商和呂建增援徐晃，並且帶去命令，在兵馬沒有完全集合之前，不能行動，並派趙儼爲徐晃軍團參謀。

先到的徐晃部將們都催促趕緊發動進攻，救援裡面苦苦支撐的曹仁。趙儼說，現在情況是，敵人重重圍城，我軍又沒有集結全部集結，兵力不足，消息不通，不能裡應外合，絕對不是發起進攻的好時機。我提議呢，先逼進樊城，和曹仁將軍取得聯繫，估計十天不到援軍就可以全部到位，到時候裡外呼應發起進攻，敵人必敗！如果大王有遲救而怪罪，那麼這個責任由我一個人來承擔！

於是徐晃的軍隊繼續步步逼近，逼到距離關羽的圍軍很近的地方，通過箭書和地道與曹仁取得聯繫，互通情報計劃。

這時曹操使出一手奸計，把孫權給他的秘密信件，分別射給了曹仁和關羽。曹仁接到這個信件，軍中歡聲雷動；關羽接到這個消息，卻眉頭緊鎖，陷入進退兩難的境地裡。

這封信件究竟是什麼內容，讓關羽跟盲腸炎發作一樣難受呢？

且讓我們先回到孫權這邊來。

102. 裝孫子

陸遜一上任，又給關羽下了一招，這一招叫裝孫子。他給關羽寫了封戴高帽子的信，語氣謙恭，極盡景仰，要他多多關照的意思。

且說曹操派使者跟孫權說，我把江南的地兒正式封給你了，但是有條件，你得幫我在後面打關羽。孫權樂了，眞是給自個兒幹活還有人付工錢。原來，孫權這邊，老早就準備對關羽動手了。

先是呂蒙，這個好戰的鷹派分子接過魯肅當了西線總司令後，私下裡就跟孫權說，關羽這個人有侵略性，將來肯定要兼併荊州東部，我們必須要做好準備，先下手爲強！孫權當然也很有侵略心，擴張地盤就是他的日常工作。他在考慮是先奪曹操的徐州呢，還是聽從呂蒙的，先搞荊州。

呂蒙認為，徐州有張遼軍團駐守，後面有夏侯惇軍團隨時支援，攻打下來有難度，即便能夠成功，曹操還可以來搶，會形成爭來搶去的拉鋸戰局面，對雙方都是負擔，那還不如全心全意先奪荊州！

孫權說，好吧，順便報了關羽對我的羞辱之恨！

關羽怎麼羞辱過孫權呢？原來，孫劉聯盟的蜜月期，孫權聽從諸葛瑾的建議，為兒子提親，要求娶關羽的女兒。關羽一向看不上孫權這小子，自己守的地盤又是他的，有寄人籬下的味道，正煩著呢，對於政治婚姻可能也比較討厭，竟對來提親的諸葛瑾說，虎女安能配犬子！拒絕的態度不禮貌，也很不文明。孫權一番好意卻自取其辱，一直懷恨在心呢！

說幹就幹，當下呂蒙布下奪取荊州消滅關羽的計劃，馬上進入倒數計時。

計劃第一步，裝病。

具體策略是，關羽現在北上攻打樊城，但仍然有不少軍隊駐守江陵和公安，為什麼呢？因為怕我們趁機攻擊。所以現在有必要加以麻痹，讓他覺得我們不可能攻擊他，以便讓他把全部兵力都調集去攻打曹操。

那麼怎麼麻痹他呢？呂蒙使出裝病一招，要求離休，回建業養病。

軍隊在首長調動期間是不會出擊作戰的，關羽知道後必然掉以輕心，把兵力轉移到北部戰場！

第二步，偷襲。

趁著關羽後方空虛之際，我們以快船逆江疾上，偷襲南郡，必然可以輕易拿下。而關羽的北征軍團失去大本營，必然如喪家之犬，可以擒拿！

孫權同意計劃，好，你就開始裝吧！

呂蒙假戲眞做，回來建業的路上去拜訪了定威校尉陸遜，引出了東吳另一位傑出的書生將才！

陸遜出生於今天的江蘇蘇州的世家大族，娶孫策的女兒爲妻子。也參加過赤壁大戰，但沒有什麼驚艷之筆。直到這次與呂蒙見面之後，他悶騷型的卓越才華得以橫空施展，繼周瑜、魯肅、呂蒙之後，東吳四英全部走上主力崗位！

陸遜對呂蒙說，將軍突然遠離前線，如果關羽從樊城殺回來，陸口防線就會很危險呀！呂蒙說，確實如此，不過我老病發作，不得不回去療養，有什麼辦法呢？

陸遜說，關羽一向傲視群倫，如今正在北征，聽說將軍病重，必然沒有什麼防範，是偷襲的好時機。將軍回建業晉見主攻時，該制定一下計劃。

呂蒙見自己的算盤被陸遜窺得清清楚楚，心中驚歎，卻仍在裝傻，說，關羽武功蓋世，長期經營荊州，現在北伐建有大功，威鎮天下，絕對是不能惹的，將軍你要謹慎考慮這個問題。

陸遜笑而不答。兩個陰謀家，把陰謀在肚子裡捂得嚴實！

呂蒙在建業見到孫權，孫權問誰可以接任你的職位。呂蒙說，陸遜深謀遠慮，才思敏捷，加上沒什麼知名度，很容易麻痹關羽，由他接任，我們可以裝得更隱蔽。

當下，孫權派陸遜拜偏將軍，駐守陸口。陸遜一上任，又給關羽下了一招，這一招叫裝孫子。他給關羽寫了封戴高帽子的信，狂吹一通，說什麼水淹七軍之功可以流芳百世，語氣謙恭，極盡景仰，要他多多關照的意思。

關羽最喜歡看到別人對他的崇拜了，看信之後，對後方非常放心，調集了不少軍隊北上。陸遜馬上把裝孫子的成果及時向孫權彙報。

剛好關羽得到于禁的幾萬人馬，糧草緊缺，在向桂、湘、關三地徵調糧食。這個地區屬於東吳管轄，孫權便找到這個藉口，說關羽這麼幹有侵略的意思，立刻以呂蒙爲大都督，發兵討伐關羽後方。

103. 走麥城

關羽敗走孫權勸他投降，關羽非但不肯，而且破口大罵，孫權只好將他斬了，時年五十八歲！給後人留下「大意失荊州」、「走麥城」的故事。

也就差不多在這個時候，孫權接到曹操來信，於是他給回曹操一封密信，說我要偷襲關羽的江陵、公安，不過你一定要保密，要是讓關羽知道了有防備，我可就偷襲不成了。

曹操接到密信，召開秘密會議，問大家該不該保密。大家都說這是個人隱私，應該給予保密，但董昭知道曹操的意思，他說，軍事在於虛虛實實，我認爲應該讓關羽知道這個秘密。關羽知道後如果退軍，樊城之圍就解了，在我們忽悠下，讓孫、劉發生衝突，可以坐收漁利。

如果保守秘密，讓孫權得逞，對我們也是相當不利。況且樊城內的守軍如果不知道關羽已經有麻煩，萬一扛不住投降，麻煩就大了。關羽一旦擁有樊城和襄陽，即便失去了江陵一帶，也會堅守這兩個地方，絕不撤退，對我們更是不利！

曹操覺得董昭的想法不錯，寧可不守信用，把密信的內容射給曹仁和關羽，於是出現了幾家歡樂幾家愁的局面。

關羽看到信的內容，遲疑不決。想撤退回去，但樊城幾乎可以攻破，到嘴邊的肉捨不得丟；不回去嘛，不知道江陵、公安的防務能維持多久！就在這猶豫之間，鬥志銳減，給了徐晃進攻的機會。

關羽的主營寨之外，還在四個高地設了四個防守營寨。徐晃表面上對總營寨發動攻擊，實際上派遣部隊秘密襲擊四個營寨。

關羽見四個營寨要被破，馬上率領五千兵馬殺出來，徐晃奮力對抗。雙方戰鬥慘烈，關羽軍隊終於不敵，只好撤離營寨，改駐紮在沔水，靠舟船據險而守，仍然能割斷樊城與襄陽的交通。

這一仗徐晃慘勝，關羽的將領傅方和胡修都在戰鬥中被殺。

與此同時，呂蒙在南邊的偷襲也正在進行，簡直順利得一塌糊塗。呂蒙率軍到潯陽後，把士兵們藏在船艙裡，讓身穿白色休閒服的人搖櫓，裝成商船，關羽設在江邊的哨卡都沒發覺，全部遭到偷襲，幾乎兵不血刃就佔領了。

傅士仁和糜芳在南郡投降了，這兩哥們由於給關羽供給軍資不及時，關羽說要治罪，結果導致他們先投降保小命。

呂蒙攻入江陵，把囚禁的于禁釋放出來，對關羽家屬加以厚待，不得無禮。其他財務倉庫一律不准動，等待孫權前來處理。

倒楣的關羽聽說南郡被占，立馬撤軍南下。曹軍將領們想追擊關羽，爽一把，但趙儼勸住大家，說，把關羽打垮了，孫權勢力就會上漲，必爲後患，還是讓關羽回去和孫權互相抵消力量吧，相信這也是曹公的意思。

曹仁和徐晃都同意趙儼的看法，沒有追擊，果然不久曹操就派特使過來，吩咐不要追趕關羽。

可歎蓋世英雄關羽，這一路撤退回來，人馬盡散。途中關羽擔心大本營中家人情況，因此不斷派特使往江陵探聽消息，和呂蒙談判。呂蒙非常老練，每次都讓特使到城中各處看到安寧的情況。特使回到營中，將這些消息告訴軍士們，在得知家屬無恙後，鬥志消亡，很多人都逃亡投奔江陵，關羽軍團幾乎潰散。

關羽自知勢窮，敗走麥城，也就是湖北當陽東南。但是士兵都潰散了，這孤城怎麼保呀！孫權派使者勸他投降，關羽假裝答應，立假人於城牆上，自己帶著少數親信，由小路逃跑。

孫權派朱然和潘璋軍隊進行地毯式搜捕，終於擒獲關羽及關平。孫權勸他投降，關羽非但不肯，而且破口大罵，孫權只好將他斬了，時年五十八歲！給後人留下「大意失荊州」、「走麥城」的故事。

把關羽斬了，這是轟動天下的大事。孫權深感問題嚴重，就把首級獻給曹操，假意是自己奉曹操之命殺的。並且主動上書給曹操，自願稱臣，勸說曹操做皇帝。曹操把孫權的信給大臣們看，說，孫權這小子，是想把我放在火爐上烤呢！

呂蒙不久就眞的因病死了。西元二二一年，爲給關羽報仇和奪回荊州，劉備親率十萬大軍，進攻東吳。資格甚淺的陸遜被孫權任命爲大都督，率軍五萬抵擋蜀軍。他先是堅守不出，直待蜀軍疲憊，才在猇亭決戰。他利用火攻，大破蜀軍四十餘營，蜀軍死傷慘重，劉備大敗而逃，不久在白帝城悲憤而死。

經此一戰，陸遜聲名大振，那些戰前根本不服的東吳老將對他佩服得五體投地。陸遜也被加封爲輔國將軍。

西元二二八，魏國大司馬曹休率軍攻吳，書生陸遜再次披掛上陣。他指揮吳軍三路並進，果敢地衝擊了曹休的伏兵，接著盡力追擊，取得了石亭之戰的輝煌勝利。曹休回國後，抑鬱而死。陸遜又一次向世人證明了自己的非凡才能，他在吳國的官位也步步高升，直至丞相。

關羽、劉備和曹休——這三位馳騁疆場的老將，怎麼也想不通，自己會被陸遜這個「黃口孺子」所敗，並在敗後不久身亡。看來輕敵確是兵家大忌，而以「書生」的身份「偽裝」自己，則是陸遜的絕招！從智取荊州時的「假癡不癲」，到猇亭之戰時的「誘敵深入，後發制人」，直至石亭之戰中的「迅捷衝擊」，悶騷陸遜的軍事指揮藝術可謂出神入化。

可以看到，軍事藝術中最重要的當屬謀略。只要具有眞正的軍事才能，「書生拜將」又何妨呢？

104. 曹丞相

郗慮這個御史大夫，只是為曹操執行一些特殊的高級使命而已，從曹丞相開始，他把軍權和政權完全收入囊中，名副其實的全國實力第一人！

如果我們只理解曹操軍事狂人的一面，那就太片面了。在他自認爲自己是軍事天才的同時，更放在心上的是政治家身份。他這麼不辭辛勞地打諸侯，爭地盤，不只是軍人的天職或者愛好，而是軍政互濟的一種行爲。每打一次勝仗回來，他就會讓皇帝給自己官加一等，爵位再高一級，軍事成績永遠是政治加分的資本，要不然憑空給自己當大得不像話的官，他自己也不好意思。

在他的內心深處，他有一個遠大的夢想，那就是有一天，他要建立起一個強大的帝國。這個帝國，姓曹。他的政治野心，且從當丞相說起。

曹操在二〇八年完全平定北方後，讓皇帝給自己封個丞相當，從此以後大家都叫他曹丞相。這個丞相有什麼了不起呢？這個丞相是廢除三公的基礎上設立起來，也就是廢除太尉、司徒、司空三公，設立丞相、御史大夫。丞相由曹操自己來擔任，把三公的權力集中到自己手上了，實現了一人之下、萬人之上，而且沒有議會監督否決的特殊身份。

既然權力一把抓了，設立看起來是分流權力的御史大夫，有何用意？通過御史大夫的行爲，我們才能知道曹操的用意。

西元二〇八年九月，曹操任命郗慮爲御史大夫。郗慮這個官很大，但記載的事件很少，史書上，在職期間只幹了三件大事。

第一件事，是上任後第六天，殺孔融。

孔融這個人雖然是孔子的後代，但是個憤青，在言論上老跟曹操對著幹，當時不是連總統都可以罵的民主社會，屢次這麼幹肯定找死。曹丕將甄氏收爲老婆，他就說作文章說，武王伐紂，以妲己賜周公，進行冷嘲熱諷；曹操下令禁酒，他就說堯不飲千鍾酒就不能成爲聖人呀，紂王因爲好色而亡國，現在怎麼不把婚姻給禁止掉呢！種種言論，是對是錯無法評斷，但都是衝著曹操去的。在多元社會，有這種人活著的空間；在獨裁社會，沒法容忍。

郗慮早看出曹操對他不滿，更何況自己也跟他積怨頗深，新官上任的第一把火，就去搜集他的歷史罪證，把他給辦了。辦了之後，扼殺人才呀，影響很不好，曹操特意發文通告，說孔融這個人敗壞倫理，死有餘辜，他居然敢說做人不必有孝道，認爲子女只不過是父母尋歡作樂後的後遺症，所以父母兒女沒那麼親，這是反動言論，他早該死了！

第二件事，是在西元二一三年，郗慮借用天子的名義，爲曹操晉爵魏公，履行正式手續。第三件事，處理謀殺曹操的刑事案件。

之前，車騎將軍董承謀殺曹操洩漏後，連罪到女兒董貴人，獻帝以董貴人有身孕，請求赦免，曹操不答應，還是殘忍地殺掉了孕婦。伏皇后看在眼裡，心懷恐懼，給父親伏完一封密信，講述曹操殘忍之狀，要他有機會便殺曹操。直到伏完壽歸正寢，謀殺還是不能執行。哪知道他死了五年後，秘密洩漏，禍害留給女兒。西元二一四年，郗慮和華歆去宮裡執行對伏皇后的懲罰，廢掉皇后，關閉到一個房間裡活活餓死；誅殺全族，還連罪殺了兩個皇子。

華歆把伏皇后從壁櫥後面揪出來，皇后亂髮赤腳走過獻帝面前，哭道，皇上，我們再也不能活著見面了！獻帝淒惻說，我也不知道自己的命能保多久呀！

此情此景，人間最慘！

獻帝又回頭對郗慮哭歎道，郗公，人世間怎麼會發生這麼無奈的事呀！郗慮無動於衷。他聽曹操的，不能同情沒有權力的傀儡，即便傀儡是皇帝。

伏皇后謀殺曹操，主要是想挽救即將被篡奪的漢王朝，但一個弱女子，還是無法實現要遠遠超乎能力的理想，因而死在比自己懦弱一萬倍的丈夫之前。她死的時候年約四十歲，距離制定除曹計劃已有十四年，死後被後人歸入烈女榜中。

由此可以看出，郗慮這個御史大夫，只是爲曹操執行一些特殊的高級使命而已，根本不可能分流或者監督曹操的權力。

從曹丞相開始，他把軍權和政權完全收入囊中，名副其實的全國實力第一人！

西元二一一年，曹丕被封爲副丞相。

這是曹操擴大和延續政治權力的表現。這麼做的目的，在於，第一，加強曹姓的實權，也加強對漢獻帝的控制。第二，出門征戰的時候，曹丕可以名正言順地統領百官，不出亂子。第三，差不多把曹丕當接班人了，讓他鍛鍊實踐能力吧！

第16章 絕對奸雄

曹操，是個怎樣的人呢？任何一個模子都很難對號入座。是一名流芳百世的神壇英雄，是一名神奇的混混。更是中國文化開放時代雜交出來的絕版怪胎。最好的說法，是絕代奸雄。

105. 封魏國公

荀攸、鍾繇、程昱等三十多個演技派，聯名上書，曹操被逼得走投無路的情況下只好接受，使得這場戲達到很高的藝術水準。這是有文化的人玩的把戲。曹丞相搖身變成魏國公，賜九錫。

西元二一二年春天，曹操平定關中回來，獻帝又不得不給他表示。送給他什麼好呢？給他一個漢朝開國丞相蕭何的待遇：可以帶劍上殿，不必給皇帝行低頭禮。

這下曹操更張狂得不得了，上朝說事直接吆喝，獻帝只有點頭的份兒。有一回，這個老實巴結的皇帝終於受不了了，跟曹操說，如果你還當我是皇帝，就給我點尊重；如果你認爲我是廢人，就把我位子讓給你算了！

曹操沒想到這個軟弱的人會發出這麼堅決悲嗆的聲音，大驚失色，伏地請罪，被士兵扶出大殿，汗流浹背。

爲什麼這麼害怕呢？要是皇帝生猛一點，完全可以因爲曹操的不禮貌而當場設伏兵砍了，砍得名正言順而且大快人心，更何況當時朝廷想殺曹操的人多了去了。曹操想起史上諸多權臣都是被皇帝或者外戚在這種場面下搞定，能不怕嗎？

這件事加速了他的野心，建立自己的魏國。這樣就沒必要在形式上跟皇帝商量國家大計！

於是在這年十月，以心腹董昭爲首的一批官員，聯名建議，強烈要求曹操同志由丞相晉爵爲魏國公，加九錫。丞相還是屬於皇帝臣僚，但魏國公則享有獨立的政治權利，自立門戶了。

九錫是什麼意思呢？本來是天子給功勳卓越的大臣的九類賞賜，實際上獲得九錫的大臣，離篡位就不遠了，是取而代之的最後一級台階。

董昭的建議書這麼寫的：自古以來，治理國家的臣子，從來沒有像明公你這麼勞苦功高的了；而像你這樣建立不朽偉績的人，也絕不可能永遠做臣子。但是你爲了保持名節，永遠以大臣的身份低調下去，我們看不下去了，很有意見。你必須建立自己的王國，才能和你的能力相匹配呀！

遺憾的是，在曹操集團集團中，居然有一個人站出來反對。令曹操萬萬沒有想到的是，這個人是他的鐵桿心腹，荀彧。

荀彧力勸曹操說，曹公你當年奉戴天子興起義兵，目的是匡扶社稷，安定天下，如今做人應該更厚道，玩這一套很沒意思！

荀彧一直以來跟曹操穿同一條褲子，不論內政外交都是曹操最得力的助手，爲什麼在節骨眼上如此堅決否定呢？因爲荀彧是儒家的知識份子，有原則的，我可以爲你鞠躬盡瘁，但是你要篡位，對不起，顚倒常綱遺臭萬年的事我堅決反對，這是立場和原則問題！

封公之事，暫時擱淺。

不久曹操南征孫權，給荀彧一份文件，邀請他到譙縣勞軍慰問。這一來，就回不去了，免除他的尙書令職務，別回許都了，首都的職務由荀攸替代。曹操大軍向濡須口進發，荀彧藉口舊病復發，留在壽春，這對昔日的親密搭檔關係破裂。

曹操使出了一招：派人給荀彧送了一盒珍貴食品。荀彧打開盒子一看，盒子裡空空如也。聰明絕頂的荀彧馬上明白曹操的用意，悲傷和自尊讓他拿起一瓶毒藥，義無反顧地吞了下去。

曹操的意思是，荀彧兄，你對我已經沒用了，如錦繡空盒而已。

在前線的曹操聽到噩耗，雖然他有一顆爲了達到目的可以割捨任何情感的心，但他畢竟仍是一種有淚腺的動物，所以也生出些許後悔之情，下令厚葬荀彧，重用他的後人。

拔了這顆釘子，封公的好戲終於在第二年五月上演，曹操是導演和當之無愧的男主角。封公的策命以皇帝的名義發給曹操，曹操非常謙虛，按照套路謙讓了兩次，其他的演員比如荀攸、鍾繇、程昱等三十多個演技派，聯名上書，說求求你啦曹公，這些個榮譽遠遠抵不上你的功勞，你就收下吧！曹操被逼得走投無路的情況下只好接受，使得這場戲達到很高的藝術水準。

這是有文化的人玩的把戲。曹丞相搖身變成魏國公，賜九錫。

曹操這一手開了個惡劣的先河，被後代很多篡位逼禪者效仿，比如晉、宋、齊、梁、陳、隋等等，都是把曹操當成祖師爺、自導自演來開國的。

曹操爲奸雄，以此最奸！

106. 魏王

說絕對不篡漢，實際上已經篡了，給漢獻帝給一個空殼政府。而曹操恰恰用這個空殼政府，來維持自己最後的一點口碑：我對漢朝是忠誠的，根本沒有想把它廢掉的意思！

有了房子，趕緊裝修吧！曹操加緊魏國的機構的建立，在鄴城修建魏的社稷宗廟，設立各級行政長官，把漢政府的許多重要官員直接變成魏官，導致有的人既是漢官，又是魏官，也算千古奇觀。

總之，把漢政府徹底架空，政治中心由許都轉向鄴城。

這個做法跟現在還很流行。成立新公司後，把原公司的人才再挖過來，挖牆角畢竟比重新培養人才要省事得多。

不過，群衆的眼睛是賊亮的。曹操私自建國，朝野震動，百姓譁然，天下人自然都感不平。

面對口水滔滔，曹操又下了一招不按套路的棋子：把三個女兒打包，一塊兒嫁給漢獻帝當老婆。

第一，他在受封的答謝辭裡說，我要報答獻帝給我的厚恩呀。這不來了嗎？我把三個女兒一股腦全給你，世界上找不到比我更慷慨的人吧！我還是很重視你和你的漢王朝，以此來平息天下人的情緒！第二呢，也可以更有效地監視皇帝，總之以後就直接策劃謀殺案了！

此時的曹操，根本沒有資格批判孔融的父母兒女論，因爲他的女兒不僅是尋歡作樂的產物，而且是可以隨便送人的禮物。

騎在男人頭上的女性同胞們，妳們應該爲生在這個時代而自豪，更應該爲沒有投胎到曹操家裡而慶幸！

建立魏國之後，永無止境的曹操還在不懈努力，再往上的一個目標是，魏王。

魏公和魏王有何區別呢？

魏王有以下特權：一，出入有天子的規格，包括有天子旗號、儀仗隊、鑾駕，所到之處，可以實行戒嚴，斷絕行人。二，上班戴的帽子有十二條玉串，這種帽子全國絕版，本來只有一頂，現在發展到全國有兩頂了。三，車輛配備，達到頂級，是世界著名的品牌，叫金根車，由六匹馬做發動機，設五個副車，非常適合家族旅行，也是天子級別。

經過兩年多的努力，曹操終於由魏公晉爵到魏王，也就是從實際權力到外在形式，都達到天子的級別了。

作爲一個人追求的權力巔峰，他已經到達了。

他口口聲聲說絕對不篡漢，實際上已經篡了，給漢獻帝給一個空殼政府。而曹操恰恰用這個空殼政府，來維持自己最後的一點口碑：我對漢朝是忠誠的，根本沒有想把它廢掉的意思！

那麼，曹操爲什麼最後沒有乾脆廢掉漢獻帝，捅掉這一層膜，讓自己成爲眞正的第一人呢？

猜測一，曹操當上魏王已經六十二歲了，這時距離他離開人世只有四年時間。這四年時間內，也許他覺得時機不成熟。假如讓他再多活幾年，說不定就動手了。

時機不成熟表現在哪裡呢？首先，他在公共場合說了N次不敢篡漢，自己不能夠在短時間內就食言，天下的輿論還是要顧及的。其次，如果自己廢漢自立，那麼自然也承認了孫權、劉備兩個獨立政權稱帝的合法性，有點替他人作嫁衣裳的意味，自己這麼多年的努力倒成全了兩個小子。

猜測二，也許他有生之年根本就不敢稱帝。他從小當漢朝的官員，受漢朝的恩祿，跟漢朝翻臉可能正是他的底線和禁區。

也許他早已經計劃，這最後一槍留給曹丕來放，曹丕當了皇帝最後還不是也要給自己一個太上皇的諡號嗎？自己呢，還是留點文明的形象給世人吧！這叫生得偉大，死得光榮呀！

事實證明，曹丕同志是值得信賴的，在翻臉這種事情上繼承乃父遺風。曹操死後，曹丕同志只用幾個月時間，就順利逼漢禪位了，這是後話。

107.

殺熟

曹操派獄卒去把意思挑明了，哥們，其實我是要你死的。崔琰道，原來這個意思，不早說！吸了最後一口中南海點八，從獄卒手裡接過鋼刀，抹斷了自己的脖子。

曹操個人權位抵達巔峰的同時，他也免不了對老戰友、老夥伴下毒手。這種情形在中國歷史上延續千年，直到毛澤東時代還能看見。一種普遍的解釋叫兔死狗烹，深藏人性缺陷的共性！

首先從逼死崔琰這事說起。崔琰是東漢名士，威望很高，有兩個特點，第一是相貌威嚴，一臉正氣，連曹操見了都懾服，所以讓他冒充自己接見匈奴使者。第二，非常正直，胸懷坦蕩。晚年曹操爲立曹丕還是曹植當太子，想破了頭，請百官不記名投票爲參考。崔琰說，我不用投票了，直說吧，自古以來春秋大義，都是立嗣長子，更何況曹丕聰明孝順，懂得仁義，沒有理由不由他繼承。

曹操一聽這個意見，頗爲出乎意料。因爲曹植正是崔琰的侄女婿。所以不得不佩服他的大公無私，升官中尉。

那麼這樣一個裡外都沒有毛病、不知道壞事怎麼幹的人，曹操有什麼理由、又爲何要除掉他呢？

事情的經過是這樣子的：曹操做了魏王之後，身邊圍了一大圈馬屁精，讓稍微有品的人看了都噁心。有個叫楊訓的，寫了篇「歌德派」奏章，把曹操誇成一朵花。要知道曹操把自己導演成魏王，本來很多人是看不過去的。楊訓的這種媚骨行徑自然遭到非議，說他爲了迎合權勢，尾巴搖得跟狗似的。接著話題又連坐到崔琰，因爲崔琰擔任人事聘用的職務，是他把楊訓推薦給曹操才當官的。所以這些人就認爲，崔琰推舉了一個馬屁精，實在失職。

崔琰便將楊訓的奏章的內容拿來看看，給楊訓寫了一封短信，原文是：「省表，事佳耳！時呼時呼，會當有變時。」

短信的意思很模糊，確切意思史家有爭議。直接翻譯是：看了奏章了，事情還是蠻不錯的嘛。時間呀時間，隨著時間的變化，事情也會發生變化。

《三國志》作者陳壽猜測意思是，那些議論是非的人，評判事情不能心平氣和，合情合理。那麼就可以解釋爲，我看了奏章了，寫得還不錯，不算離譜。隨著時間的推移，情緒平息之後，大家對你的認識也會改變的。

但是，就是這封模稜兩可的信，要了崔琰的命。

有忠誠的同志到曹操那邊去告密，說崔琰發短信誹謗你。曹操是這樣理解短信的：看了奏章，你所歌頌曹操的那些事情還算不錯嘛！但二十年河東二十年河西，天時總是會變的，好事不會總落一個人頭上的。

曹操基本上是往這個傾向去理解，所以非常生氣。他從「耳」字作文章，說常言道「生女耳」，這個「耳」通常是貶義，有不值一提的味道，居然敢加在我的事情後面；而「會當有變時」更是有不良旨意，對我太無禮了！

於是曹氏文字獄來了，判崔琰髡刑，也就是剃了陰陽頭，關進監獄去。曹操的本意是要崔琰自我了斷。但崔琰的心思沒有荀彧那麼細微敏感，他是光明磊落的人，照樣的在監獄裡接待朋友，大聲談笑！

曹操只好派獄卒去把意思挑明了，哥們，其實我是要你死的。

崔琰道，原來這個意思，不早說！吸了最後一口中南海點八，從獄卒手裡接過鋼刀，抹斷了自己的脖子。

對於崔琰的直接死因，第一，說曹操本來對他的剛直、威重心存忌憚；第二，當了魏王後內心很虛弱，風吹草動都覺得人家反對他，所以懷疑崔琰諷刺和破壞他當魏王這事，成爲絆腳石，不得不除。

崔琰對待死亡的瀟灑姿態跟他的學識氣質有關係。總體而言，他是兩漢世家向魏晉士人的過渡人物，兼具兩者氣質。世家子弟學的是儒家經學，而後來以竹林七賢爲代表魏晉士人學的是老莊玄學，經學向玄學過渡正是人物品評。

崔琰承前啓後，是品評人物的專家，著重人物氣質。晚年的他，以經學治國，以玄學處世，內心清白孤傲，言語磊落不羈，對於曹操的腹誹罪名，不屑爭辯，從容死亡，魏晉風骨卓然已成，倒顯出老曹操之猥瑣！

108. 文化階級的恨

名士屬於精英知識份子階層，曹操一輩子都無法進入這個階層，內心對知識份子是有恨的。這個恨的種子埋在心裡，成為誅殺這些人的潛意識或者下意識的動力。

死人的事情是經常發生的，繼續死吧！下一個輪到崔琰的同事毛玠。

崔琰被迫自殺後，毛玠非常鬱悶，可是連鬱悶發牢騷都不行。

曹操的特務人員通過偵察，馬上整理出犯罪記錄：毛玠同志某日外出，看到了因造反被處墨刑的犯人，他們的妻子兒女被沒收爲官家奴婢，就發牢騷說：老天長期不下雨，原因大概就在這裡。

誰也惹不得的曹操又發火了，將毛玠拘捕下獄。毛玠是長期的心腹大臣，曹操說，毛玠太不像話了，爲了死去的朋友抱怨，而損害我們君臣的恩情，眞叫我忍無可忍呀！

當時桓階、和洽兩個鐵哥們死命相勸，總算救了毛玠小命，但活罪難饒，毛玠被罷免了官職，後來死在家裡。死了以後曹操放心了，展現出慷慨的一面，賜給他棺材、隨葬器物和錢帛，九泉之下去好好過日子吧！別在人間礙我事了！

再下一個，輪到婁圭，這個文武雙全的人有時候連曹操都自愧弗如，破馬超就是聽了他的計謀。但功勞越大，死得就越冤。他只是在曹操父子出遊的時候，說了一句，這家父子如今過得眞爽呀！就被曹操以腹誹之罪誅殺了。

當然被殺或者差點被殺的人，不止這麼幾個。

猜疑，此時在老曹操身上表現得登峰造極。如此警惕輿論，可見曹操的內心之虛弱，任何一個禁錮輿論的時代都是虛弱的。曹操的虛弱，來源於他強大的內心也不能承受魏王爵位之重！只好用誅殺封口來克制內心的不安。

殺人肯定是不對的，曹操斷斷續續殺掉一批名士，成爲他一生中重大罪證。直接原因來說，這些人有幾種不同的死法。如孔融、禰衡、邊讓，都是憤青型的名士，嘴巴不饒人，算是死於名士文化；荀彧忠漢不忠魏，兔死狗烹，死於政治需要；楊修死於干涉太子繼承問題以及度主心思的愛好；許攸則死於輕狂，他自以爲有功對曹操很不尊重，整天叫曹操的小名，見了人老是吹嘘，說曹操要是沒有我，哪有今天呀，最後終於讓曹操殺掉。而崔琰、婁圭則死於猜疑。

這些名士的死，還跟曹操不是名士階層有關係。

曹操的出身那麼不好，在他成長的過程中受到名士階層的鄙視，自己只能跟孫子似的結交人家，請求給予評價，請求也混到名士圈子玩一玩。名士屬於精英知識份子階層，曹操一輩子都無法進入這個階層，內心對知識份子是有恨的。這個恨的種子埋在心裡，成爲誅殺這些人的潛意識或者下意識的動力。更何況這些名士大多出身於世家，在文化上的口碑遠遠要高於曹操，他們的某些方面的能力，在得到曹操讚賞的同時，也讓曹操吃了不少醋。

文化是有階級的，階級是有恨的。

那麼，如果曹操活得再長些，如果提早篡漢，引起士人階層的更大不滿，他會不會展開一場肅反運動，給士人階層來洗腦呢？

這問題的答案，非常值得深思。

109. 把人才當飯吃

對人才的搜羅，曹操採用的政策最狠，影響範圍最大。人才拿來，主要是用，他懂得用，也用得狠。用完了，沒什麼用了，甚至起反作用了，可以當垃圾倒掉。

曹操晚年的殺熟與壯年時期的瘋狂搜刮人才，成鮮明對比。

當時雖然每個諸侯都有求賢愛賢之名，實際上執行起來很不一樣。其中應該以曹操的《求賢令》最狠。爲什麼狠呢？他提倡唯才是舉，只要有才華，可以忽略道德。這是一枚離經叛道的炸彈，因爲從漢光武帝以來，一直是以德行爲標準，清議爲手段來推舉人才的。曹操說，德才兼備的，那當然最好，但是「有才無德」那也是寶貝，現在就希望姜太公這樣的人才不要鬧在河邊釣魚。

其實這一方針，就是放到現在社會，也是被衛道者反對的。以德治國是中華民族一向的傳統，有才華但不聽話的人早晚是要被除掉的。

曹操這一手，背後有特殊原因。

首先跟他的出身有關係，他一宦官的孫子，進入不了士人階層，後來賴著臉皮要人推薦才有了口碑，所以在他倒是沒有什麼門第觀念，跟什麼出身的人都能混得來。所以只要你有才能，他不會因爲你老爹是撿垃圾的而鄙視你、拒絕你。

其次，至於道德，他內心基本上也沒什麼自我要求自己，本身就是被外人看成一個道德不及格的人，小時候當混世魔王，長大了搶別人老婆，更沒必要以道德去要求別人。在他的軍事生涯中，道德跟抹布一樣，幾乎沒什麼用，他犯不著理這個。此外，在實踐中，他發現有些被推薦的、道德口碑特好的人，比如說爭著替別人去死呀什麼的，實際上工作能力很差。所以，他要求地方長官推薦人才，一定要能夠擔負起任務，別找花瓶。

後來兗州一帶由於軍事需要，他乾脆廢除了文人當地方長官的傳統，改成武將來擔任，不按套路，非常務實。

再次，東漢末年以道德氣節來品評人才，其實已經轉變成以家世背景來衡量了，高幹子弟優勢太大，這顯然已經非常不科學，嚴重地影響了人才的選拔。

再再次，各個諸侯都在搜刮人才，等米下鍋呢。你不狠點，別人都搶光了，人才市場又不是你家開的。

所以，在實際籠絡人才時，曹操做得蠻到位，曾有赤腳迎接許攸的場面，那是急著用人呀！

劉備的三顧茅廬當然也狠，那時因爲更急，整個集團沒有一個大腦，就跟汽車沒油似的，怎麼幹大事呀？還算劉備運氣好，把國際級的策劃大師諸葛亮給搭上了。要是運氣不好，找些靠嘴皮混飯吃的傢伙耽誤時間，歷史估計得重寫。

出身於世家的袁紹絕對不可能這樣，他高貴的骨子不會讓他這麼做，寧可三顧茅坑也不會去三顧茅廬。而劉表等雖然有虛懷，但自己不夠強硬，不會用人，那沒轍。跟袁紹一樣，人才放在手裡爛掉的，多了去了。

對人才的搜羅，曹操採用的政策最狠，影響範圍最大。人才拿來，主要是用，他懂得用，也用得狠。用完了，沒什麼用了，甚至起反作用了，可以當垃圾倒掉，荀彧等就是典型的例子。

時常有強烈感情表現的曹操，其實是不講感情的，翻臉的本事天下第一，因爲在他心目中，實用主義才是第一。

雖然後世認爲劉備很會表演感情戲，虛僞什麼的，但他絕對比曹操重感情，所以他有兄弟，會爲關羽傾全力報仇。但曹操身邊沒有兄弟級別的人，他總是高高在上，跟他征戰多年的堂兄弟們，永遠不會是他的兄弟，只會是他的下屬角色。而也正是曹操的無情，造就了登峰造極的事業；而也正是劉備的有情，氣急敗壞地找東吳算帳，導致了白帝城托孤的悲慘晚景。

人生總是顧此失彼的，有時候你値得讚揚的，恰恰也是値得批評的，就看你活著是爲什麼！爲哥們？爲女人？爲愛情？爲事業？爲慾望？爲原則？爲政黨？爲國家？爲自己？

牡丹花下死，做鬼也風流！醉臥沙場君莫笑，古來征戰幾人回！生有所托、死得其所的人，這條命算値得。

110. 口語詩人

五言詩結構短促，接近口語，而四言詩結構平穩，比較文雅。曹操即便是樂府四言詩，也能寫得非常充盈，毫不空虛，因為他對人生的感悟是如此龐大而充實。

曹操招攬的人才各式各樣，打架的、管理的、算計的、耍嘴皮子的，五花八門，國家各個部門有用的都來。最牛的是，他居然招攬了一批文學人才，開創了一個繁榮的建安文學時代。

爲什麼這是最牛的？你想想，王侯霸業成枯骨，只能一時牛，而建安遺風流芳百世，是個能跟唐代對抗的詩歌時代，能不牛嗎？

曹操自己是個非常熱情的文學青年，白天打仗，晚上寫詩，對文學人才的招攬，非常熱心。

一般來說，帝王將相對文才的拉攏，主要是御用，比如說春節晚會呀、慶功會呀，寫寫歌詞，歌頌帝王什麼的，內容超不出宮廷範疇，屬於沒有生命力的文學。而曹操沒這麼幹，他的文學組織有點文學社的味道，我們估計叫它「建安文學社」。這些文人呢，還是當你的官，但曹操不時會舉辦沙龍性質的聚會，邊喝酒讓大家大秀文學才華，放開寫，沒必要跟我拍馬屁。

他的政策是「外定武功，內興文學」，軟體硬體一起抓，歷代沒有一個王侯軍閥能夠做到這份上。

建安文學社成員衆多，其中「三曹」是核心代表，就是曹操、曹丕、曹植父子；聚集在父子周圍的，以「建安七子」爲代表，他們是：魯國孔融、陳留阮瑀、廣陵陳琳、山陽王粲、北海徐幹、汝南應瑒、東平劉楨。「建安七子」是曹丕列舉推出來的。除此之外還有禰衡、繁欽、繆襲、應璩、左延年、楊修、吳質、杜摯、蔡文姬……等等，是一個才華鼎盛的時代。

歷代寫詩歌的人多了去了，雍正皇帝一輩子寫了幾萬首詩，建安文學何以能與盛唐一起位列中國詩歌的兩大高潮？

我們且以成就最高的曹操來說。

曹操在文學上的革命，不亞於在政治上的革命。第一，他的口語詩寫作建立了建安風骨。

漢朝的主要文學體裁是漢賦，它是一種詩體，也是一種文體，以鋪張渲染爲手段，不過後期發展到堆砌辭藻、用生字僻字來譁眾取寵的變態階段，這是一種無法表達當下感情的文字遊戲。而漢代的樂府詩，主要是宮廷的歌詞，很多都沒有作者，沒有什麼牛作，歸爲音樂類倒合適。

曹操一出手就革了漢賦的命，他用樂府詩的形式，卻口語化，直面血淋淋的現實，一時間，一種嶄新的文學氣象橫空出世。請看他年輕時代寫的《蒿裡行》：

關東有義士，興兵討群凶。
初期會盟津，乃心在咸陽。
軍合力不齊，躊躇而雁行。
勢利使人爭，嗣還自相戕。
淮南弟稱號，刻璽於北方。
鎧甲生蟣虱，萬姓以死亡。
白骨露於野，千里無雞鳴。

生民百遺一，念之斷人腸。

這種跟大白話一樣的口語詩，肯定爲駢賦詩人所看不起。實際上，他恢復了《詩經》有事說事沒事別呻吟的傳統，以時代現場詩人的身份，讓漢語的魅力出現了渾然天成的效果。

這一代的文學是以「建安風骨」傲立於世的，這個「骨」非常重要。如果是之前的漢賦只剩下一堆肉或者一堆華麗的衣服的話，那麼建安詩歌讓骨頭重新立起來了。「骨」既指的是詩歌中實在的內容，又指的是一種有穿透力的思考，充足的氣勢，詩人卓而不群的氣質。

五言詩結構短促，接近口語，能夠寫隨心所欲。而四言詩結構平穩，比較文雅。曹操即便是樂府四言詩，也能寫得非常充盈，毫不空虛，因爲他對人生的感悟是如此龐大而充實。比如《短歌行》：

對酒當歌，人生幾何？譬如朝露，去日苦多。
慨當以慷，憂思難忘。何以解憂？唯有杜康。
青青子衿，悠悠我心。但為君故，沈吟至今。
呦呦鹿鳴，食野之苹。我有嘉賓，鼓瑟吹笙。

明明如月，何時可掇？憂從中來，不可斷絕。
越陌度阡，枉用相存。契闊談宴，心念舊恩。
月明星稀，烏鵲南飛，繞樹三匝，何枝可依？
山不厭高，海不厭深。周公吐哺，天下歸心。

因此，唐初的陳子昂希望能獲得「漢魏風骨」，李白也稱「蓬萊文章建安骨」。曹操詩歌的現場感、穿透力、人生感，以及信手拈來的口語感，使他成爲建立起風骨的第一人。

111. 你是這樣的人

曹操，是個怎樣的人呢？任何一個模子都很難對號入座。是一名流芳百世的神壇英雄，是一名神奇的混混。更是中國文化開放時代雜交出來的絕版怪胎。最好的說法，是絕代奸雄。

西元二二〇正月，曹操由漢中撤軍到洛陽，不幸得了急病。

曹操身體素質還算不錯，但是一直有偏頭疼毛病，沒法治療好。他的一生都處在緊張、放縱、壓力和高密度的思考中，頭不疼倒是奇怪。

三國時期的神醫華佗，曾經被叫來給曹操治頭疼。華佗是針灸行家，一回兩回有點效果，可是沒法根治。曹操老叫，簡直要讓華佗成爲私人醫生。華佗是誰呀，是很專業的，心懷天下疾苦的名醫，怎麼肯給你當私人醫生呢？叫煩了，不想理，告假回到家鄉去。

曹操一怒之下，把他給殺了。

華佗尚且如此，其他醫生更沒有辦法了。

幾天後，病情惡化，甚至出現了幻覺，曹操知道自己不行了。正月二十三日，他在生命的最後一刻，抱著幼小的女兒，指著最小的兒子曹豹，流著淚對守護在他身邊的四個兒子說，這幾個孩子就託付給你們了！

英雄一世，終於再也不能保護任何人，也只能託付了。

說罷，死去。時年六十六歲。

曹操死前留有《遺令》，對自己死後的事情想得很細，可以讓後人最後一次窺見此人的內心。

主要有幾點：

第一，死後穿準備好的時令服裝。意思是不要再做隆重壽衣，更不要像漢時王侯那樣穿金縷玉衣。

第二，不准以金玉珠寶陪葬。這一招特牛，導致後世的盜墓者對他很失望，也使得很多帝王大墓被盜掘，曹操卻能夠安然於地下長眠。

第三，喪禮適度。百官在殿上只要哭十五聲就可以了，葬禮完畢後可以脫下喪服，該上班的繼續上班。

第四，兒子們只要在銅雀台上遙拜墓地即可。

第五，最後記錄些細事很可笑，諸如流下來的香料，可以分給諸位夫人，妾妃可以學習做鞋，將來以賣鞋爲生等等。

可以看出，一個務實的男人、一個瑣碎的男人、一個細膩的男人。不用說，這都是曹操！

綜觀曹操，是個怎樣的人呢？任何一個模子都很難對號入座。

是偉大的詩人，卻不屬於知識份子。

是蓋世英雄，卻婆婆媽媽。

感懷白骨露於野，卻殺人如麻。

老病不治，卻精力旺盛。

豪爽無邊，卻奸相畢露。

一生釋放出來的，是無限的熱情。

對事業瘋狂地投入。

好色起來不要命。

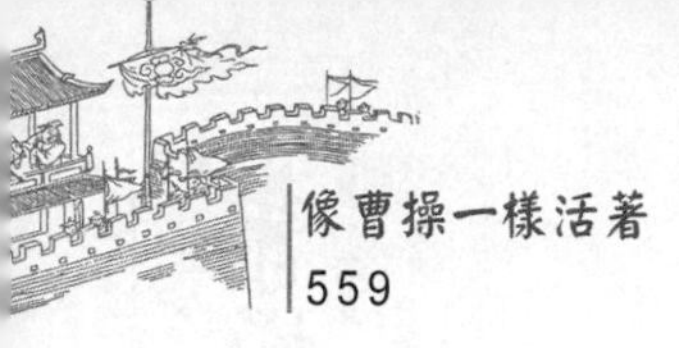

活得務實，死得貞實。
不會永垂不朽。
更情願熱情永垂，身與名俱朽。
因爲作一名流芳百世的神壇英雄，壓根沒想。
是一名神奇的混混。
更是中國文化開放時代雜交出來的絕版怪胎。
最好的說法，是絕代奸雄。
曹操地下有知，必定不想平反，也沒什麼好平反！

•全書完

群星會

202

厚黑聖人曹操：
禽獸與人・絕對奸雄

作　　者　李師江
社　　長　陳維都
美術總監　黃聖文
編輯總監　王　凌
出 版 者　普天出版社
新北市汐止區忠二街 6 巷 15 號
TEL / (02) 26435033 (代表號)
FAX / (02) 26486465
E-mail：asia.books@msa.hinet.net
http://www.popu.com.tw/
郵政劃撥 19091443 陳維都帳戶
總 經 銷　旭昇圖書有限公司
新北市中和區中山路二段 352 號 2F
TEL / (02) 22451480 (代表號)
FAX / (02) 22451479
E-mail：s1686688@ms31.hinet.net
法律顧問　西華律師事務所・黃憲男律師
電腦排版　巨新電腦排版有限公司
印製裝訂　久裕印刷事業有限公司
出 版 日　2021 (民 110) 年 12 月 第 1 版
ISBN◉978-986-389-801-6　　條碼 9789863898016

國家圖書館出版品預行編目資料

厚黑聖人曹操：禽獸與人・絕對奸雄
李師江著. 一第 1 版. 一：新北市, 普天
110.12 面； 公分. - (群星會；202)
ISBN◉978-986-389-801-6 (平裝)

普天之下‧盡是好書
普天出版家族
Popular Press Family
凌雲
A-Plus Creative Company
文創